清季民初中国文学的现代性秩序

The Modernity Order of Chinese Literature in Late Qing Dynasty and Early Republic of China

胡鹏林 著

图书在版编目(CIP)数据

清季民初中国文学的现代性秩序/胡鹏林著.—合肥：安徽大学出版社,2023.5
ISBN 978-7-5664-2618-5

Ⅰ.①清… Ⅱ.①胡… Ⅲ.①中国文学－近代文学－文学研究 Ⅳ.①I206.5

中国版本图书馆CIP数据核字(2023)第070311号

清季民初中国文学的现代性秩序

Qingji Minchu Zhongguo Wenxue De Xiandaixing Zhixu

胡鹏林 著

出版发行：	北京师范大学出版集团 安 徽 大 学 出 版 社 (安徽省合肥市肥西路3号 邮编230039) www.bnupg.com www.ahupress.com.cn
印　　刷：	合肥远东印务有限责任公司
经　　销：	全国新华书店
开　　本：	710 mm×1010 mm　1/16
印　　张：	14
字　　数：	270千字
版　　次：	2023年5月第1版
印　　次：	2023年5月第1次印刷
定　　价：	68.00元

ISBN 978-7-5664-2618-5

策划编辑：吴泽宇　　　　　　　装帧设计：李　军
责任编辑：吴泽宇　　　　　　　美术编辑：李　军　孟献辉
责任校对：范文娟　　　　　　　责任印制：陈　如　孟献辉

版权所有　侵权必究

反盗版、侵权举报电话：0551－65106311
外埠邮购电话：0551－65107716
本书如有印装质量问题,请与印制管理部联系调换。
印制管理部电话：0551－65106311

国家社科基金后期资助项目
出版说明

后期资助项目是国家社科基金设立的一类重要项目,旨在鼓励广大社科研究者潜心治学,支持基础研究多出优秀成果。它是经过严格评审,从接近完成的科研成果中遴选立项的。为扩大后期资助项目的影响,更好地推动学术发展,促进成果转化,全国哲学社会科学工作办公室按照"统一设计、统一标识、统一版式、形成系列"的总体要求,组织出版国家社科基金后期资助项目成果。

全国哲学社会科学工作办公室

前言

现代性是晚清以来中国文学的重要主题,伴随着文学革命、左翼文学、抗战文学、延安文学、十七年文学、新时期文学和新世纪文学,产生了晚清现代性、启蒙现代性、左翼现代性、革命现代性、政治现代性、审美现代性、文化现代性等多重维度的现代性命题。

本书聚焦于19世纪后期至20世纪前期,认为这个时期的中国文学形成了一种独特的文学现代性秩序,这种文学现代性秩序由文学学科秩序、文学生产及传播秩序、现代文学创作秩序、文学历史观秩序、文学理论秩序等要素共同构成。

一、文学学科秩序

文学教育与文学学科的独立,在学术秩序和文化秩序中建立了中国文学的现代性秩序。文学自魏晋南北朝逐渐由自发向自觉状态转化之后,在唐诗、宋词、元曲和明清小说等方面取得了长足的发展,但文学及其研究在文化史和学术史上的地位却一直处于文化秩序的边缘,直到晚清才逐渐走上自立之路。晚清,设立同文馆、京师大学堂和各省书院等办学机构的目的是维护统治,但从客观方面而言,京师同文馆和晚清书院教育已经开始接受西化教育模式和西来观念并逐渐形成了新文化政治的雏形,为文学形成现代性的秩序奠定了坚实的基础。例如,京师大学堂的三大章程促使文学正式立科并形成现代学制,以及以京师大学堂发展而来的北京大学为代表的近现代语言文学教育,是推动文学形成现代形态和文学研究走向自立的重要动力机制。

同时,有一大批学者在推动中国文学现代性秩序建立的过程中,起到了非常显著的作用。可以体现为明暗两条线,明线的变化是北京大学文学教授的更迭,也是文学的外在秩序的演变,他们或以学派之争、学术渊源差异为起点,或以新兴报刊及北京大学的文学讲坛为阵地,掀起一场半体制化半民间性质的文学秩序变革。以曾国藩、章太炎、梁启超三个人为代表的暗线主导了明线的变更,文学外在秩序的半体制化半民间性质必然有其深层的思想根源。曾国藩是体制的主导者,其思想必然影响其后继者。章太炎的民族主义立场,在经世致用的思想中注入了民族文化想象的文学理想精神,促使着文学内在秩序的变化。梁启超的政治不得志,促使他转向以文学革新的民族文化想象的方式重构理想的新文化和民族国家,他所倡导的以革新小说的方式达到新民和改良政治的目的,无疑具有浪漫气质和无限的想象力,这种气质和力量固然难以改变政治局面,但是它们成了新文学的内在精神品格,新文学运动的滥觞正是得益于这种浪漫气质和关于民族文化想象力的。明暗两条线的共同作用导致了新文学运动及新文学秩序的确立。

二、文学生产及传播秩序

文学生产的现代性秩序和文学的现代传播秩序为中国文学的现代性秩序奠定了基础。文学生产的现代性秩序由五个方面的因素构成:一是主体的人的要素,主要表现为现代知识阶层的形成、文学教授的设立、作者与读者群体的分离等,以及人文思想的断裂与空位,由此产生的情感精神、文化理想及伦理道德等方面的需求;二是文学环境的要素,包括文学翻译和文学理论的发展、文学社团与学会的成立等方面;三是文化氛围的要素,包括现代报刊、出版业和编辑社群所构成的文化出版环境,以及由于维新变法、辛亥革命和五四运动而产生的思想文化氛围;四是社会秩序的要素,包括社会转型对人们认识方式产生的影响,以及社会舆论力量对文学的渗透等方面;五是制度要素,包括稿酬与版税制度、出版法规及现代教育制度等方面的建立和完善。

文学的现代性传播秩序由四个因素构成:学校、社团、报刊和知识阶层。学校是文学传播的生产地和集散地,并且承担着生产知识阶层的任务;社团是文学传播的现代控制系统,在现代传播制度和法规不完善的情形之下,其作用尤为重要;报刊出版是文学的现代传播媒介,与学校和社团往往有着十分紧密的联系,是现代传播秩序的主导力量;知识阶层是文学的现代传播主体,这一阶层没有民间和官方的分别,在文学传播过程中处于平等地位,而且既是传播的起点,也是终点。

三、现代文学创作秩序

文学家和文学创作既是中国文学的现代性秩序的体现,也是促进现代性秩序形成的重要力量。先以李金发为例,切入现代文坛象征主义乱象的根本性的问题,即现代性。现代性不是包括象征主义在内的现代主义的现代性,现代主义在中国现代文学中引起了巨大的反响,但它并不能处于文学中心地位,并不能主导整个文学秩序,它只以其独有的批判姿态来刺激主流文学的发展,它能一度冲击旧文学秩序并引起主流文学的恐慌,但是在恐慌之后主流文学适时地调整了其理论与创作,重新整顿文学发展态势,在新的语境和社会文化中依然形成相对稳定的文学秩序,表现出无序的秩序性和不确定的确定性。

后以鲁迅为例,呈现出"五四"之后中国文人和知识分子对旧秩序的绝望,和对新秩序的希望。他们及中国现代文学一直在朝着现代性秩序而努力,但又一直在秩序的边缘徘徊,国家和民族的大历史掩盖甚至取代了现代文学家的小历史,以国家和民族的现代化取代了现代文学家的个性——现代性。

四、文学历史观秩序

文学事实不仅仅是纯粹的知识,它时刻与话语权、陈述权等权力紧密联系,最终结成一个严密的知识/权力网络结构,只要人们还存在于这个网络之中,就必然受这一话语秩序的支配和影响。20世纪前期中国文学界希望通过重新诠释文学史,确保小说、戏剧等文学处于并拥有绝对强势的话语权。文学史家以这种方式在理论上冲击着原有的权力制度和知识、权力网络,而接受者则以具体的文学接受活动打破旧的文学秩序。

文学史的权利是不容置疑的,它展示的是曾经发生过的文学事实,并在排列和选取这些文学事实时给予合理的阐释,以证实其所传授的文学知识就是绝对的真理。在文学史的构建当中,必然有一种具有意识形态性的历史观念起着主导作用,而现代性文学史观的线性模式和二元模式是存在缺陷的。如果仅仅以文学现代化或以审美论、人性论、情感论等为核心来建构文学的线性历史,而忽视其曲折的、回环的、断裂的部分,那么这种文学史不是真正文学的历史,而是编纂者重新建构的思想史。因此,走出线性模式,必须回归学术性。

当西方文学历史建构的话语方式已经侵蚀并颠覆中国传统文化和文学历史建构的时候,当这种文学历史建构从以古典性为中心的话语系统转向以西方现代性为中心的理论体系的时候,中国文学已经开始失去自我并显得无所适从,并在走向世界的过程中已经无意识地把中国文学变成一个处于边缘位置的他者,中心则在西方及其现代性理论预设。因此,要突破众多二元范畴的框架、走出二元模式,核心在于呼唤民族性。只有在文学观、文学史观与学术史观的统一下,才能走出现代性文学史观的线性模式,回归学术性,才能走出现代性文学史观的二元模式,呼唤民族性,从而构建合理的文学史学术体系。

五、文学理论秩序建构

王国维、梁启超、胡适、鲁迅等人的文学观念,是分析中国文学的现代性秩序的重要切入点。王国维从文学自身的发展规律角度来重新阐释文学观念,从戏曲论和审美论等内在要素上实现文学观念的现代性转化。梁启超从文化价值和文学功能角度来定位文学,并把文学观念的革新作为其文化启蒙和政治革新的手段之一,从小说与政治关系论和国民论等外在文化秩序上实现文学观念的现代化改造。胡适和鲁迅是在社会文化转型时期出现的代表两种不同价值取向和文化复兴道路的旗帜,前者试图以西方文化哲学思想来改造中国文化以达到文化复兴之目的,后者则从批判国民劣根性出发、以置之死地而后生的方式来实现文化自救。

20世纪的文学研究从外部研究转向内容研究,后来又向外转,最后融入文化研究之中。在文学理论批评的发展及其交流与对话方面,令人欣慰的是,中国文学理论终于以独立自主的主体性和本土化的话语形态参与了国际交流,而不再追随欧美或苏俄,不再淹没在文化研究潮流之中。但是前景仍不容乐观,先天不足的语言学研究、中西哲学、比较文学和流派研究等都起步较晚,发展过快而深入程度不够,不能以雄厚实力为基础由内向外释放理性思维的光辉。

由此可见,中国文学的现代性秩序的特点就是秩序与反秩序。秩序,即中国文学试图建立以现代性为核心的新秩序;反秩序,即对于过往旧的文学传统、文学观念、文学秩序的打破。这种现代性文学秩序既利用了文学艺术的想象力与对抗力,挣脱了传统文化及其古典文学秩序的束缚,促进了近现代中国文学的现代转化;与此同时,这种文学秩序又形成一种新的文化圈囿,使中国文学陷于现代性之中,限制了中国文学的进一步发展。如何在秩序与反秩序的张力结构之中,寻求一种语言魅力、艺术空间和文化精神,将是中国文学的永恒主题之一。

目 录

前言 ………………………………………………………………… 1

第一章　文学学科秩序：从文学立科到文学教育 …………… 1

第一节　从文学到辞章 ……………………………………… 1
第二节　从语言到文学 ……………………………………… 5
第三节　北大文学门与文学秩序初兴 …………………… 19
第四节　文学的现代学制之建立 ………………………… 35

第二章　文学生产及传播秩序 ………………………………… 44

第一节　文学生产的现代性秩序 ………………………… 45
第二节　文学场域和知识阶层 …………………………… 63
第三节　出版法规与现代性文学秩序的规范化 ………… 76
第四节　文学公共秩序的现代性 ………………………… 91

第三章　现代文学创作秩序：以象征主义为例 ……………… 99

第一节　变异的象征主义 ………………………………… 101
第二节　象征主义之滥觞 ………………………………… 110
第三节　苦闷的象征 ……………………………………… 118
第四节　在现代性秩序的边缘徘徊 ……………………… 125

第四章　文学历史观秩序：以钱基博文学史例 ……………… 132

第一节　文学史的知识权力结构 ………………………… 132

第二节　文学史观之反思 …………………………………… 143
第三节　文学观、文学史观与学术史观之合一 …………… 150
第四节　回归中国现代性 …………………………………… 157

第五章　文学理论秩序建构 …………………………………… 164

第一节　晚清文学观念的嬗变 ……………………………… 164
第二节　文学进化观念与革命文学论 ……………………… 168
第三节　中西文学观与中国文学理论的建构 ……………… 174

第六章　文学秩序：艺术对抗与文化圈囿 …………………… 187

第一节　近代文学秩序与现代文学秩序之异同 …………… 187
第二节　现代性：近现代文学的精神内核 ………………… 193
第三节　秩序与反秩序：近现代文学的张力结构 ………… 196
第四节　秩序的力量：艺术的感通与文化的内化 ………… 200

参考文献 …………………………………………………………… 204

后记 ………………………………………………………………… 215

第一章 文学学科秩序:从文学立科到文学教育

"文学科之目七:一曰经学,二曰史学,三曰理学,四曰诸子学,五曰掌故学,六曰词章学,七曰外国语言文字学。"

——《奏定大学堂章程》(1902 年)

"何以谓之文学?以有文字,著于竹帛,故谓之文。论其法式,谓之文学。凡文理、文字、文辞,皆谓之文。而言其采色之焕发,则谓之彣。《说文》云:文,错画也,象交文。彣,䭻也,䭻有彣彰也。或谓文章当作彣彰,此说未是。要之,命其形质,则谓之文;状其华美,则谓之彣。凡彣者,必皆成文;而成文者,不必皆彣。是故研论文学,当以文字为主,不当以彣彰为主。"

——章太炎《文学总略》

"就艺术家和作家而言,文学场域被包含在权力场域之中,而且在这一权力场域中,它占据一个被支配的地位。用一个普通但极不恰切的说法:艺术家和作家,或者更一般而言,知识分子,都是'支配阶级中被支配集团'。"

——布迪厄《实践与反思》

第一节 从文学到辞章

文学自魏晋南北朝逐渐由自发向自觉状态转化之后,在唐诗、宋词、元曲和明清小说等方面取得了长足的发展,文学及其研究在文化史和学术史上的地位却一直处于文化秩序的边缘,直到晚清才逐渐走上自立之路。

孔子在《论语·先进》中即云:"德行:颜渊、闵子骞、冉伯牛、仲弓;言语:宰我、子贡;政事:冉有、季路;文学:子游、子夏。""文学"虽与德行、言语、政事合为孔门四科,但是此时"文学"并非现代之文学涵义,钱穆先生认为后三科都归属于德行科,"言语如今言外交,外交政事属政治科,文学则如今人在书本上传授知识。但孔门所授,乃有最高的人生大道德行一科。

子夏列文学科,孔子教之曰:'汝为君子儒,毋为小人儒。'则治文学科者,仍须上通于德行"。① 可见文学科在孔门四科中地位极低,且无独立地位,而真正的文学甚至往往被经学所取代,如西汉设立经学的三个分支——章句、义理和训诂,其中章句即指章节与句读,有文学科之雏形,但在后来又发生变化,在清代演变为考据学。在隋唐之后的科举制中,文学仅仅被作为一种加强文采之工具,并未成为"学"或"科",而近现代以来被认定为文学的作品在当时却有四种遭遇:一是被认定为经学,如四书五经;二是被认定为文人雅士在非正场合附庸风雅或娱情娱志之作,如唐诗;三是被认定为宗经明道之文,反对辞赋华丽之风,如唐代古文;四是坊间流传之故事传说之类,如唐传奇。而到宋代,程朱理学兴起,文学被明确定为异端,程颐甚至直言:"今之学有三弊:一溺于文章,二牵于训诂,三惑于异端。苟无此三者,则将何归? 必趋于道矣。"②明清之际的戴震、章学诚等人将学术门类分为义理、考据和词章,并由桐城派代表人物姚鼐确立为学问之三端,后由姚鼐后人姚莹增加为义理、经济、词章和考据四端③,经济之学实质意义为经邦济国之学,与孔门之中的政事之学类似。最终这种学科定制由桐城中兴大将曾国藩确立:"为学之术有四,曰义理、曰考据、曰辞章、曰经济。义理者,在孔门为德行之科,今世目为宋学者也。考据者,在孔门为文学之科,今世目为汉学者也。辞章者,在孔门为言语之科,前代典礼、政书及当世掌故皆是也。"④此处把孔门文学科定为清代考据学,实质上即为汉代之章句学,而把孔门言语科定位辞章学——曾国藩所谓之文学,并在《圣哲画像记》中列举辞章学和考据学之代表人物:"韩、柳、欧、曾、李、杜、苏、黄,在圣门则言语之科也,所谓辞章者也;许、郑、杜、马、顾、秦、姚、王,在圣门则文学之科也。顾、秦于杜、马为近,姚、王于许、郑为近,皆考据也。"曾国藩此处的辞章学实质上就是文学,但并没有取孔门之文学科,而是取其言语科,并未误解孔门四科之本意。宰我、子贡"有口才,以言语著名",子游"特习于《礼》,以文学著名"、子夏"习于《诗》,能诵其义,以文学著名"。可见孔门之言语科并非钱穆所说之"外交",而多指文采,即后世之狭义文学;而文学科倒合"传授知识""多闻"之考据学风。从孔门之文学科和言语科到曾

---

① 钱穆:《国史新论》,三联书店 2001 年版,第 223 页。
② 程颢、程颐:《二程集》,中华书局 1981 年版,第 187 页。
③ 姚莹称"考据"为"多闻"。
④ 曾国藩:《劝学篇示直隶士子》。

国藩之辞章学,文学才真正作为一个门类引起学术界关注,并开始进入近现代学科体制之中。

而在京师大学堂设立文、理、法、商、医、农、工等七科之前,康有为和郑观应在文学设科问题上有重要贡献。康有为1898年译介了日本出版的西学书目,并作了《日本书目志》,从书目中确立学科分类,共分为生理、理学、宗教、图史、政治、法律、农业、工业、商业、教育、文学、文字语言、美术、小说、兵书等15大门类①。其中把小说单独分出来,并认定其科目为"小说(少年书类随笔附)",他与其学生梁启超如此重视小说,大抵有以小说开启民智之用意。文学门中又有文学、作诗及诗集、新体诗、歌学及歌集、俗歌集、戏文集、戏曲、谣曲本等等近二十种科目,这种门类界定大体上接近于现代意义上的文学,但这种毕竟来源于书目分类,难以在学制中实行,而且分类标准欠妥,如把小说门作为与文学门和美术门并列之门类,显然出自政治目的和文化启蒙之需要。

郑观应在出访日本多年考察其学制之后,积极介绍日本大学的分科情况:"校中分科专习,科分六门,即法、文、理、农、工、医六者,但较预科为专精耳。"②在此基础上,他结合中国学术现实情况,提出了一套完整的中西学术杂糅的方案,认为应该把学术分为"文学"和"武学",其中"文学"又包括六大学科:"一为文学科,凡诗文、词赋、章奏、笺启之类皆属焉。一为政事科,凡吏治、兵刑、钱谷之类皆属焉。一为言语科,凡各国言语文字、律例、公法、条约、交涉、聘问之类皆属焉。一为格致科,凡声学、光学、电学、化学之类皆属焉。一为艺学类,凡天文、地理、测算、制造之类皆属焉。一为杂学科,凡商务、开矿、税则、农政、医学之类皆属焉。"③他把言语科规定为语言文字及一些政治法律问题,而把文学科规定为"诗文、词赋、章奏、笺启之类",实质上就是曾国藩所谓的"辞章",这才是真正的文学。

由此可见,文学的定位和学术研究走向自立并非从文学观念开始,而是从形式层面开始被纳入不断变化的学术秩序和文化秩序的。在晚清之前,文学虽然显示了从经学和理学等庞大秩序中脱离出来的迹象,但是在"文以载道"的思想与科举制结合产生的合力压制下——即使在京师大学堂开办之后,在"癸卯学制"中仍然是以学生的学习等级来确定其出身等

---

① 康有为:《日本书目志》,参见《康有为全集》第3卷。
② 郑观应:《盛世危言·学校上》,《郑观应集》上册,第266页。
③ 郑观应:《盛世危言·考试下》,《郑观应集》上册,第299页。

级,可见文学观念不可能纯化,其核心理念仍然由经史及诸子理学承载。虽然有一批接受西方思想的教育家对文学及其学术研究进行了现代化的界定,但是仍然难以付诸实践。因此只有通过学科、学制等外在形式层面来改变这种局面。

清季民初的历史文化虽然出现裂变和转型,但文学在本质上仍然是经史及诸子理学的变体,承载着民族的传统文化的核心理念,是保持"中学"之本源的重要方式;但同时它又在特定的历史时刻引入了西学模式和现代学科体制,意外地出现在新的文化秩序之中。两者虽然是矛盾的,但正是在这种裂变的历史机遇中,文学才得以正本清源,逐渐摆脱经史及诸子理学秩序而在新的文化秩序中逐渐占据着重要位置。在这一过程中,以京师同文馆、京师大学堂和北京大学为代表的近现代语言文学教育,以及在这种教育体制中逐渐完善的文学学制,无疑是文学形成现代形态和文学研究走向自立的重要动力机制。

陈国球先生在考察了晚清关于设立京师大学堂的三大章程——1898年梁启超起草的《奏议京师大学堂章程》、1902年张百熙拟定的《钦定京师大学堂章程》、1903年张之洞主持的《奏定大学堂章程》,回顾了文学如何一步步地成为一个重要学科的过程之后,认为文学"无论从语言、文字,以至其表达模式,都与文化传统关系密切,抱着'存古'思想的张之洞,反而刻意要在西潮主导的现代学制中留下传统的薪火。在这个情势之下,'文学'的内涵虽还是褊狭的'词章之学',但其学术位格已有相当现代化的规划。接下来的变革,就是'美感'、'虚构'等西来观念对'文学'定义的改造,这又有待继起的文化政治的推移了。"①其评价颇为精当,文学正式立科并形成现代学制确由晚清设立京师大学堂的三大章程肇始,文学观念也是在西来观念和文化政治的合力下改造的,但文学立科并非偶然,在此之前的京师同文馆和晚清书院教育已经开始接受西化教育模式和西来观念并逐渐形成了新文化政治的雏形,为文学进入现代性的秩序奠定了坚实的基础。

---

① 陈国球:《文学史书写形态与文化政治》,北京大学出版社2004年版,第30页。

第二节 从语言到文学

同文馆与通艺学堂

1860年英法联军攻陷北京,迫使清政府签订《北京条约》。条约中有"交还以前没收的天主教堂,并听任法国传教士在内地各省租买土地,建筑教堂"的字句,是担任翻译的法国传教士艾美在中文本里擅自增加的,在法文本中是没有的,按照国际惯例应该是无效的,但后来侵略者强横坚持得以实行。此事对签订条约的钦差大臣奕䜣刺激颇大,1861年奕欣上书奏请章程六条,其中第五条为:"认识外国文字,通解外国言语之人,请饬广东、上海各派二人来京差委,以备询问也。查与外国交涉事件,必先识其性情。今语言不通,文字难辨,一切隔膜,安望其能妥协!"①奕䜣的这举动虽出朝政和外交的需要,但其主张却得到洋务派的大力支持,曾国藩、李鸿章、左宗棠、冯桂芬、郭嵩焘等人也都为兴办洋务而身体力行,纷纷为开设京师同文馆献计献策,客观上也为近现代西方语言文字及文学教育提供了官方支持。

1862年奕䜣等在《遵议设立同文馆折》中正式提出具体章程,主要设立天文和算学,并遵照乾隆二十二年(1757年)设立的"俄罗斯文馆"模式来设立同文馆,"俄罗斯文馆"虽以学习俄语为主,但在科举制中仍然担当了选拔官吏的角色,"五年由本馆考试一次,考取一等者授八品官,二等者授九品官,三等者留学读书"②。同文馆的总教习丁韪良为三品官衔,法文教习华必乐为四品官衔,化学教习毕利干为四品官衔。同文馆的学生则按照学习程度来定其出身或官阶。奕劻也在《遴选学生派充同文馆攒修官片》(1886年)和《遴选学生充当翻译官片》(1888年)中规定了学生的出路,而且除此之外,学生还可以随使出洋。

在此期间,虽然有御史张盛藻、大学士倭仁极力反对,上奏朝廷认为同文馆只是学习西方技艺之末,有碍学习中国圣道,"窃闻立国之道,尚礼义

---

① 奕欣:《通筹善后章程折》(1861年),选自高时良《中国近代教育史资料汇编·洋务运动时期教育》,上海教育出版社1992年版,第3页。

② 奕欣:《遵议设立同文馆折》(1862年),选自高时良《中国近代教育史资料汇编·洋务运动时期教育》,第40页。

不尚权谋;根本之图,在人心不在技艺",不应该奉夷人为师,但同治皇帝却下旨认为设立京师同文馆"不过借西法以引证中法,并非舍圣道而入歧途"①。由此确立了京师同文馆的合法地位,自 1862 年开办英文馆,1863 年设立法文馆和俄文馆,1867 年添设算学馆,1872 年设立德义馆,1896 年增设日文馆,直到 1900 年在八国联军的战火中焚毁而停办,最后于 1902 年并入京师大学堂。它在整个晚清教育中的地位是相当高的,而且对科举制和传统文化的冲击是巨大的,正如丁韪良所言:"有希望革新这古老帝国的是新教育,新教育的肇端是同文馆。新教育潮流之所以日臻蓬勃,来源虽多,但其最初的源泉却是五十年前在北京设立的一个研究外国语文的小学校——同文馆。"②新教育是从学习外国语言文字开始的,而一国语言文字的根本载体在于文学,因此京师同文馆及后来开设的上海广方言馆和广东同文馆无疑是为外国语言文学的传播奠定了最初的语言基础。

如果说同文馆的设立促进了近现代外国语言文字及文学的传播,那么各地纷纷开办的各式书院,则在承续经史文化及理学传统的同时,为中国语言文学的自立蓄积了力量。1873 年创立的陕西味经书院的学习科目分为道学、史学、经济、政治、训诂等五类,并规定了其详细的教学规程:"《易经》、'四书',儒先性命之书,为道学类,须兼设外洋教门风土人情等书;《书经》《春秋》、历代正史、通鉴纲目、九朝东华录等书,为史学类,须兼设外洋各国之史,审其兴衰治乱,与中国相印证;《三礼》《通志》《通典》《通考》、续《三通》、皇朝《三通》、及一切掌故之书,为经济类,须兼职设外洋政治《万国公法》等书,以与中国现行政治相印证;《诗经》《尔雅》《十三经注疏》及《说文》,先儒考据之书,为训诂类,须兼设外洋语言文字之学已经历算,须融中西。"③诸如《诗经》之类的文学作品被纳入训诂类,文学虽然被提到,但其地位相当边缘,还是着重于语言文字及经史方面。1876 年创立的上海求志书院,学习科目分为经学、史学、掌故之学、算学、舆地之学、词章之学等六科,词章之学已经作为独立之学单列一科,"试之经义以验其根底,史论

---

① 同治帝:《着毋庸议张盛藻奏折谕》(1867 年),选自高时良《中国近代教育史资料汇编·洋务运动时期教育》,第 8 页。
② 丁韪良:《同文馆纪》(1907 年),选自高时良《中国近代教育史资料汇编·洋务运动时期教育》,第 141 页。
③ 刘光蕡:《味经书院时务斋章程》(1895 年),选自高时良《中国近代教育史资料汇编·洋务运动时期教育》,第 710 页。

以占见其识蕴,策问以究其才略,韵语以观其文采"①,虽然词章之学未必与文学的本义完全相同,但是其转变预示着文学已经向学术中心转移。1889年张之洞在创立广雅书院时指出:"讲求经史、身心、希贤、用世之学,名曰广雅书院"。② 设立书院的课程及规程为:"经学以能通大义为主,不取琐屑;史学以贯通古今为主,不取空论;性理之学以践履笃实为主,不取矫伪;经济之学以知今切用为主,不取泛滥;词章之学以翔实尔雅为主,不取浮靡;士习以廉谨厚重为主,不取嚣张,其大旨总以博约兼资,文行并美为要规。"③书院设分校副校长四人,分经学、史学、理学、文学等门分别讲授,此处文学大约仍然是指词章之学。1890年他又在湖北创立两湖书院,其课程则分为经学、史学、理学、文学、算学、经济学六门。虽然此时现代的文学观念尚未最终形成,文学的涵义也是相当宽泛,但文学的地位在形式上已经开始得到了确认,这是文学自立迈出的第一步。

在京师大学堂建立之前,1897年在严复等人的帮助下由张元济主持设立的通艺学堂是一个特例,其对文学的理解独树一帜。张元济阐述其宗旨为:"国子之教,六艺是职,艺可从政,渊源圣门,故此学堂名曰通艺","欧美励学,新理日出,未知未能,取资宜博,故此学堂专讲泰西诸种实学",其课程设置为"文学门"和"艺术门"④:

  文学门:舆地志　泰西近史　名学(即辩学)　计学(即理财
    学)　公法学　理学(即哲学)　政学(西名波立特)
    教化学(西名伊特斯)　人种论
  艺术门:算学　几何(即形学)　代数　三角术(平弧并课)
    化学　格物学(水火电光音重在内)　天学(历象
    在内)　地学(即地质学)　人身学　制造学(汽机
    铁轨在内)

---

 ① 冯焌光:《上海求志书院章程四则》(1876年),选自高时良《中国近代教育史资料汇编·洋务运动时期教育》,第759页。
 ② 张之洞:《札委知府方功惠等监修广雅书院》(1887年),选自高时良《中国近代教育史资料汇编·洋务运动时期教育》,第770页。
 ③ 张之洞:《创建广雅书院折》(1887年),选自高时良《中国近代教育史资料汇编·洋务运动时期教育》,第772页。
 ④ 张元济:《通艺学堂章程》(1897年),顾明远主编《中国教育大系·历代教育制度考(二)》,湖北教育出版社2004年版,第1827页。

从上面所设立的科目可以看出,文学门实质上就是人文社会学科,艺术门则是学习西方技艺,张元济也规定:"长于记诵者,于文学为宜;长于思索者,于艺术自易。"①这种文学观念来源于西方的文科,将历史文化、语言文字、修身养性等相关的科目都包含在内,其目的只是为了博学从政。而张元济、严复等人都试图以西学挽救国运,张元济后来主持商务印书馆,出版了严复翻译的《天演论》《群已权界论》《社会通诠》《群学肄言》《法意》,林纾翻译的《巴黎茶花女遗事》《黑奴吁天录》和日本黑田茂次郎撰写的《日本明治学制沿革史》等,胡适对两人作了中肯的评价"当日的中国学者总想西洋的枪炮固然利害,但文艺哲理自然远不如我们这五千年的文明古国了。严复与林纾的大功劳在于补救了这两个大缺陷。严复是介绍西洋近世思想的第一人,林纾是介绍西洋近世文学的第一人",并且认为严复所译的书原来的文本就有文学的价值,而他的译本在古文学史上也应该占有很高的地位,而林纾更是开辟了一块新的文学领地,"自有古文以来,从不曾有这样长篇的叙事写情的文章。《茶花女》的成绩,遂替古文开辟一个新殖民地"。② 由此可见,虽然张元济、严复和林纾等人的主观目的只是从人文社会学科上启发民智以图国家复兴,但在客观上使现代意义上的文学意外地崛起,逐渐涵盖并独占了"文学门"。

京师大学堂

1896年李端棻《奏请推广学校折》中奏请朝廷设藏书楼、创仪器院、开译书局、广立报馆、选派游历,并在京师设立大学堂,随后孙家鼐《议复开办京师大学堂折》规定了京师大学堂宗旨:"自应以中学为主,西学为辅;中学为体,西学为用;中学有未备者,以西学补之,中学有失传者,以西学还之。以中学包罗西学,不能以西学凌驾中学,此是立学宗旨。"③并认为学问应当分天文、地学、道学、政学、文学、武学、农学、工学、商学、医学十科,而此处所指称的"文学"只不过是各国语言文字,虽然在宗旨中似乎赋予了"文学"一种"中学为体"的文化使命,而实质上此十科都是指西学,"中学"的经

---

① 张元济:《通艺学堂章程》(1897年),顾明远主编《中国教育大系·历代教育制度考(二)》,第1827页。
② 胡适:《五十年来中国之文学》,姜义华主编《胡适学术文集·新文学运动》,中华书局1993年版,第106~108页。
③ 孙家鼐:《议复开办京师大学堂折》(1896年),顾明远主编《中国教育大系·历代教育制度考(二)》,第1836页。

史子集和理学传统在他看来已经是一种十分成熟的学问。李端棻和孙家鼐的奏请直到1898年在百日维新中才得到确认,并在康有为和梁启超的议定之下成为具体章程。1898年梁启超起草了《京师大学堂章程》,由总理各国事务衙门呈上《奏议京师大学堂折》,章程随此折子呈上御览并得到认可。

《京师大学堂章程》首先确定了晚清以来被尊为国策的"中学为体,西学为用"的办学宗旨:"夫中学体也,西学用也,二者相需,缺一不可,……今力矫流弊,标举两义:一曰中西并重,观其会通,无得偏废;二曰以西文为学堂之一门,不以西文为学堂之全体,以西文为西学发凡,不以西文为西学究竟。"①而其根本目的在于维新变法、经世致用和增强国力以图复兴,在这种形势之下,被称为"无用之用"的文学自然得不到重视,正如陈国球先生指出的"处于当时情势,传统学术追求'经世致用',有需要借用西学来开展;传统学问需要经历整编选汰,重新排列一个足以配合'西学'的结构。在这个结构中,所谓'文学',或者梁启超早年所以自矜的'词章',就要外放边陲了"②。梁启超所谈的"词章"应该可以理解为狭义的"文学",但他又认为"词章不能谓之学也。虽然,'言之无文,行之而不远';说理论事,务求通达,亦当厝意。若夫骈俪之章,歌曲之作,以娱魂性,偶一为之,毋令溺志。西文西语,亦附此门"③,把文学作为一门致用之学,与西方各国语言文字同等对待,而不能溺志于文学之中。《京师大学堂规条》中也规定:"记诵词章不足为学,恭行实践乃谓之学,五经四子书如日月经天江河行地,历万古而常新,又如布帛菽粟不可一日离。学者果能切实敦行,国家何患无人才,何患不治平,虽胜残去杀皆可做得到,岂仅富强云尔哉!学人能贯通群经固好,否则专治一经,余经但随时涉猎,通其大意亦可。"④可见文学之所以能单列学科,是在于其能在语言文字和其他学科中"恭行实践",能贯通古今、说理论事,甚至经史子集之类的书籍亦应切实敦行,求其致用之效。

梁启超还在《京师大学堂章程》中依据日本明治维新之后的学制制定

---

① 《京师大学堂章程》(1898年),顾明远主编《中国教育大系·历代教育制度考(二)》,第1839页。
② 陈国球:《文学史书写形态与文化政治》,北京大学出版社2004年版,第5页。
③ 梁启超:《饮冰室合集》(2),中华书局1989年影印本,第35页。
④ 《京师大学堂规条》(1898年),顾明远主编《中国教育大系·历代教育制度考(二)》,第1844页。

了"学堂功课例"①：

"西国学堂所读之书皆分两类：一曰普通学，二曰专门学。普通学者，凡学生皆当通习者也。专门学者，每人各占一门者也。今略依泰西戏本通行学校功课之种类，参以中学，列表如下：经学第一，理学第二，中外掌故学第三，诸子学第四，逐级算学第五，初级格致学第六，初级政治学第七，初级地理学第八，文学第九，体操学第十，以上皆为普通学；其应读之书，皆由上海编译局攒成功课书，按日分课。无论何种学生，三年之内必须将本局所攒之书，全数卒业，始得领学成文凭。惟体操学不在功课书之内。英国语言文字学第十一，法国语言文字学第十二，俄国语言文字学第十三，德国语言文字学第十四，日本语言文字学第十五，以上语言文字学五种；凡学生每人自认一种，与普通学同时学习，其功课书息各该国原本。"

专门学则列算学、格致、政治（法律）、地理（测绘）、农学、矿学、工程、商学、兵学、卫生（医学）等十门，在普通学毕业之后每人选修一到两门。从表面上看，此处的普通学类似当前理工科中开设的马克思主义政治经济学、大学语文、大学体育、大学英语等公共课程，而"文学"如同大学语文一样，只是训练语言文字的运用能力，增强对文学作品的鉴赏力、提高审美趣味和道德修养，"文学"虽排名第九，却与体育学一样没有被当作一门学问。而事实并非如此，梁启超跟随康有为在万木草堂学习的时候，所学科目就分为义理之学、考据之学、经世之学、文字之学四种，义理之学包括孔学、佛学、周秦诸子学、宋明学、泰西哲学，考据之学包括中国经学史学、万国史学、地理学、数学、格致学，经世之学包括政治原理学、中国政治沿革得失、万国政治沿革得失、政治实应用学、群学，文字之学包括中国词章学和外国语言文字学。② 梁启超所学之四科几乎与普通学、外国语言文字学等同，而且普通学须在三年之内学完才可以毕业并领取学成文凭，而专门学只是在毕业之后再选取一到两门学习，对学习程度也并无严格要求，可见梁启超虽然为了维新而开设十门西方致用之学，但是在文化情感和思想根底

---

① 《京师大学堂章程》(1898年)，顾明远主编《中国教育大系·历代教育制度考（二）》，第1839页。

② 梁启超：《饮冰室合集》(6)，中华书局1989年影印本，第65页。

上,他仍然认为普通学才是根本学问。但是梁启超一方面批评学堂对普通学的轻视,"夫此四五年之间,于中国之学,既已循例若赘,阁束一切,则其所诵经书,只能谓之认字,其所课策论,只能谓之习文法,而绝不能谓之中学"①,认为学堂对经学、理学、中外掌故学、诸子学、文学等重视不够;另一方面却不得不为了维新变法而在专门学中舍弃这类学问,而只保留致用之学。这种矛盾实际上也反映了文学的自立及学科建制并向现代意义上的文学转变过程,它与社会的现代化过程是存在矛盾的,现代化过程中的语言文学教育必须以致用为先,因此就不得不以牺牲经史及诸子文学为代价。

  百日维新失败之后,京师大学堂的筹划被保留了下来,这说明现代化的进程并未因为维新变法的失败而全面停止,相反在致用之学的设置上更加大了力度,"如通商、惠工、重农、育才以及修武备、浚利源、实系有关国计民生者,即当切实次第举行"②,而对经史及诸子文学等"为体"之中学却意外地被降之次位。深得慈禧重用的孙家鼐在 1899 年《奏筹办大学堂大概情形折》中也提到"查原奏普通学凡十门,按日分课。然门类太多,中才以下断难兼顾。拟每门各立子目,仿专经之例,多寡听人自认。至理学可并入经学为一门。诸子文学皆不必专立一门,子书有关政治经学者附入专门,听其择读。"③他虽然以门类太多而断难兼顾为由削减普通学,但从奏折的"多寡听人自认""诸子文学不必专立一门""听其择读"等语可见其真实用意在于兴致用之学以图国家强盛,尤其是在洋务运动、维新变法及多次战争失败的教训之下,晚清政府更是清醒地意识到现代化的迫切性,在内忧(维新变法及太平天国)外患(列强侵略)的紧急关头不得不采取一种急功近利的学科体制以图尽快笼络致用之才缓解国家的燃眉之急。文学

---

 ① 梁启超:《学校余论》(1896 年),高时良《中国近代教育史资料汇编·洋务运动时期教育》,第 35 页。
 ② 《戊戌变法资料》,第二册,第 102 页。
 ③ 孙家鼐《奏筹办大学堂大概情形折》(1899 年),顾明远主编《中国教育大系·历代教育制度考(二)》,第 1843 页。对此折与孙家鼐《议复开办京师大学堂折》(1896 年)的前后矛盾,陈平原在《新教育与新文学》一文中认为孙家鼐"对文学课程的有无似乎拿不定主意"(陈平原《中国大学十讲》,复旦大学 2002 年,第 106 页);陈国球则认为是"因为前一奏折撰于大学堂尚在规划的阶段,孙氏在此提出一个源自'泰西'的分科大学模式;后一奏折却是就已经施行的课程作出调整,他针对的只是'普通科''功课'太繁重,'中才以下'的学生应付不来。"(陈国球《文学史书写形态与文化政治》,北京大学出版社 2004 年,第 35 页。)从两个奏折及当时的国家和国际形势来看,对文学科的调整并非拿不定主意,也不仅仅是因为中才以下的学生难以应付繁重的功课的缘故,上文对此作出了解释。

学科在这种历史时刻自然是被极大地边缘化了,直到慈禧在1901年宣布变法之后,在张百熙和张之洞的主持之下才制定出相对完备的新学制,文学才得以重新定位。

1902年张百熙以管学大臣的身份受命制定新的《京师大学堂章程》,而"所有从前设立之同文馆,毋庸隶外务部,着即归入大学堂。一并责成张百熙管理"①,从此京师同文馆完成了向京师大学堂的转变,而光绪二十八年七月(1902年8月)拟定并由朝廷以"钦定"名义颁行的《京师大学堂章程》则标志着中国教育史上现代学制的建立,此学制亦称为"壬寅学制"。但此学制很快招致各方批评,随后张百熙又奏请与张之洞、荣庆一起主持章程的修订工作,并于光绪二十九年十一月(1904年1月)制定出《奏定大学堂章程》,即"癸卯学制",此学制沿用至1911年清朝结束。

"壬寅学制"仍然以致用为先,张百熙认为"值智力并世之争,朝廷以更新之故而求之人才,以求才之故而本之学校,则不能不节取欧美日之成法,以佐我国两千余年旧制,固时势使然"②,但是他并不像梁启超或孙家鼐一样因求致用而偏颇地把文学拒为学科之外,"壬寅学制"的《功课》中规定:"政治科第一,文学科第二,格致科第三,农业科第四,工艺科第五,商务科第六,医术科第七。"而文学科又分为七大门类:"一曰经学,二曰史学、三曰理学,四曰诸子学,五曰掌故学,六曰词章学,七曰外国语言文字学。"③虽然时势使张百熙不得不重视西方致用之学,西学占据六科,而"中学"仅有一科文学科,但他对"中学"也丝毫不敢马虎,几乎把所有具备传统文化内容的学科门类都归于文学大科,而狭义的"文学"第一次以"词章学"的名义出现,这与梁启超"词章不能谓之学"和孙家鼐"诸子文学皆不必专列一门"截然相反,对文学的学科建制具有重要意义,文学第一次被纳入了知识谱系学之中,虽然以"词章学"名义出现的"文学"在这种现代学制中地位仍然是微不足道的,但它预示着"文学"走向自立已是指日可待了,这在1902年梁启超《论小说与群治关系》和李伯元《编印〈绣像小说〉缘起》等文中得到体现。梁启超、李伯元、吴趼人等都在这一时期详细阐述了以小说为代表

---

① 《着将同文馆归入京师大学堂谕》(1902年),选自高时良《中国近代教育史资料汇编·洋务运动时期教育》,第53页。

② 张百熙:《进呈学堂章程折》(1902年),璩鑫圭、唐良炎主编《中国近代教育史资料汇编·学制演变》,上海教育出版社1991年版,第233页。

③ 《钦定大学堂章程》(1902年),璩鑫圭、唐良炎主编《中国近代教育史资料汇编·学制演变》,第236~237页。

的文学的社会功用,引起了很大反响,在1902年至1910年之间,全国共有25家文艺期刊诞生,文学的地位迅速提高,并在之后的新文化运动和"五四"运动中担当了主角。

文学立科

文学在知识谱系学中位置的最终确认并得到具体实践,则是在"癸卯学制"中。张百熙和张之洞为了重订学堂章程,再次上折阐述立学宗旨:"至于立学宗旨,无论何等学堂,均以忠孝为本,以中国经史之学为基,俾学生心术一归于纯正,而后以西学瀹其知识,练其艺能,务期他日成材,各适实用,以仰副国家造就通才慎防流弊之意。"①可见他们既想引进西方教育体制,而又希望保存传统文化精神的思路,因此在分科上显示出了不同于西方的独特性。"癸卯学制"中大学堂分为经学科、政法科、文学科、医科、格致科、农科、工科、商科等八科。作为首科的经学科又分为周易、尚书、毛诗、春秋左传、春秋三传、周礼、仪礼、礼记、论语、孟子和理学等十一门,经学从"壬寅学制"从属于文学大科而转至单独设立一科,且分为十一门来学习,理学也附在经学科之中,可见经学已经被提高到至上的位置,体现了晚清在最后几年对"中学为体"的重视程度之深。政治科仅分为政治和法律两门。而文学科分为中国史学门、万国史学门、中外地理学门、中国文学门、英国文学门、法国文学门、德国文学门、俄国文学门、日本国文学门等九门②。文学科从"壬寅学制"中宽泛的大文学观中独立出来,去掉了经学、理学、诸子学、掌故学,除了地理学稍嫌突兀之外,"癸卯学制"中的"文学"应该主要是指各国语言文字、各国文学和各国历史,而这种安排实质上是从最基础的语言文字及文法的学习到由文字构成的经典文学的学习,最后扩大到历史文化语境。

中国文学门的科目为:一是主课,分为文学研究法、说文学、音韵学、历代文章流别、古人论文要言、周秦至今文章名家、周秦传记杂史及周秦诸子等七科;二是辅助课,包括四库集部提要、汉书艺文志补注及隋书经籍志考证、御批历代通鉴辑览、各国记事本末、世界史、西国文学史、中国古今历代

---

① 张百熙等:《重订学堂章程折》(1902年),舒新城主编《中国近代教育史资料》(上),人民教育出版社1961年版,第192页。

② 《奏定大学堂章程》(1904年),顾明远主编《中国教育大系·历代教育制度考(二)》,第1914页。

法制考、外国科学史、外国语文等九科。① 其辅助课主要是了解中国的"国学"和西方科学文化史。从主课看来,说文学和音韵学是中国语言文字研究科,周秦至今文章名家和周秦传记杂史及周秦诸子则主要是中国古代作家作品选读,虽然周秦至今文章名家的课时数较多②,但只是因为周秦至今文章名家浩如烟海,而对文学学科的建立和发展起主导作用的则是文学研究法、历代文章流别和古人论文要言。

第一,文学研究法制订了"研究文学之要义"41条③:

"一、古文籀文、小篆、八分、草书、隶书、北朝书、唐以后正书之变迁

二、古今音韵之变迁

三、古今名义训诂之变迁

四、古以治化为文、今以词章为文关于世运之升降

五、修辞立诚、辞达而已二语为文章之本

六、古今言有物、言有序、言有章三语为作文之法

七、群经文体

八、周秦传记、杂史文体

九、周秦诸子文体

十、史、汉、三国四史文体

十一、诸史文体

十二、汉魏文体

十三、南北朝至隋文体

十四、唐宋至今文体

十五、骈散古合今分之渐

十六、骈文又分汉魏、六朝、唐、宋四体之别

十七、秦以前文皆有用、汉以后文半有用半无用之变迁

十八、文章出于经传古子四史者能名家、文章出于文集者不

---

① 《奏定大学堂章程》(1904年),顾明远主编《中国教育大系·历代教育制度考(二)》,第1892页。

② 璩鑫圭、唐良炎主编:《中国近代教育史资料汇编·学制演变》(上海教育出版社1991年版,第354～355页)中指出:文学研究法、周秦至今文章名家是每星期8个钟点,说文学和音韵学是每星期3个钟点,其他主课都是每星期2个钟点。

③ 《奏定大学堂章程》(1904年),顾明远主编《中国教育大系·历代教育制度考(二)》,第1893页。

能名家之别

十九、骈、散各体文之名义施用

二〇、古今名家论文之不同

二一、读专集、读总集不可偏废之故

二二、辞赋文体、制举文体、公牍文体、语录文体、释道藏文体、小说文体,皆与古文不同之处

二三、记事、记行、记地、记山水、记草木、记器物、记礼仪、文体、表谱文体、目录文体、图说文体、专门艺术文体,皆文章家所需用

二四、东文文法

二五、泰西各国文法

二六、西人专门之学皆有专门之文字,与汉艺术志学出于官同意

二七、文学与人事世道之关系

二八、文学与国家之关系

二九、文学与地理之关系

三〇、文学与世界考古之关系

三一、文学与外交之关系

三二、文学与学习新理新法制造新器之关系(通汉学者笔述较易)

三三、文章名家必先通晓世事之关系

三四、开国与末造之文有别(如隋胜陈、唐胜隋、北宋胜晚唐、元初胜宋末之类,宜多读盛世之文以正体格)

三五、有德与无德之文有别(忠厚正直者为有德,宜多读有德之文以养德性)

三六、有实与无实之别(经济有效者为有实,宜多读有实之文以增才识)

三七、有学之文与无学之文有别(根柢经史、博识多闻者为有学,宜多读有学之文以厚气力)

三八、文章险怪者、纤佻者、虚诞者、狂放者、驳杂者,皆有妨世运人心之故

三九、文章习为空疏,必致人才不振之害

四〇、六朝南宋溺于好文之害

四一〇、翻译外国书籍函牍文字中文不深之害"

以上第一至第六是文学研究的基础,主要注重于文字和词章,包括字体演变、音韵、训诂和词章、文章、作文之法。第七至第二三共十七条,主要就文体问题展开,按照古文名家姚鼐、曾巩、归有光、谢枋、王三省等人所论,古文一般分为骈体和散体两种体式,而按照体制可分为论说、箴铭、颂赞、辞赋、序跋、赠序、诏令、奏议、书牍、哀祭、传状、碑志、叙记、典志、杂记等类,按照性质可分为伦理、叙事、抒情、写景、历史、哲学、艺术、实用等类,还可按照作法、时代等标准分类,而此处所定的文体则是综合上述多种,如十二、十三、十四按照时代分类,十五、十六、十九按照骈散体式分类,二二按照体制分类,二三按照性质分类,其他分类标准比较杂,与主要课程设置中的古人论文要言、周秦至今文章名家、周秦传记杂史及周秦诸子等相对应。第二四至第二六,另加第四一,主要是指外国语言文字及文学史,这与辅助课中的西国文学史和外国语文相对应。第二七至第三三,主要指文学与人事、世事、国家、地理、考古及各种实用学之间的关系,这个外部语境在当时的研究中并不占重要位置,但是辅助课中御批历代通鉴辑览、各国记事本末、世界史、中国古今历代法制考、外国科学史等都与此对应。第三四至第三七,主张文学应以开国之文、有德之文、有实之文和有学之文为规范,而第三八至第四十则反对文学中险怪、纤佻、虚诞、狂放、驳杂、空疏和好文之弊病,主课中的周秦至今文章名家、周秦传记杂史及周秦诸子等与辅助课中的四库集部提要、汉书艺文志补注及隋书经籍志考证、御批历代通鉴辑览等都有助于这些文学主张的实践。时任京师大学堂教习的桐城派文学家姚永朴根据此文学研究法的纲要,在《奏定大学堂章程》颁行的当年即撰写了《文学研究法》,他在《根本篇》中就谈到:"苟敦本务实,而文乃不为空言矣。古今鸿篇巨制,永垂不朽,端在乎此。夫岂有徒骋其词藻,而可以立诚、居业者乎?是故为文章者,苟欲根本盛大,枝叶扶疏,首在于明道。夫明道之旨,见于《中庸》,孔子所云:'道之不明,我知之矣'是也。其后董子(仲舒)亦有'明道不计功'之语。盖自成周大司徒'以乡三物教万民,而宾兴之',一曰六德,二曰六行,三曰六艺。而乡大夫、州长、党正以下,书而考之者,皆不外于德、行、道、艺四者。德者,有诸身之谓;行者,着于事之谓;道为之本,而艺为其末也。……其次在于经世。……要而言之,吾辈苟从事兹学,必先涵养胸趣。盖胸趣果异乎流俗,然后其心静;心静则识明而气自生,然后可以商量修、齐、治、平之学,以见诸文字,措诸事业。"①姚永朴在总结桐城派散文理论的基础上结合《奏定大学堂章程》中国文学门所订文学研究法的规定,阐述了敦本务实之文学、有德有实有学之文学、明道之文学、经世之文学、胸趣心静之文学等特征和规范,而反对空言、华艳、流俗之文学。作为姚门四弟子之一姚莹的孙子,虽然姚永朴所阐释的"文学研究法"只是桐城派散文理论的延续和变体,对于文学本体、文学与外部环境关系等方面的研究几乎是空白的,与现代意义上的文学研究更是相距甚远,但是他以"文学研究法"的方式奠定了具有现代性的文学原理和概论的基础,而且在京师大学堂中国文学门中以课程的方式、在社会文化中以现代出版的方式在形式层面上确立了一种现代文学研究体制的雏形。

第二,历代文章流别,"日本有《中国文学史》,可仿其意自行编纂讲授"②。时任京师大学堂教习的林传甲同样也在《奏定大学堂章程》颁行的当年仿照日本笹川种郎《中国文学史》而编写了"京师大学堂国文讲义",后以《中国文学史》之名出版,在1930年代遭到编写现代意义上的中国文学史的学者胡怀琛、胡云翼、郑振铎、张长弓等人的质疑。胡云翼甚至激烈地批评:"在最初期的几个文学史家,他们不幸都缺乏明确的文学观念,都误认文学的范畴可以概括一切学术,故他们竟把经学、文字学、诸子哲学、史学、理学等,都罗列在文学史里面。"③而参照中国文学门中"文学研究法"制定的41条门规,此时的文学研究确实把文字学、经学、诸子哲学、史学、理学等都罗列于文学之中,而林传甲完全依照"文学研究法"的41条门规撰写国文讲义,讲义分16章,以41条门规的前16条所规定的内容为每章的题目,可见其文学史观念是远离现代的④。而且林传甲的文学观念也相当保守,他认为"元之文格日备,不足比隆唐宋者,更有故焉。讲学者即通用语录文体,而民间无学不识者,更演为说部文体,变乱陈寿《三国志》,几

---

① 姚永朴:《文学研究法》,商务印书馆1933年版,第2~5页。
② 《奏定大学堂章程》(1904年),顾明远主编《中国教育大系·历代教育制度考(二)》,第1893页。
③ 胡云翼:《新著中国文学史》,上海北新书局1932年版,第3页。
④ 戴燕在《中国文学史的早期写作——以林传甲〈中国文学史〉为例》一文中对林传甲的16章进行了详细分析,从他的分析中可看出林传甲仍然是秉承一种"大文学"的观念,根本不重视以想象力和情感为中心的现代意义上的文学。(《文学史的权利》,北京大学出版社2002年,第173~178页。)"文学"在林传甲看来就是"文章",而"文章"的核心是古文,诗歌在其次,小说和戏曲则不入流,可见其文学观念仍然没有实现向现代的转化。

与正史相混,依托元稹《会真记》,遂成淫亵之词。日本笹川氏撰《中国文学史》,以中国曾经禁毁之淫书,息数录之,不知杂剧、院本、传奇之作,不足比于古之《虞初》,若载于风俗史犹可,笹川载于《中国文学史》,彼亦自乱其例耳。况其胪列小说、戏曲,滥及明之汤若士,近世之金圣叹,可见其识见污下,与中国下等社会无异。而近日无识文人,乃译新小说以诲淫盗,有王者起,必将戮其人而火其书乎"。① 他是尊崇正史和传统诗文的,但对演义、小说、戏曲、传奇及翻译的新小说持坚决地反对态度,认为应该"戮其人而火其书",可见其传统文化立场之坚决。由此可见,他虽然遵从《奏定大学堂章程》中的规定,借鉴了日本所辑的《中国文学史》并仿照撰写出第一部影响力最大的中国人自己撰写的《中国文学史》,但他只是在形式、框架和学制上体现出了现代性,在根底上仍然是坚守传统的大文学观。陈国球先生评价这本被当作文学史的"国文讲义"是"既要照顾'国文'科的语言文字的知识,修辞成文的写作法则,以至经史子集的基础学识,又要兼顾教学法的讲授,以及乘隙推广维新思潮,以期造就'有用'之才"②,因此它承受不了"文学史"的任务,但是它在现代意义上的文学形式、文学史框架和现代学制等方面促进了新的文学秩序的形成。

第三,古人论文要言,"如《文心雕龙》之类,凡散见子史集部者,由教员搜集编为讲义"③。京师大学堂没有留下此类讲义,但是姚永朴《国文学》(1910年)和唐文治的《古人论文大义》(1909年)虽然都是标举桐城派散文理论的古代文论选,但其意义可等同于古人论文要言。之后刘师培的《文说》《论文杂记》和黄侃的《文心雕龙札记》都可视之为此类讲义的继续,而陈中凡的《中国文学批评史》(1927年)、郭绍虞的《中国文学批评史》上卷(1934年)、方孝岳的《中国文学批评》(1934年)罗根泽的《周秦两汉文学批

---

① 林传甲:《中国文学史》,广州存真阁1914年,第182页。据董乃斌等主编的《中国文学史学史》及周兴陆《国人自着的第一部中国文学史》等文考证,最早由中国人自己撰写的中国文学史是窦警凡的《历朝文学史》,于1897年脱稿,1906年出版,全书分为六部分:"读书偶得序","文字原始","志经","叙史","叙子","叙集"。其中"叙集"部分是纯粹的"中国文学史",全书约4万字,"叙集"部分仅6400字左右,因此其影响力较小,且没作为教材使用。林传甲的"国文讲义"与黄人的《中国文学史》都是从1904年开始撰写,但林传甲几个月之后就完稿,1910年由武林谋新室出版,全书7万字。而黄人的《中国文学史》全套29册,共170余万字,历时5年多才完稿,因为其历时过长、册数和字数过多而不易推广,所以其影响力远小于林传甲的"国文讲义"。

② 陈国球:《文学史书写形态与文化政治》,第59~60页。

③ 《奏定大学堂章程》(1904年),顾明远主编《中国教育大系·历代教育制度考(二)》,第1893页。

评史》和《魏晋八朝文学批评史》（1934年）则都是比较成熟的古人论文要言的辑录，最终发展成为中国文学批评史学科。

虽然中国文学门的模式和学科设置在"壬寅学制"中都已确立，而且其文学研究法后来演变为文学概论、美学概论及相关科目，历代文章流别演变为文学史，古人论文要言则演变为中古文学批评，基本接近于文学现代学科设置的文学理论、文学史和文学批评模式；但是中国文学门的正式设置则是在1909年京师大学堂设立分科大学之后，而且这种学科模式和课程设置只是在形式上学习西方学制，在教学内容和知识资源上仍然没有脱离古典文字、音韵、训诂、诗文、经史、理学等传统文化框架，在理论建构上也缺乏思辨性和现代体系性，如上面所述的姚永朴《文学研究法》和林传甲《中国文学史》，其核心思想局限于古文理论及传统的文学观念，只是在形式上拙劣地仿照现代学制。这种思想未变、形式先行的转型模式是中国近现代历史文化转型的独特方式，即使在新文化运动的思想启蒙运动中也还是不得不采取这种方式——以白话文的语言形式进行文学思想革命，但在思想根底上仍然难以割弃传统文化思想和资源，最终在"国学"论争[①]中再次回潮并得到清算。正因为中国近现代历史文化转型的这种独特性，语言文学教育、学科建制及与此直接相关的京师同文馆、京师大学堂等在文学秩序和文学思想的现代转化中才具有重要意义。

第三节　北大文学门与文学秩序初兴

近现代语言文学教育史上，第一批文学教授诞生在京师大学堂及后来的北京大学。1903年之后京师大学堂正式招生并聘请国文教习，其职责主要是教授所招学生的文字文法、音韵训诂、经史子集等国文知识，他们还不是严格意义上的文学教授，而且所教授的学生也不是文学系的学生。1909年京师大学堂设立分科大学，最初开设的两科就是经学科和文学科，聘请了16位专职教员，虽然他们承担的是经学和文学两科的教学，但是从他们的教学内容和对象上看，他们应该是中国语言文学教育史上最早的文

[①]　罗志田：《国家与学术：清季民初关于"国学"的思想论争》，三联书店2003年版。书中第四章专论这一时段语言文字地位上升及文字改革等问题，虽然他认为语言文字直接与民族主义思想相关，但这种思想启蒙最终却还是把重点放在了语言文字的形式变革问题上，这是中国历史文化转型的一个很奇特的现象，与西方先启蒙后革命完全相反，这也说明外在的文化秩序及文学秩序对清季民初的文学思想及其现代转向有极大的主导作用。

学教授。他们大多是晚清桐城派的"殿军",教授的文学及其理论体系都局限在古文和经史方面,他们大多在民国初期陆续辞职。民国初期在北大校长胡仁源的主持下引进了大批章太炎的弟子,文学风气为之变;1916 年蔡元培接任北大校长职位之后,以兼容并包为宗旨引进了海外留学生、晚清学者文人和各方学有专长之士,多种文学主张和思想的碰撞为"五四"新文化运动提供了思想资源。从晚清到民国初期这一时段,京师大学堂改名为北京大学虽只是形式的变化,但与此同时却导致了教育的革新、人员的变动、派别的争论和观念的更迭,而文学秩序在这种变化中也出现极大转变,并在"五四"时期爆发颠覆性的文化运动。

桐城文人

1901 年吴汝纶被掌学大臣张百熙推举为京师大学堂总教习,吴汝纶于 1902 年聘任严复为译书局总办,林纾为译书局笔述(后来兼任文科教习),1903 年聘任郭立山、林传甲和杨昭凯为首批国文教习,之后亦有桂邦杰、钱葆青和刘焜加入国文教习行列①。他们九人是中国文学学科史上第一批文学教习,但是此时的文学只局限于古文,他们的身份也决定了他们只能在现代的文学学制中进行传统的文学教育。

清朝散文最有影响力的当数桐城派,自桐城三祖方苞、刘大櫆和姚鼐开山之后,"姚门四弟子"方东树(1772—1851)、管同(1780—1831)、姚莹(1785—1853)、梅曾亮(1786—1856)继其衣钵,但桐城派仍然没能挽救古文于衰落之际。然而古文的历史又在曾国藩手里出现了转机,最为"桐城派古文的中兴第一大将",曾国藩利用其政治和文化资源,"居然能使桐城派的古文忽然得了一支生力军,忽然做到中兴的地位。但'桐城=湘乡派'的中兴,也是暂时的,也不能持久。曾国藩的魄力与经验确然可算是桐城派古文的中兴大将。但曾国藩一死之后,古文的命运又渐渐衰微下去。曾派的文人,郭嵩焘、薛福成、黎庶昌、余樾、吴汝纶……都不能继续这个中兴事业。再下一代,更成了'强弩之末'了。"②曾派文人主要有曾氏"四大弟子"张裕钊(1823—1894)、黎庶昌(1837—1898)、薛福成(1838—1894)、吴汝纶(1840—1903),以及郭嵩焘(1818—1891)、余樾(1841—1897)等,虽然

---

① 王学珍:《北京大学史料》(第一卷),北京大学出版社 1993 年版,第 330~338 页。
② 胡适:《五十年来中国之文学》,姜义华编《胡适学术文集·新文学运动》,中华书局 1993 年版,第 95 页。

他们不能继续桐城古文的中兴事业，却为文学学术界培养了众多承续古文思想的文人学者，主要有林纾（1852—1924）、严复（1854—1921）、马其昶（1855—1930）、姚永朴（1861—1937）、姚永概（1866—1923）。其中林纾和严复是吴汝伦的学生或门人，林纾和严复充任京师大学堂教习是吴汝伦举荐的，而严复最有名的译作《天演论》是吴汝纶作的序言，可见其师承和学术关系非同一般；马其昶与吴汝伦都为桐城人，两人于1902年在家乡开办桐城中学堂，由马其昶担任校长①；姚永朴和姚永概则是姚莹之后，直接继承家学。1909年京师大学堂设立分科大学后，暂时设立经学科和文学科，文学科自1910年开始聘请教员（两科教习大多兼任），主要是林纾、姚永朴、马其昶、陈衍、郭立山、饶櫆龄、宋发祥、黄为基、高毓彤、胡宗瀛、桂邦杰、胡玉缙、左树珍、江翰、夏振武、蒋业等16人，陈衍、郭立山、饶櫆龄、宋发祥、宋育仁、黄为基、高毓彤、胡宗瀛等七人是1912年离校，林纾、姚永朴、马其昶等三人是1913年离校，姚永朴在1913年辞职的几个月之后又回校直到1917年再次离校，桂邦杰、胡玉缙、左树珍等二人是1915年至1918年离校，江翰、夏振武、蒋业等三人只在1910年左右担任几个月的教习②。

  在这个时段中，严复担任了校长一职③，文学科因严复主政而以桐城派为主，林纾、姚永朴、马其昶均处主导地位。陈衍、高毓彤、胡宗瀛均为晚清举人或进士出身，虽然不一定都支持桐城派，但桐城派作为晚清最有影响力的古文派别，对他们的影响也是巨大的。黄为基虽为进士出身，但之后留学日本，1909年毕业于日本中央大学，1910年回国担任文学科教员，在严复任北大校长之后辞职。其他教员较为零散，而且影响力不大，所以这个时段京师大学堂（1912年改名北京大学）的文学科主要由桐城派占据学术优势，而且1912年经学科并入文学科④，整个文科都由文学科及桐城派把持。陈万雄甚至直言："不仅从主事者和制度的变换，从学校文风的消

---

  ① 马其昶是桐城最后一位古文大家，其女婿方孝岳1934年出版《中国文学批评》，其孙马茂元为现代著名学者，其外孙舒芜为现代文学史上著名作家和学者。
  ② 王学珍：《北京大学史料》（第一卷），第342页。
  ③ 1912年京师大学堂改名为北京大学之后的前几任校长：严复（1912年2月至10月），马良（1912年11月至12月），何燏时（1913年12月至1912年11月），胡仁源（1913年11月至1916年12月），蔡元培（1916年至1923年），蒋梦麟（1923年代理）。
  ④ 《教育部总长呈荐任大学校校长等文》（1912），参见王学珍《北京大学史料》（第二卷上册），第3页。

长,也透露了民国以后北大的嬗变脉络。清末的京师大学堂时代,先后主持总教习的吴汝纶、张筱浦;译书局总办的严复,副总办的林纾;民初任文科教务长的姚永概、汪凤藻、马其昶(通伯,1855—1929)、陈衍(石遗)、宋育仁在当时文坛上都是桐城古文派的中坚分子。其时主宰北大文风自然是桐城古文派。这种桐城古文独尊的形势到胡仁源掌校政,夏元瑮(浮筠)和夏锡琪分别主持理科和文科学长才扭转过来。"①虽然陈衍、宋育仁及文学科的其他教员并不都是桐城派的中坚力量,但是他们除了推崇同光体的陈衍等少数人反对桐城古文之外,大多对桐城古文是默许的。而在胡仁源担任北大校长之后,局势随之发现变化。

　　1913年胡仁源主政之初,陆续聘用马叙伦(彝初)、朱希祖(遏先)、黄侃(季刚)、钱玄同(玄同)、马裕藻(幼渔)、沈兼士(兼士)、沈尹默(尹默)、朱宗莱(蓬仙)等人,包括胡仁源在内,文学科聘任的教员几乎都是章太炎的弟子。而与此同时,作为桐城殿军的林纾、严复、姚永朴、姚永概、马其昶等人大多先后离开北大或文学科。1916年蔡元培继任北大校长之后,继续聘任章门弟子周作人(启明)、刘文典(叔雅),1920年鲁迅也进北大讲授"中国小说史"和"文学概论"②。除了章门弟子之外,蔡元培还聘任陈独秀、胡适、刘半农等新派人物及章士钊(行严)、吴梅、黄节(晦闻)、刘师培(申叔)等旧学名家。而后来章门弟子也发生了分化③,一半倒向新文化,如鲁迅、周作人、钱玄同、沈兼士、刘文典等,另一半则仍然坚守阵地,如黄侃、马裕藻等人,倒向新文化的一半都成了"五四"新文化运动的中坚,在学术上倾向于白话文和文学方面,而坚守阵地的一半大多以治文字、音韵、训诂为重。1925年国文系④分"文学""语言文字"和"整理国故"三大类科目,

---

① 陈万雄:《五四新文化的源流》,三联书店1997年版,第26页。
② 鲁迅"中国小说史"的讲稿后来整理为《中国小说史略》,"文学概论"的讲义是翻译日本厨川白村《苦闷的象征》。
③ 沈尹默在《我和北大》中说:"太炎先生的门下可分三派。一派是守旧派,代表人是嫡传弟子黄侃,这一派的特点是:凡旧皆以为然。第二派是开新派,代表人是钱玄同、沈兼士,玄同自称疑古玄同,其意可知。第三派姑名之曰中间派,以马裕藻为代表,对其他两派依违两可,都以为然。"(陈平原、夏晓虹编:《北大旧事》,三联书店1998年版,第166页。)但从他们在"五四"时期的表现看,除了鲁迅、周作人、钱玄同、沈兼士之外,其他都表现出守旧倾向。
④ 北京大学中国语言文学系的名称变化:京师大学堂时期称为"中国文学门",此时也称为"文学科",与"经文科"并列;1912年改名为北京大学,"经文科"同时并入"文学科",仍然称作"中国文学门";1919年之后改称"国文系",实行选科制;1925年实行分类专修制,分"文学""语言文字"和"整理国故"三大类科目,这也是后来北京大学中国语言文学系的"中国文学""汉语"和"古典文献"的雏形。

即与此时各方各派的学术取向有关。

至此可以看出,从京师大学堂建立直到"五四"新文化运动之前,由于张百熙看重吴汝纶、严复,胡仁源看重章太炎,蔡元培看重章太炎、刘师培、陈独秀、胡适而采取"兼容并包"之策略,因而在这所最高学府里演绎了两次新旧更迭:第一次是以章门弟子取代桐城古文派,第二次是"兼容并包"的多元共存涵盖了章门弟子的独霸局面。两次更迭从表面上看是人事的变化和派别的争论,实质上是文学思想和文学秩序的演变:前一变化是反对桐城古文的经世致用和文以载道,试图以文艺复兴的方式建立新的民族文学秩序,后一变化则是在古今中外各种文学思想的碰撞之下,试图融会贯通而建构多元共存的文学和文化秩序,但这种格局不久就被"五四"新文化运动打破,最终建立了新文学秩序。而在北京大学中国文学门这种更迭和变化中,有两条线在起作用:一条明线,即是活跃在北京大学讲坛上的教员及学长,其发展经历了吴汝纶、严复、林纾、马其昶、姚永朴、姚永概到马叙伦、朱希祖、黄侃、钱玄同、马裕藻、沈兼士、沈尹默、朱宗莱,再到周作人、刘文典、鲁迅、陈独秀、胡适、刘半农、章士钊、吴梅、黄节、刘师培;另一条暗线,他们虽然没有加入北大的文学教育行列,但他们却主导了文学思想的发展和文学秩序的变化,其代表人物主要是桐城中兴大将曾国藩、晚清思想家章太炎、维新主帅梁启超。

章门弟子

曾国藩(1811—1872),是在乾嘉盛世之后逐渐衰微的局势中产生的政治、军事和文化上的中兴领袖,对咸丰、同治年间的文学起着主导作用,而且对晚清整个文学思想和秩序影响极大。曾国藩自认是桐城古文的继承者,"然姚先生持论阂通,国藩之粗解文章,由姚先生启之也"①。乾嘉盛世之后古文一蹶不振,他也希望通过中兴桐城古文以振文坛,于是极力推崇桐城古文,认为"其渐染者多,其志趣嗜好,举天下之美,无以易乎桐城姚氏者也。"②而桐城姚氏把学问分为义理、词章和考据,后继者几乎都延续这种观点,曾国藩在《圣哲画像纪》中对此也作了详细地分析:"姚姬传氏,言学问之途有三:曰义理,曰词章,曰考据。戴东原氏亦以为言。如文、周、孔、孟之圣,左、庄、马、班之才,诚不可以一方体论矣。至若葛、陆、范、马,

---

① 曾国藩:《圣哲画像记》,《曾国藩诗文集·文集》,上海启智书局1934年版。
② 曾国藩:《欧阳生文集序》,《曾国藩诗文集·文集》,上海启智书局1934年版。

在圣门则以德行而兼政事也。周、程、张、朱,在圣门则德行之科也,皆义理也。韩、柳、欧、曾、李、杜、苏、黄,在圣门则言语之科也,所谓词章者也。许、郑、杜、马、顾、秦、姚、王,在圣门则文学之科也。顾、秦于杜、马为近,姚、王于许、郑为近,皆考据也。此三十二子者,师其一人,读其一书,终身用之,有不能尽。"①他把姚鼐作为三十二圣哲之一,可见他对姚鼐的尊崇,同时也非常重视姚鼐所提出的义理、词章和考据三种学问,亦即德行、艺术和学问。最后他所提到的"读其一书,终身用之,有不能尽"也显示了他经济致用的思想,他在《劝学篇》中劝其诸弟每日课程中必须要有四门——德行、学问、艺术和经济,虽然他最为重视的是德行即义理,继承了桐城派经世致用和文以载道的主张,但他另加了"经济"一门,确立了新的"儒学四门",发展了"孔门四科":"为学之术有四:曰义理,曰考据,曰辞章,曰经济。义理者,在孔门为德行之科,今世目为宋学者也。考据者,在孔门为文学之科,今世目为汉学者也。词章者,在孔门为言语之科,从古艺文及今世制义诗赋皆是也。经济者,在孔门为政事之科,前代典礼、政书,及当世掌故皆是也。"②义理依然被视为根本之学,添加经济之学以体现经世致用的主张,在这两种思想意识的夹击之下,词章之学显得更加微弱,而且明显带有义理之学(文以载道)和经济之学(经世致用)的痕迹。而对于作诗文之法,他则认为须以义理统帅真情,以真情吐纳义理,工于字句而不过于雕琢,恰到好处地融合真情与义理③:

> 作诗文,有情极真挚,不得不一倾吐之时。然必须乎日积理既富,不假思索,左右逢源,其所言之理,足以达其胸中至真至正之情,作文时无镌刻字句之苦,文成后无郁塞不吐之情,皆平日读书积理之功也。若平日盛酿不深,则虽有真情欲吐,而理不足以适之,不得不临时寻思义理;义理非一时所可取办,则不得不求工于字句;至于雕饰字句,则巧言取悦,作伪日拙,所谓修调立诚者,荡然失其本旨矣! 以后真情激发之时,则必视胸中义理何如,如取如携,倾而出之可也。不然,而须临时取办,则不如不作,作则必巧伪媚久矣。

---

① 曾国藩:《圣哲画像记》,《曾国藩诗文集·文集》,上海启智书局1934年版。
② 曾国藩:《劝学篇·示直隶士子》(1869),《曾国藩全集·诗文》,岳麓书社1994年版,第442页。
③ 《曾国藩日记·道光二十二年二月十七日》。

曾国藩虽然推崇义理与经济,但是仍然强调文学的"情极真挚""至真至正之情"和"真情激发"的状态,在桐城古文的基点上试图把义理、考据、经济和词章四者融合,试图使文学在文以载道和经世致用思想的指导下,在义理的体制中、学问家的考究中和古文家的真情吐纳中得以复兴。这也就是曾国藩尊崇桐城古文的根本原因之所在。而其主导思想影响了之后的张裕钊、黎庶昌、薛福成、吴汝纶、余樾、严复、林纾、马其昶、姚永朴、姚永概等人,虽然其中大部分人活跃在北大文学教育的讲坛上,也是此时期文坛健将,然而其根底却在于曾国藩。周作人在《中国新文学的源流》中对曾国藩也作了较高的评价,而且基本符合事实:"假如说姚鼐是桐城派定鼎的皇帝,那么曾国藩可说是桐城派中兴的明主。在大体上,虽则曾国藩还是依据着桐城派的纲领,但他又添加了政治经济两类进去,而且对孔孟的观点,对文章的观点,也都较为进步。姚鼐的《古文辞类纂》和曾国藩的《经史百家杂钞》二者有极大的不同之点:姚鼐不以经书作文学看,所以《古文辞类纂》诶没有经书上的文字。曾国藩则将经中文字选入《经史百家杂钞》之内,他已将经书当作文学看了。所以,虽则曾国藩不及金圣叹大胆,而因为他较为开通,对文学较多了解,桐城派的思想到他便已改了模样,其后,到吴汝纶、严复、林纾诸人起来,一方面介绍西洋文学,一方面介绍科学思想,于是经曾国藩放大范围后的桐城派,慢慢便与新要兴起的文学接近起来了。后来参加新文学运动的,如胡适之,陈独秀,梁任公诸人,都受过他们的影响很大,所以我们可以说,今次文学运动的开端,实际还是被桐城派中的人物引起来的。"①因此可以说,曾国藩在一定意义上不仅主导了晚清文学思想的发展脉络,促使晚清文学秩序的稳定,而且还影响到了新文学秩序的建构。

而在清季民初的文学秩序中,对颠覆桐城古文独霸文坛起决定性作用的当数章太炎。梁启超评之曰:"在此清学蜕分与衰落期,有一人焉能为正统派大张其军者,曰:余杭章炳麟。炳麟少受学于俞樾,治小学极严谨,……其治小学,以音韵为骨干,谓文字先有声然后有形,字之创造及孳乳,皆以音衍。所著《文始》及《国故论衡》中论文字音韵诸篇,其精义多乾嘉诸老所未发明。应用正统派之研究方法,而扩大其内容延辟其新径,实炳麟一大成功也。"②章太炎对梁启超这一评价的回应是:"人谓章太炎为正统

---

① 周作人:《中国新文学的源流》,华东师范大学出版社1995年版,第48页。
② 梁启超:《清代学术概论》,上海古籍出版社2000年版,第87页。

派,此非余之欲主正统,盖为文而不先绳以法度,恐将画虎不成反为狗。"章太炎受学于俞樾,而俞樾为曾国藩的幕僚,受当时的桐城古文影响极大,因而章太炎也受过桐城古文的影响,但在文学的根本思想上却不同于桐城派,具有一定独创性。

章太炎对桐城派的古文及其理论主张是不赞同的,评之曰:"江、淮间治文辞者,故有方苞、姚范、刘大櫆,皆产桐城,以效法曾巩、归有光相高,亦愿尸程、朱为后世,谓之桐城义法。震为《孟子字义疏正》,以明材性,学者自是疑程、朱。桐城诸家,本未得程、朱要领,徒援引肤末,大言自壮,故犹被轻蔑。从子姚鼐,欲从震学,震谢之,犹亟以微言匡饬,鼐不平,数持论诋朴学残碎。"①他认为桐城派根本未得理学要义,而且对于小学也不甚精通,甚至对姚鼐欲学不成之逸事颇多微词。1915 年在《菿汉微言》中又云:"问:桐城义法何其隘耶?答曰:此在今日亦为有用。何者?明末猥杂佻倪之文,雾塞一世,方氏起而廓清之,自是以后,异喙已息,可以不言流派矣。乃至今日,而明末之风复作。报章小说,人奉为宗,幸其流派未之,稍存纲纪,学者守此,不至堕入下流,故可取也。若谛言之,文足达意,远于鄙倍可也。有物有则,雅驯近古,是亦足矣,派别安足论!然是为中人以上言尔,桐城义法者,佛家之四分律也,虽未与大乘相齿,用以摧伏磨外,绰然有余,非以此为极至也。"②他承认桐城派在廓清明末猥杂佻倪之文时显示出的作用,而当今以报章小说为宗的靡靡之风再次出现,桐城义理可以发挥一定的作用,但是只要"文足达意""有物有则""雅驯近古"即可,以派别的形式占据文坛是没有必要的,而且桐城义法的义理、考据、词章和经济四端,也不可奉为文学规则的极至。章门弟子除黄侃外,其他诸人都接受了这种观念并在北大文学教育中进行了具体实践,因此章门弟子进驻北大必然与桐城派学者相抵触,其结果也必然是式微的桐城派退而让位。

1902 年章太炎发表《文学说例》,1906 年在日本东京国学讲习会以《论文学》为题作演讲,听者包括鲁迅、周作人等人,之后此文以《文学论略》为

---

① 章太炎:《清儒》,洪治纲编《章太炎经典文存》,上海大学出版社 2003 年版,第 141~142 页。亦可参见吴文祺《论章太炎的文学思想》(1940),章念驰编《章太炎生平与学术》,三联书店 1988 年版,第 370~398 页。吴文祺在此文中还谈到以著于竹帛之文字来定义文学,是因为章太炎是小学专家,所以难免以文字的本义来解释概念;还认为胡适所言章太炎是复古的文学家是完全不符合事实的,还援引各方论述以证实。此类观点大多是就事论事、以言证言,不足取信,如果联系到当时整个文化环境和文学秩序的变化,可以得到更令人信服的观点,下文将论及。

② 章太炎:《菿汉三言·菿汉微言》,辽宁教育出版社 2000 年版,第 56 页。

题发表于《国粹学报》,稍后又辑于《国故论衡》的《文学总略》。以上几文的核心思想大致相同①:

> "何以谓之文学?以有文字,著于竹帛,故谓之文。论其法式,谓之文学。凡文理、文字、文辞,皆谓之文。而言其采色之焕发,则谓之彣。《说文》云:文,错画也,象交文。彣,诫也,诫有彣彰也。或谓文章当作彣彰,此说未是。要之,命其形质,则谓之文;状其华美,则谓之彣。凡彣者,必皆成文;而成文者,不必皆彣。是故研论文学,当以文字为主,不当以彣彰为主。……文之为名,包举一切著于竹帛者而言之,故有成句读之文,有不成句读之文,兼此二事,通谓之文。就成句读言之,谓之文辞;就无韵文部分言,则有六科,而杂文、小说居其二焉。……文字初兴,本以代言而职,而其功用,有胜于言者。盖言语之用,仅可成线,喻如空中鸟迹,甫见而形已逝。故一事一义,得相连贯者,言语司之。及夫完类扮集,棼不可理,言语之用,有所不周,于是委以文字。……然则文字本以代言,而其用则有独至。凡无句读之文,皆文字有所专属者也。文之代言者,必有兴会神味;文之不代言者,则不必有兴会神味。不代言者,文字所擅场也。故论文学者,不得以感情为主。"

章氏首先把文学的定义扩大为一切著于竹帛之文字及法式,其原因不仅仅是基于他以治小学为本,更重要的是这种定义推翻了当时古文家狭隘的文学观念。章氏试图回到文学源头上去寻找文学的要义,因而被胡适评之为"复古的文家""极端的复古派",但胡适是仅从古文与白话文的对立角度来评价章太炎的,并没有挖掘出章氏的真正用意之所在。章氏深谙古文之弊,因此试图以极端的文学复兴的方式回到文学源头上找到一种推动晚清文学及学术发展的现代动力,这里必然存在着一个悖论:"他竟然是通过'复古'的途径来达到和展露他个人的现代的思想意识和文化认同,而且他的'复古'相当彻底,不止是回到前资本主义社会,而且是回到前制度性社会的阶段,从而期冀彻底回复个人的、种族的、文化的自存自主的精神能力

---

① 章太炎:《章太炎的白话文·文学论略》,辽宁教育出版社 2003 年版,第 139~151 页,原载于《国粹学报》丙午年第九、十、十一号,1906 年 10 月 7 日、11 月 6 日、12 月 5 日出版。

和存在状态。"①正是在这种悖论的语境中,章氏才不遗余力地彻底批判一切文学思想,包括桐城古文理论、从西方引入的文学进化论思想等,但是他的批判不是直接指向现代,而是回望过去,因此他在给文学分类时难免局限于有句读之文和无句读之文,这也遭到胡适的批判。然而即使章氏这种复古的思想和形式上有不足之处,但其出发点及对文学发展产生的影响是巨大的,对之后的文学革命和文学秩序的变化也产生了先导性作用。正如木山英雄所言:"与排满种族革命运动相结合的晚清'文学复古'潮流,可以说是'文学革命'前史的一个侧面,然而其内容却不可能以'文学革命'的逻辑全部加以穷尽。特别是章炳麟的'反古复始'之'文学复古'论,凝聚了他全部心血,成为直面本世纪初世界史现实、致力于将中国文明从其自律性基础开始重建的不懈努力的重要部分。在其中,极端的反时代性和超越了同时代乃至其后的'文学革命'时代观念之局限性的远见卓识不可分割地糅合在一起,难以用进步和反动的尺度来衡量,而周氏兄弟在章氏的直接熏陶之下,与西方现代的思想、文学发生了强烈的共鸣,这一无与伦比的体验,为即将到来的新文学准备可了不可替代的基础。"②

其次,章氏在扩大文学范畴的同时,还把小说和杂文作为文学之两类,这是在曾国藩之后桐城古文派最为惧怕的文学主张。晚清各类政治小说、社会小说、言情小说、侠义小说等崛起,占据了很大文学市场,这些小说大多白话文,流行极广,甚至被胡适称作"是这五十年来中国文学的最高作品,最有文学价值的作品"③;而且杂文也开始在新的文化传媒——新兴报纸杂志中显示了巨大威力。章氏已经觉察到了这些文学需求及市场的变化,因此及时在其文学分类添加了小说和杂文,可见他的"反古复始"的"文学复古"主张并非反现代的,而这种文学观念也促使鲁迅和周作人发生了极大转变,从在日本翻译《域外小说集》到回国参与新文化运动,无不受到章氏影响。

再次,章氏认为文字应是先有声后有形,文以代言,实质是主张言文一致的,不过他认为古文与古人的言语也是一致的。但是到了晚清之后,白话文逐渐呈现出后来居上的势头,章氏并没有以极端的复古思想予以抵

---

① 张新颖:《20世纪上半期中国文学的现代意识》,三联书店2001年版,第48页。
② 木山英雄:《"文学复古"与"文学革命"》,《学人》第10辑,江苏文艺出版社1996年版。
③ 胡适:《五十年来中国之文学》,姜义华主编《胡适学术文集·新文学运动》,中华书局1993年版,第98页。

制,相反还撰写白话文,甚至提出一些初期白话理论,对其学生钱玄同、马裕藻、朱希祖、沈兼士等人影响颇大。钱玄同甚至说:"我对于白话文的主张,实在根植于那个时候,大都受章先生的影响","我得了这古今一体文言一致之说,便绝不敢轻视现在的白话,从此便种下了后来提倡白话之根"①。虽然此处钱玄同似乎有一种为自己倡导白话文寻找理论渊源之意,但也从侧面反映了章氏的古今一体和文言一致的语言文学观念确实为后来的新文化运动力主白话文提供了理论依据。而在文学应以文字为主、以感情为次的问题上,大抵最初是出于其小学立场,但也有受古文影响之痕迹,1922年他在国学讲座中就谈到:"文学以发情止义求进步。情,出于自然者也;义,即法制。桐城派于文章,特立法度,如吟诗之有格律,亦止于义之道也。"②

由此可见,章太炎的文学定义和文学主张像暗流一样为新文学浪潮的到来提供了多方面的理论源泉。但是这一暗流往往被人们忽视,而实质上章氏的文学思想在民国初年的文学秩序形成中占据着十分重要的地位,他"为中国现代思想学术提供了一种抵抗简化和趋同、守持差异和复杂的认知评判系统,对现代转型进程中居思想强势、世人忙于趋从而疏反思的诸多现代性理念,立足自己的根柢而多有置疑"③。他的质疑在清季民初的文化舞台上虽然声音不够响亮,或者说被"国粹派""革命派"及之后的"马列派"振臂一呼而云集者众的热潮湮没了,但是其反思力度非常之大,让众多弄潮儿最终还是不得不回到章氏的原点上,甚至他们手中挥舞着的大旗旗杆都是在章氏的根柢所制作的,如整理国故思潮中的"国故"、陈独秀文学革命的"三大主义"、胡适的"文学八事"等④。

---

① 熊梦飞:《纪录玄同先生关于语文问题谈话》,参见姚奠中、董国炎编《章太炎学术年谱》,山西古籍出版社1996年版,第195页。
② 曹聚仁整理:《章太炎十次讲学记》,《申报》1922年6月18日。亦可参见姚奠中、董国炎编《章太炎学术年谱》,山西古籍出版社1996年,第343页。
③ 李振声:《作为新文学资源的章太炎》,《书屋》杂志2001年第7—8期。
④ "国故"一词大抵是借用章太炎《国故论衡》中的"国故"。姜义华认为陈独秀文学革命的"三大主义"和胡适的"文学八事"都是源自章氏《论文学》《文学论略》等文。(姜义华:《章炳麟评传》,南京大学出版社2002年版,第441~443页。)他甚至直接把章氏的文学复古概括为"就是反对重形式、轻内容的旧习气,反对雕琢、浮华、颓败、陈腐的旧文风,而要求树立形式与内容相统一的新风尚,树立诚、质朴、抒情、新鲜的新文风"(姜义华:《章太炎思想研究》,上海人民出版社1985年版,第500页),章氏的这种文学思想显然是陈独秀和胡适文学变革的先导。

文学革命

如果说章太炎是从"复古"中寻找支撑清季民初文学发展的思想文化资源，本于一种"依自不依他"的精神内核，那么梁启超却是采取完全相反的途径。维新变法虽然失败，但他仍然坚信中西文明必有结合之可能，甚至撰文疾呼："生理学之公例，凡两异性结合者，其所得结果必加良。……盖大地今日只有两文明，一泰西文明，欧美是也；二泰东文明，中华是也。二十世纪，则两文明结婚之时代也。吾欲我同胞张灯置酒，迓轮俟门，三揖三让，以行亲迎之大典，彼西方美人，必能为我家育宁馨儿以亢我宗也。"①而这种中西文明之结婚所产之宁馨儿，也就是在中西文明碰撞中因革新而生的各种"革命"思潮。1902年梁氏发表《释革》，认为"革"含有Reform与Revolution两种意义，前者是指改良，后者是指革命；前者是"因其所固有而损益之迁于善"，后者是"从根底处掀翻之而别造一新世界"；"事物本善，则体未完法未备，或行之久而失其本真，或经验少而未甚发达"，即可改良，"其事物本不善，有害于群，有窒于化，非芟夷蕴崇之，则不足以绝其患，非改弦更张之，则不足以致其理"，则须革命。"即今日中国新学小生之恒言，固有所谓经学革命，史学革命，文界革命，诗界革命，曲界革命，小说界革命，音乐界革命，文字革命等种种名词矣"。②

文学革命虽然是在新文化运动中形成的促进新文学秩序建构的核心思潮，是新文化运动的主导部分，但在梁启超那里，这个命题早已提出并确立了一些实施纲领。1899年梁启超在《夏威夷游记》中就提出诗界革命和文界革命的主张。他认为诗界革命"第一要有新意境，第二要有新语句，而又须以古人之风格入之，然后成其为诗"③。新意境是指反映新时代的新风气和新思想，新语句主要是各类西语新名词和民间俗语，这两条直接成为了之后的新文化运动和白话文运动的思想资源。但他仍然强调古人之风格，对传统文化的精髓仍难以割舍。而文界革命早在维新变法之前就已备雏形，他在《公车上书请变通科举折》中就奏请废除八股文，之后在光绪皇帝的支持下得以实现。对于桐城古文更是直指其弊："以文而论，因袭矫

---

① 梁启超：《论中国学术思想变迁之大势》(1902)，《饮冰室合集·文集》之七，中华书局1989年影印版，第4页。
② 梁启超：《释革》(1902)，《饮冰室合集·文集》之七，中华书局1989年影印版，第17页。
③ 梁启超：《夏威夷游记》(1899)，《饮冰室合集·专集》之二十二，中华书局1989年影印版，第189页。

揉,无所取材;以学而论,则奖空疏,阙创获,无益于社会。"①而主张平易畅达、条理明晰、笔锋常带感情的新文体,而他自己所作的文章大多遵循此观念。因而周作人称赞梁氏的文章《中国新文学的源流》融合了唐宋八家、桐城派与李笠翁、金圣叹等人的风格为一体,且能推陈出新,并自认颇受梁氏影响;胡适也在《五十年来中国之文学》中称赞梁氏最能做应用文章,且不避讳排偶、长比、佛书名词、诗词典故和新名词,其文不合古文义法,颇有魔力。从周作人和胡适的言论中即可看出梁启超对新文化运动的直接影响,而新文化运动主将之一钱玄同亦评之曰:"梁任公先生实为近来创造新文学之一人。虽其政治诸作,因时变迁,不能得国人全体之赞同,即其文章,亦未能尽脱帖括蹊径,然输入日本文之句法,以新名词及俗语入文,视戏曲小说与论证之文平等,此皆其识力过人处。鄙意论现代文学之革新,必数及梁先生。"②

但梁氏影响力最大的文学主张当数"小说界革命"。1897年,年仅25岁的梁启超在《变法通议·论幼学》《蒙学报演义报合叙》等文中提出把小说作为学校教育的必修课,认为小说可作为"今日救中国第一要义",之后还在《译印政治小说序》中进一步阐发了革新小说、小说与政治的关系。而对文坛产生震动的则是他在1902年发表的《论小说与群治之关系》,从此"小说界革命"蓬勃发展并在新文学秩序上占据了极其重要的地位。此文也成了"小说界革命"的基本理论纲领③:

> "欲新一国之民,不可不先新一国之小说。故欲新道德,必新小说;欲新宗教,必新小说;欲新政治,必新小说;欲新风俗,必新小说;欲新学艺,必新小说;乃至欲新人心、欲新人格,必新小说。何以故?小说有不可思议之力支配人道故。……小说者,常导人游于他境界,而变换其常触常受之空气者也。此其一。……所谓'夫子言之,于我心有戚戚焉'。感人至深,莫此为甚。此其二。此二者实文章之真谛,笔舌之能事。苟能批此窾、导此窍,则无论

---

① 梁启超:《清代学术概论》(1920),《饮冰室合集·专集》之三十四,中华书局1989年影印版,第50页。
② 钱玄同:《寄陈独秀》,《中国新文学大系·建设理论集》,上海文艺出版社1981年影印版,第52页。
③ 梁启超:《论小说与群治之关系》(1902),《饮冰室合集·文集》之十,中华书局1989年影印版,第6~8页。

为何等之文,皆足以移人。而诸文之中能极其妙而神其技者,莫小说若,故曰小说为文学之最上乘也。由前之说,则理想派小说尚焉;由后之说,则写实派小说尚焉。……故今日欲改良群治,必自小说界革命始;欲新民,必自新小说始。"

梁氏以时代先锋的身份把小说提高到前所未有的重要地位,并把小说界革命与改良政治和新启发民智结合起来,把文学思潮、政治运动和社会进步结合起来,产生了巨大的合力,虽然他的目的并非指向小说,但是意外地带动了小说的全面兴起。然而梁氏对小说的研究也确有可取之处,他指出了小说的两大艺术特色和"熏、浸、刺、提"之四力,而且他以理想派小说和写实派小说来概括由西方引进的浪漫主义和现实主义,试图达到中西文明结婚育宁馨儿以亢我宗的目标。虽然这一目标在他的《新中国未来记》《新罗马传奇》《佳人奇遇》等篇中并未实现,甚至可以说"五四作家是在新小说家的肩膀上起步的"①,但更重要的是小说研究已经被推上正统学术研究的平台,北京大学文学门中已先后有周作人、胡适、刘半农、鲁迅等人开设小说史课程并进行小说史的演讲,从此使小说及小说研究在新文学秩序上占据了重要一席。

此外,梁氏对文学的情感因素和白话文的兴起也颇为重视。章太炎力主文学应该以文字为主而以感情为辅,而梁氏则反其道而行之,十分重视情感因素:"天下最神圣的莫过于情感。……情感教育最大的利器,就是艺术。音乐、美术、文学这三件法宝,把'情感秘密'的钥匙都掌握住了。"②他还认为情感的性质是本能的、现在的,但它又可以达到超本能和现在的境界,作者必须先通过体验养足情感,而后用美妙的技术表现之,并令情感随时可以再现。情感教育、本能、体验、表现、再现等观念的运用,明显带有雨果、伯格森、弗洛伊德和托尔斯泰等人文学思想的痕迹,而之后的鲁迅、周作人、胡适、梁实秋、林语堂、朱光潜、郁达夫等人则接过梁氏的接力棒,直接促使现代文学秩序的重建。而梁氏则最早从历史学和美学的角度进行了一次"把西方文艺观念与中国文学历史相结合的尝试,开始寻找一种解释中国文学历史发展的理论模式"③。这种模式在胡适那里得以展开,他

---

① 陈平原:《二十世纪中国小说史》(第一卷,1897—1916),北京大学出版社1989年版,第26页。
② 梁启超:《中国韵文里头所表现的情感》(1922),《饮冰室合集·文集》之三十七,中华书局1989年影印版,第71~72页。
③ 殷国明:《20世纪中西文艺理论交流史》,华东师范大学出版社1999年版,第65页。

所作的《文学改良刍议》《历史的文学观念论》《文学进化观念与戏剧改良》《五十年来中国之文学》《白话文学史》等篇中无不得到梁氏文学思想的启发而自觉运用西方文学观念和研究方法来阐释中国文学。而对于以胡适为首的新派文学家提倡的白话诗文,梁氏早在1902年所作的《饮冰室诗话》中就倡导白话诗,在读了胡适白话诗集《尝试集》之后,评之曰:"我也曾读过胡适之的《尝试集》,人端很是不错",但他认为胡适依旧调谱写的小诗格外好一些,因为那些小诗很有音乐感、韵味双美,因此他很理性地提出白话文难做的四大原因,但也预言:"我想白话诗将来总有大成功的希望,但须有两个条件。第一,要等到国语进化之后,许多文言,都成了'白话化'。第二,要等到音乐大发达之后,做诗的人,都有相当的音乐智识和趣味。"①虽然梁氏强调的是文言文字变为白话文字,只是语言形式的变化,并非进行深刻的白话文学变革,但是梁氏的独特身份及其社会影响力促使清末各类边缘的白话文运动——白话诗文小说、白话报刊②等逐渐向新文学靠拢,而且梁氏对白话诗文的分析总结也直接成为了新文化运动及之后的新文学秩序建构的理论和思想资源。

文学秩序之明暗两线

从曾国藩及其后继者吴汝纶、林纾、严复、马其昶、姚永朴、姚永概,到章太炎及弟子门人朱希祖、黄侃、钱玄同、马裕藻、沈兼士、沈尹默、朱宗莱、马叙伦、刘文典、周作人、鲁迅,再到梁启超及新文化运动主力军的陈独秀、胡适、李大钊、刘半农以及鲁迅、周作人、钱玄同、刘文典、沈兼士、沈尹默等章氏弟子门人,明暗两条线的发展实质上是清季民初文学秩序的演变。其一,明线的变化是北京大学文学门的教授更迭,也是文学的外在秩序的演变,他们或以学派之争、学术渊源差异为起点,或以新兴报纸杂志及北京大学的文学讲坛为阵地,掀起一场半体制化半民间性质的文学秩序变革。章门弟子进入北大时,科举已废除,知识分子逐渐开始脱离体制,但是他们的精英身份和立场仍在;民国初期北大既被纳入体制之内,一些学者或直接是政府官员或间接参与社会政治活动,但同时他们又在清季民初世纪之交

---

① 梁启超:《晚清两大家诗钞题辞》(1920),《饮冰室合集·文集》之四十三,中华书局1989年影印版,第73页。

② 谭彼岸在《晚清的白话文运动》(湖北人民出版社1956年版,第28页)统计出清末共有1500多种白话小说刊行,陈万雄在《五四新文化的源流》(三联书店1997年版,第135～159页)中统计了清末140多种白话报纸发行。

的体制裂变中保持着相对独立和关注民众与民间的思想意识,在自创的报纸杂志等新兴传播媒介中保留了一片公共领域。因此这种外在秩序的变革既脱离体制的束缚,又依赖体制的支持,同时从体制之外的民间吸取各种思想文化资源。

其二,暗线主导了明线的变更,文学外在秩序的半体制化半民间性质必然有其深层的思想根源。曾国藩是体制的主导者,其思想必然影响其后继者,而吴汝纶、严复等直接是体制之内的文人学者,其他桐城古文家几乎都是科举功名的获得者,因此其思想意识必然囿于体制的框架之内。章太炎则以民族主义立场先后与李鸿章、孙中山、袁世凯、黎元洪、熊希龄、张学良等政要往来,而同时在学术圈子中又保持着其独特性,与其学生门人及浙江学人——虽然章氏难免带有传统的师承关系和地缘意识,但这并不在根底上影响他的文化构想——共同构造出关于民族文化的想象空间,民族文化与文学开始表现出脱离"道统"的倾向,在经世致用的现世思想中注入了民族文化想象的文学理想精神,促使着文学内在秩序的变化。梁启超是一位带着民族文化想象的理想进入体制之内的,结果被体制以极端的方式抛掷出来,政治改良的不可实践促使他转向以文学革新的民族文化想象的方式重构理想的新文化和民族国家,他所倡导的以革新小说的方式达到新民和改良政治的目的,无疑具有浪漫气质和无限的想象力,这种气质和力量固然难以新民和改良政治,但是它们却成了新文学的内在精神品格,新文学运动的滥觞正是得益于这种浪漫气质和关于民族文化想象力的。

其三,两条线的共同作用导致了新文学运动及新文学秩序的确立。新文学是相对于桐城古文及晚清文学而言的,没有章太炎的民族文化想象及章氏弟子在体制内外的文学和文化实践,没有梁启超的浪漫气质及后续革新者以无限的想象力建构文化想象中的民族国家的努力,新文学运动是不可能产生并呈现出摧枯拉朽之势。新文学秩序并非完全摒弃旧的文化传统——在整理国故运动中可见一斑,在解构传统的同时利用外在秩序的变更和内在的民族文化想象与浪漫气质来整饬并重构新文学。

其四,在从北京大学文学门变迁过程中折射出的新文学秩序里,古今中外的思想激烈碰撞,交相辉映,文学成就极大,但在启蒙与救亡双重变奏的历史语境中,以浪漫气质和想象力为特征的现代品格被扭曲,最终在战争和政治的双重压抑之下,文学的现代秩序几乎被完全废弃。这种废弃相比于历史进程和民族国家——不再是类似戊戌六君子的象征式牺牲,而是以战争、救亡为主题的历史进程,也不再是文化想象中的民族国家,而是政治、军事和经济实体——显得微不足道,甚至是以虚假的方式存在于历史进程和民族国家之中,但是对于文学和文化来讲,不能不说是一种巨大的劫难。

历史在变,国家在变,体制在变,文学秩序也在变,然而不变的,唯有文学本身而已。

第四节 文学的现代学制之建立

废科举

从1862年设立京师同文馆到1903年"癸卯学制"中的京师大学堂,从张百熙、严复到胡仁源、蔡元培,从曾国藩、章太炎、梁启超到末期桐城派、章门弟子、"新青年"同人,历史以否定之否定的方式发生着变化,文学及文学学术研究在这种裂变过程中逐渐脱离道统与政统的文化格局。而晚清的科举制之存废问题在裂变过程中有举足轻重的作用,科举制秉承"学优则仕"的观念并付诸实践,因而科举与学校分立则学校难以大举兴起,科举存则现代学制难以建立。

在这种秩序的演变过程中,新时代、新学校、新思想与科举制之间的矛盾逐渐深化,正如两江总督张之洞与直隶总督袁世凯等在光绪二十九年(1903年)奏请朝廷所言:"今日各省于兴立学校一事,大率观望迁延,否则敷衍塞责。……其患之深切著明,足以为学校之敌而阻碍之者,实莫甚于科举。盖学校所以培才,科举所以抡才,使科举与学校一贯,则学校将不劝自兴;使科举与学校分途,则学校终有名无实。何者?利禄之途,众所争趋;繁重之业,人所畏阻。"①作为晚清的最后一批地方大员,张氏和袁氏一方面确实认识到科举之弊,科举只是利禄所致,作虚文以为学,甚至讥之为"剽窃抄袭之学",不能培养真正实用的人才;但同时他们并不敢轻言废科举,而只是希望以学校与科举并举,且学校培养的人才享受科举待遇,可见其方式仍然延续了康梁戊戌维新时期的改良思想。在晚清的特殊历史时段,任何改良注定是失败的。因此各地方大员于光绪三十一年(1905年)

---

① 《光绪朝东华录》,光绪二十九年二月庚子(十五日),总第4998页。

联名奏请废除科举,彻底以学校取代科举,清廷接受奏请并于光绪三十一年八月初四(1905年9月2日)下诏停止科举①:

> "方今时局多艰,储才为急。朝廷以近日科举每习空文,屡降明诏,饬令各省督抚,广设学堂,将俾全国之人,咸趋实学,以备任使,用意至为深厚。前因管学大臣等议奏,已准将乡、会试中额分三科递减。兹据该督等奏称。科举不停,民间相率观望,欲推广学堂,必先停科举等语,所陈不为无见。著即自丙午科(光绪三十二年)为始,所有乡、会试,一律停止;各省岁、科考试,亦即停止。其以前举、贡、生员,分别量予出路,及其余各条,均著照所请办理。"

这一诏书只是对教育制度和取士制度的调整,实质上废除科举之后的学校仍然局部地行使科举之作用,如京师大学堂在废除科举之前西文总教习丁韪良授三品衔,总教习吴汝纶授四品衔,而其学生也按照学习程度授予官职和品衔,这一取士方式直到清亡仍在沿用,因此京师大学堂也被称为"新型翰林院"②。民国时期也实行过高考和普考检定考试制度,可以说是科举制度的重演,只不过学校检定考试考的是学校之实学,科举则考科举之虚学③。从这个意义上讲,废除科举的诏书只不过是一纸空文,但是这一纸空文对现代知识分子阶层的产生起了决定性的作用,同时也是现代学制建立形成的根本决策之所在,而现代知识分子阶层的产生和现代学制的建立正是文学的现代学科体制的根本因素。

新知识分子

科举制的废除从原则上截断了读书人进仕阶梯,但是这类读书人又不愿意退而求其次——充任乡绅或士绅阶层,维护传统文化,在乡土之地安身立命,因此出现背井离乡,要么出国,要么滞留于北京、上海、广州、南京、武汉、重庆等城市,如鲁迅、毛泽东的青年时代都是如此,他们既属于城市又难以脱离乡村,既受了传统文化的熏陶、又受清季民初转型时代所涌入

---

① 《清德宗实录》卷五四八,光绪三十一年八月甲辰,论内阁。
② 罗志田:《乱世潜流:民族主义与民国政治》,上海古籍出版社2001年版,第8页。
③ 王德昭:《清代科举制度研究》,中华书局1984年版,第249页。

的西方文化的浸润,成为游离于乡村与城市、中国与西方、传统与现代之间的特殊社会群体。因此他们通过求学和写作的方式进入现代社会秩序之中,参与报刊出版媒介、进入新式学校、成立同人会社是他们以边缘人身份发出的边缘声音,起初听到这声音的人很少,然而这声音却逐渐在构造一个新的现代的民族想象空间。李欧梵在谈到晚清文化、文学与现代性问题时指出:"中国的现代性不可能只从一个精英的观点来看待,精英只能登高一呼,至于社群共同的想象,其风貌和内容不可能是一两个人建立起来的,需要无数人的努力。而其所借助的印刷媒体,如报纸杂志,在晚清种类繁多,这又不禁使我们关注为这些报章杂志写稿的人。中国和日本、美国最大的不同就在于,美国建国时代的报纸其撰稿人都是第一流的名人,用化名写稿。互相讨论政治,这被公认是美国的公共空间,非常明显的公共领域模式;日本明治时期的报纸,尤其是大报,总主笔也都是第一流的人物。中国的报人中,梁启超算是一流人物,但是其余大多数人就很难说了。随着科举制度在 1905 年的终结,知识分子已无法在科举入仕之途中获得满足,参与办报撰文的大部分是不受重视的'半吊子'文人,但是我认为恰恰就是他们完成了晚清现代性的初步想象。这些人并不像梁启超那样雄才大略,想象力丰富,他们基本上都是文化工作者,或画画,或写文章,从大量的文化资源中移花接木,迅速地营造出一系列意向。"①

此处所指涉的精英大抵应该是体制之内的处于中心地位的官僚知识阶层,美国和日本都是处于中心位置的权力阶层所实施的精英文化政治,而中国却恰恰相反,那些不受重视的处于边缘地位的"半吊子"文人,以其独特身份以具有想象特征和浪漫气质的文学想象方式促使民族国家的想象建构,虽然鲁迅认为想象特征和浪漫气质只不过是空想和幼稚的表现,"革命文学家与革命家竟可说完全两件事。诋斥军阀怎样不合理,是革命文学家;达到军阀是革命家;孙传芳所以赶走,是革命家用炮轰掉的,绝不是革命文艺家做了几句'孙传芳呀,我们要赶掉你呀'的文章赶掉的。在革命的时候,文学家都在做一个梦,以为革命成功将有怎样怎样一个世界;革命以后,他看看现实全不是那么一回事,于是他又要吃苦了。照他们这样叫、啼,哭都不成功;向前不成功,向后也不成功,理想和现实不一致,这是

---

① 李欧梵:《中国现代文学与现代十讲》,复旦大学出版社 2002 年版,第 13 页。

注定的运命"①，那么梁启超大约是革命家之列，而其他文化工作者应是革命文艺家，虽然他们在政治和社会运动中不可能以权力实现其社会文化理想，而社会也不可能提供一个公共领域任其讨论并以此改造社会，但是正如李欧梵所言，清季民初中国现代性的想象和民族想象建构正是由这些新兴的现代知识分子所完成的。

正因为新兴的现代知识分子天生具有超凡想象力和浪漫气质，而他们边缘地位决定了无法进入权力中心，只能以写作的方式描绘想象中的民族构想，试图建立集体性的"意向"从而达到改造社会和提高自身价值的目的，并且他们大多在科举之后既迷恋传统经史文化又深受西方文化思潮的冲击，所以他们大多采取周作人所说的"把象牙塔建在十字街头"的方式，纷纷加入新式学校，以学校、报刊为平台构筑其想象空间。而文学的想象特性和浪漫特质与他们的秉性相契合，也与他们的传统经史文化的知识结构相合，因而文学教育和以文学的想象方式建构其民族想象成了他们的首选。至此，文学的现代学制已经具备了丰富的人力资源及其思想文化资源。

中国文学与西方学制

与此同时，科举制废除之后的学校几乎都采纳了自日本传入中国的西方现代学制。这种学制大多把学科制度化，以在大学里设置学系、聘任教授和出版以学科分类的书籍并收藏于现代图书馆的方式对各种学科予以厘定和规范。而且科举制废除之后，改变了传统书写和考试的方式，增添了评分制度，正如霍金斯所言："只有当书写、评分、考试这三种做法合在一起，人类历史才发生重大变化，乃至出现断裂。现代学科规训制度的权力，尤其是规训性知识的权力，直到这一刻才成为可想象的事。第一批经由这新方法训练出来学以致学的学生，正就是学科规训制度的始创者。"②可见现代学制不仅在界定学科差异的基础上推进学科的专业化和制度化，还试图建立"以生产新知识、培养知识创造者为宗旨的永久性结构"③，在这个独特社会群体的封闭结构里、在以评分为基础的量化管理中使学科规范化

---

① 鲁迅：《文艺与政治的歧途》，选自鲁迅《魏晋风度及其他》，上海古籍出版社2000年版，第280页。

② 霍金斯：《教育与学科规训制度的缘起》，选自华勒斯坦《学科·知识·权力》，三联书店1999年版，第47页。

③ 华勒斯坦：《开放社会科学》，三联书店1997年版，第9页。

和科学化,最终形成一种所谓的"学科"(Discipline)或"学科规训制度"(Disciplinarity)①。这种学科制度本质上是一种权力和知识的联合体,"原则上各学系被赋予有诠释、终身任职和课程的控制权。可是此等中央管理以外的相对自主性不会让学系可以任意开设课程。相反,他们要跟代表这些学科的国内和国际的建制分享权威,这些建制包括赞助学科规训活动和颁布学科规训价值的专业组织、出版学科和专门研究的期刊、支持学科规训研究和教学的基金管理机构,以及评价学科内的研究成果的同侪评论者"②,其知识生产和消费体系既是受权力约束,同时也体现知识生产者的权力,现代知识分子既反对中央管理及其相关的专业组织、出版期刊、基金管理及同侪所组成的权力枷锁,又依赖这些权力枷锁才得以现实存在,同时他们又行使着知识生产者的权力,这种权力使他们享受着自身的价值存在。

但是在西方现代学制中,文学的学科地位往往遭到怀疑,"从牛顿到达尔文到孔德,每次近代科学的发展中,文学研究都以跟科学遥遥对立来厘定本身的边界。科学研究物质性、追寻普遍定律和生产真理;而文学研究则探索人类的灵魂、欣赏独一无二的杰作和变化气质。克雷格指出:在美国,文学研究独立出来是19世纪众多教育合流的结果;此中包括选科制度和导致科学占尽优势的学术专门化,以及地方自主大学兴起而激发的高等教育迅速民主化;还有的是文学研究本身不善于分门划界。威尔逊进一步揭示20至50年代间这未能善于划分技巧的情况。当社会科学已借着联结进步的社会教育运动和统计学而建立起具备社会效用的地位时,文学研究却回到19世纪的高尚涵养和个人教化的价值上去"③。西方文学研究的退守与中国科举制的废除有着某种默契,废除科举的主要原因是"每习空文"甚至被定性为"剽窃抄袭之学",而朝廷缺乏的是实学人材,西方同样是自然科学发展迅猛,而文学研究在"人的想象力能成为科学吗"的质疑声

---

① 黄德兴在翻译沙姆韦、梅瑟—达维多《学科规训制度导论》的译注中解释:"Discipline具有多重而又相关的含义:包括学科、学术领域、课程、纪律、严格的训练、规范准则、戒律、约束及熏陶等。汉语里没有相对应的词项能包含它的丰富含义。Disciplinarity是新词,本文译作'学科规训制度'、'学科规训'等以包含学科、规训、建制等内涵。"(华勒斯坦:《学科·知识·权力》,三联书店1999年版,第12页。)
② 沙姆韦、梅瑟—达维多:《学科规训制度导论》,选自华勒斯坦《学科·知识·权力》,三联书店1999年版,第21页。
③ 沙姆韦、梅瑟—达维多:《学科规训制度导论》,选自华勒斯坦《学科·知识·权力》,三联书店1999年版,第23页。

中退出科学的学科体系,而注重于个人修养和教化的价值。因此"它有时被称为文科(art),有时被称为人文科学(humanities),有时被称为文学或美文学(belles-lettres),有时被称为哲学(philosophy),有时甚至被简单地称为'文化',而德文中则被称为 Geisteswissenschaften(精神科学)。这种知识形式的面目和重心可谓变化多端,缺乏内在的凝聚性,致使该领域的从业者无法就其学科的重要性向官方提出辩解,更无法结成统一的联盟,因为他们似乎根本没有能力创造出任何'实际'的成果"①,但在清季民初的中国学科史中,文学学科甚至还没有建立,因此它不需要有强大的凝聚力使官方意识到其重要性,而只需逐渐组成从形式到内容的现代学科体制,一方面在想像空间中传承传统经史文化,另一方面又能获取以文学(如新文学运动)和文学研究思潮(如整理国故运动)参与社会文化运动的合法性,甚至一些从事学术研究的学者因其合法性的巩固而兼有双重身份,但这身份却又绝非其本意,正如陈平原评价胡适"不过是个关心世事因而爱谈政治的传统意义的'书生'。政治既非其所长,也不是其真正的兴趣所在,只不过因缘和合,一次次卷进政治旋涡,居然成了重要的'政治人物'"②。而类似人物在此时期并不少见,他们大多在学术与政治之间徘徊,而学科往往就成了知识和权力糅合体。

正是在这样的学科背景和文化背景中,文学学科被强行纳入西方现代学制的框架之中,同时也结合中国文学的发展态势及其文化特性,逐渐发展成为了现代意义上的文学学科。文学学科作为人文科学之一,必然包含三个层次:事实、命题、价值判断和规则③。事实是通过感知描绘存在,主要是知识的历史成分,而对中国文学来讲,在诗、词、赋、曲、散文等等都取得了极大成就④,其内容精深博大且源远流长,诸多文学史的编写大多是为了认识这些文学事实。命题是"被抽象分离出来的这一现实部分内容的一致行为",构成了其理论成分,这些命题在对中国文学观念的界定中得以提出,如章太炎提出的著于一切竹帛之文字皆为文学、胡适提出的白话文学为活的文学。价值判断和规则是文学学科的实践,是制定文学学科的价

---

① 华勒斯坦:《开放社会科学》,三联书店 1997 年版,第 7～8 页。
② 陈平原:《中国现代学术之建立》,北京大学出版社 1998 年版,第 117 页。
③ 狄尔泰:《人文科学导论》,华夏出版社 2004 年版,第 27 页。
④ 此时小说虽然已经取得了令人瞩目的成就,但其地位尚未得到确认,而在五四时期周作人、胡适、刘半农、鲁迅等人最早在大学开设中国小说史的课程,小说的地位才逐渐上升并在五四之后成为文坛主潮。

值标准和具体方案并付诸实践,这是文学学科及文学秩序的最终确立。

文学立科

王国维在1906年作《奏定经学科大学文学科大学章程书后》,对文学学科提出了详细的规划,认为经学科和文学科大学应该分为五大科目,即"经学科""理学科""史学科""中国文学科""外国文学科",而中国文学科又包括哲学概论、中国哲学史、西洋哲学史、中国文学史、西洋文学史、心理学、名学、美学、中国史、教育学、外国文等,不仅对文学科目有详细规定,尤其突出哲学和美学部分。这种意见后来得到采纳,1913年教育部公布《大学令》和《大学规程》,取消了经学科,设立文科、理科、法科、商科、医科、农科、工科等七科,正式确立了规范的学科分类。其中大学文科又分为哲学、文学、历史学和地理学,文学又分为国文学类、梵文学类、英文学类、法文学类、德文学类、俄文学类、意大利文学类、言语学类等八类。

根据最早创立文学系的北京大学档案显示,《民国元年所订之大学制及其学科》中记载:文学门中"国文学类"处于第一位,"国文学类"的课程安排依次是文学研究法、说文解字及音韵学、词章学、中国文学史、希腊罗马文学史、近代欧洲文学史、哲学概论、美学概论、世界史、伦理学概论、尔雅学、语言学概论、中国史[①],其中关于中国文学的文学课程是文学研究法、和中国文学史,亦即演变为后来的文学概论和中国文学史。而到了1917年,"国文学类"发展为"中国文学门",文学学科逐渐细化,其文学类必修科目为"文学概论、文学史大纲、周秦文学、汉魏六朝文学、唐宋文学、元明清文学"[②]。在随后的修正案[③]中又再次细化,文学类必修课仍然分为"文学概论、中国文学和中国文学史",但"中国文学"又分为周秦文学、汉魏六朝文学、唐宋文学、元明清文学,"中国文学史"又分为中国古代文学史、中国中古文学史、中国近代文学史,所有必修课为64个单位,"中国文学"占据

---

① 王学珍:《北京大学史料》第2卷上册,北京大学出版社2000年版,第73页。
② 王学珍:《北京大学史料》第2卷中册,第1065页。
③ 王学珍:《北京大学史料》第2卷中册,第1602～1603页。

16个单位①,"中国文学史"占据9个单位,其科目分量都比较大。

文学科在1918年之后又分为"文学史"和"文学"两科,还规定:"习文学史在使学者知各代文学之变迁及其流别;习文学则使学者研习作文之妙用,有以窥见作者之用心,俾增进其文学技术。教授文学史所注重者,在述明文章各体之起源及各家之派别,至其变迁。递演因于时地才性政教风俗诸端者,尤当推迹周尽使源委明了。教授文学所注重者,则在各体技术之研究,只须就各代文学家著作中取其技能最高,足以代表一时或虽不代表一时而有一二特长者,选择研究之。"②"文学史"科大致与前一时期的内涵一样,"文学"科则进一步规定仅限于"诗赋、词曲、文",还设立文学史教员会和文学教员会予以确认,而文学概论则"当道贯古今中外,文心雕龙、诗品等书虽可取,截然不合于讲授之用,以另编为宜"③。由此可见,此时期文学学科对中国文学的历史事实认识基本成形,并且设置相关科目予以规范,而从"文学史"与"文学"两科的分立及差别可看出两点:一是"文学"只是认识基本的文学事实,学习基本的文学知识和技巧;"文学史"则研究文学的变迁和流别,具有一定的理论概括性,它决定了某些文学事实是否进入文学史的视野,具有知识的权力特征,如此时期小说被排除在文学之外,就是这种权力的体现。二是在文学观念上,此时期仍停留在以感知描绘存在的阶段,缺乏理论概括和提出新的文学命题,因此难以作出合理的价值判断,也不可能制定适合文学及文学研究发展的规则。因此此时期"文学概论"科目难以发展,要么像黄侃一样以"中国文学概论"的课程对中国文学作事实性的描述,后来英国温切斯特的《文学评论之原理》之所以风靡整个文学及文学理论界,原因就在于此,而东南大学文学系主任梅光迪参照

---

① 在"中国文学"四个时期占了15个单位,其中"汉魏六朝文学"就占了6个单位,其他三个时期每个时期仅占3个单位,这跟北京大学文学系的教授大多是尊崇魏晋文学的章门弟子有关,而且"汉魏六朝文学"的任课教授是章门嫡系大弟子黄侃,而朱希祖等其他章门弟子也教授相关课程。(王学珍《北京大学史料》第2卷中册,第1602~1605页。)这也在说明了知识生产者的权力与知识生产和消费之间的密切关系,这也是学科发展的内在动力之一。
② 王学珍:《北京大学史料》第2卷中册,第1709页。
③ 王学珍:《北京大学史料》第2卷中册,第1710页。

《文学评论之原理》结合中国文学事实而开设的文学概论课程①,大抵是最早的文学理论建构之一。

而时至1925年,文学的现代学制基本成熟。北京大学文学门改为国文学系,分三个方向:语言文字、文学、整理国故。三个方向的公共必修课为"中国文字声韵概要、中国诗文名著选、中国文学史概要、文学概论",而文学方向的专业必修课为"中国文学"和"中国文学史",对这两科目的规定是"包有诗(词,赋等亦属之)及戏剧,小说,散文(批评,论说,传记,小品及其他)诸类"②。至此,文学学科不仅建立了比较完善的学科体制和知识系统,在知识结构和框架上已经融汇中西,而且在文学观念上进一步"现代化",把诗词赋、戏剧、小说、散文及其他各类文体都归于文学之列,文学理论建构也已全面引进西方理论,如鲁迅在北大国文系就以厨川白村的《苦闷的象征》为教材讲授文学理论,而中国传统的古文论逐渐以"中国文学批评史"的方式出现,如最初在北大国文系任教的陈中凡于1927年出版了我国第一部《中国文学批评史》。虽然这种文学学科分类法灌注的文学事实和知识体系都是完全本土化的民族文学,但是它在一定程度上已经接近于世界文学的文学学科体制,韦勒克、沃伦在1949出版的《文学理论》③一书影响西方文学研究界近半个世纪,其学科分类即为文学史、文学理论与文学批评。而在20世纪初期的中国文学学科中,主干课程是"中国文学""中国文学史""文学概论"及后来慢慢产生的"中国文学批评史",这种模式在文学事实和理论表述上都与西方有差别,但是在学科建制上基本接近世界通行模式。这种立足民族、走向世界的文化秩序是清季民初以来现代化的根本思路,而这一思路也直接促使了文学现代学制的建构。

---

① 梅光迪1921年在东南大学文学系讲授文学概论,其讲义被其学生张其钧所记录,后编写成《文学概论》,现藏位于文津街7号的中国国家图书馆北海分馆,这是笔者见到的最早的《文学概论》。虽然梅光迪作为温切斯特的《文学评论之原理》的校对者,但梅氏《文学概论》与温氏的《文学评论之原理》相差较大,与邝新年所言"梅光迪开设文学概论的课程,直接采用温切斯特的《文学评论之原理》作为教材"不符(旷新年《中国20世纪文艺学学术史》第二卷下册,上海文艺出版社2001年,第68页)。至于其他最早的《文学概论》,如1921年的伦达如《文学概论》(广东高等师范学校贸易1921年初版)、雷丙《文学概论》(自刊)、吴康《文学概论》(自刊),笔者只见部分目录,未见其原本。

② 王学珍:《北京大学史料》第2卷中册,第1128页。

③ 韦勒克、沃伦:《文学理论》,英文版1949在纽约出版,中文版由三联书店于1984年出版,第31～39页。

第二章　文学生产及传播秩序

"他们将作品匆匆付梓,却又常常半途而废;他们汲汲营求时代性的议题,却又凸现出自己根深蒂固的狭隘;他们造假、剽窃,专写耸动的故事;他们深入社会的各个角落,探求写实的资料,但是却将之表现千篇一律的偏见与欲求;他们声称要揭露、打击社会的不平与怪象,但是成果却是渲染、夸张那些不平和怪象。"

——王德威《被压抑的现代性》

"通俗性为清末作家确立了双重任务,那就是既要教育读者,又要娱乐读者。由于这是从一种精英的构想发展到一种通俗的作品,所以'新小说'也就逐渐丧失了它本身所具有的那种启蒙的精神因素,这种因素在某种情况下曾使小说产生过经久的文学价值。从商业观点看,清末通俗小说获得了前所未有的成功;可是,从知识的和艺术的眼光看,它的发展则是以失败告终的,尽管它最初被寄予厚望。"

——李欧梵《现代性的追求》

"文学艺术产业将文化财富的交易与其他交易一视同仁,看重的是传播,以及由发行量衡量的直接的和暂时的成功,满足于根据顾客先在的需要进行调整。"

——布迪厄《艺术的法则》

中国文学在20世纪前期一直与建构现代民族国家、唤醒国民性之启蒙理想和谋划现代生产传播模式的现代性追求相辅相成。文学生产在这种现代性追求的支配下显得不能自主,更多的是被思想转型、历史语境、文化氛围、社会秩序与制度等多方面要素所操控,在各种理性因素的主导之下表现出可操作性和可设计性,甚至直接把文学推向预定的理想轨道从而建构了文学生产的现代性秩序。文学传播一方面因民族国家的国家力量在内外交困而导致的薄弱局势之下产生了一种"民间的狂欢",在学校师生、文学社团、报纸杂志和现代出版业的共同支撑下显示出了众声喧哗之态;另一方面却也因这一历史时期独特的战争政治和政党政治的舆论要求而遭到压制,甚至颁布几十种出版法规对文学秩序予以严酷控制,但这种控制却意外地使文学秩序逐渐成熟和规范化。而在此基础上形成的文学公共秩序,并未因革命与启蒙、权力与市场、文学与政治的对立而湮灭,相反地却在这种"文学—权力—市场"模式中得以保全和发展。

第一节 文学生产的现代性秩序

文学生产通常被定位为与物质生产相对应的精神生产之一,因此人们往往过分注重其形而上的思想意蕴层面,而对文学生产的"生产"属性、模式及其内在和外在的秩序较少研究。中国文学在现代秩序建构之前,其生产属性是模糊的,现代生产模式也尚未形成,随着晚清之后现代生产体制的逐渐明晰,文学生产开始在小说创作领域中呈现出现代生产的雏形,然而在"政统"与"道统"夹击之下,文学生产仍然难以形成现代模式。考察清季民初至1920年代文学生产的发展态势,现代性秩序大抵有五个方面的因素构成:一是主体的人的要素,主要表现为现代知识阶层的形成、文学教授的设立、作者与读者群体的分离等等,以及人文思想的断裂与空位,由此产生的情感精神、文化理想及伦理道德等方面的需求;二是文学环境的要素,包括文学翻译和文学理论的发展、文学社团与学会的成立等方面;三是文化氛围的要素,包括现代报刊、出版业和编辑社群所构成的文化出版环境,以及由于维新变法、辛亥革命和五四运动而产生的思想文化氛围;四是社会秩序的要素,包括社会转型对人们认识方式产生的影响,以及社会舆论力量对文学的渗透等方面;五是制度要素,包括稿酬与版税制度、出版法规及现代教育制度等方面的建立和完善。概括而言,文学生产的现代性秩序是在主体的人、思想、文学环境、文化氛围、社会秩序与制度等多方面要素共同作用之下建构的,以下将对各种要素逐一进行阐述。

现代性与人的主体性

19世纪后期到20世纪初期,不论是留学归国群体还是近代士绅,抑或是文学教授及学生,他们既承接传统而不至失却民族文化根基,又能开创新的文学生产局面从而融入世界文学之中,那种封闭的文学生产是极端民族化和传统化的,只有融入世界文学的文学生产才具备现代性,才能最终形成文学生产的现代性秩序。因此,人的主体性因素在这个过程显得尤为重要。

现代知识阶层的形成。这一阶层主要包括清季民初出现的留学归国群体、新式学校培养的现代人才和已经意识到"政统"和"道统"没落之命运的士绅,他们是文学现代生产的基本动力。

晚清的文学创作者,除创作古文的士大夫阶层之外,大抵可分为衣食无忧的士绅和科举落榜的贫士两大类,他们的创作多以小说为主,虽然读者众多,但难以形成文学的现代生产模式,因此他们并没有形成一个独立的知识阶层,仍然依附于传统的土地生产模式。而在清季民初时,这种状态已经发生了巨大变化。19世纪后期的晚清政府逐渐开始反思,之后在洋务派和维新派的"师夷长技以制夷"思想及各种"体用之说"的主导下,于1872年开始向欧美、日本等国派驻留学生,而在此之前国内也已兴办了包括京师同文馆、上海广方言馆和广东同文馆等专习外文的同文馆,事实上已成为了出国留学的语言教育机构。在这个过程中产生了一大批留学生,仅1906年在日留学生人数有一万两千多人[①],他们回国之后大多从事知识的生产及传授工作,尤其是1905年废除科举之后,国内的京师大学堂、北洋水师大学堂等规模较大的新式学堂中绝大多数是由留学归国人员担任教师,他们把握着知识的生产权。另外一批人员大多进入政界,掌握着知识的管理权。而被主流文化所排斥的一批留学归国人士则创立了中国现代报刊出版业,建构了现代知识的传播系统。由于西方知识生产观念的影响,加之他们已经在生产权、管理权和传播系统等方面占据了一定优势,因此极力主张或推行新的知识生产模式,而文学生产作为长期被压制的文化产业,已经被他们所关注,并在这种现代知识生产模式的大环境中迅速发展起来并过渡到文学的现代生产阶段。此外,出国留学群体尤其是自费出国的,他们是构成早期的现代知识分子的主体,以其独立、自由、民主及批判精神立行于世,这种精神品格也承载着民族想象和人文精神的文学,并使文学很早就从传统文化体系中独立出来,形成了自身相对独立的现代生产模式。

而新式学堂的学生几乎都是留学归国群体的后裔,他们在新旧体制的转变过程中,极端蔑视传统文化体制而对新型文化生产模式充满着憧憬,

---

① 李喜所:《近代中国的留学生》,人民出版社1987年版,第127页。

因为他们学习了现代知识并深刻地认识到现代知识传播体制给他们带来的无穷力量,所以十分热衷于现代文化的生产及其传播。而且这一群体非常庞大,据统计①:

> 1895年之前,中国新式学校仅25所,学生仅2000多人;
> 1903年癸卯学制实行之后经过十年的发展,1912年全国新式学校学生达到2933387人;
> 1916年全国新式学校学生达到4294251人;
> 1928年全国新式学校学生达到9025562人;

如此庞大的知识阶层,其知识需求量是巨大的,而文学作为一种独特的文化知识及文化消费品,在知识需求量中所占的比例是相当大的,他们甚至直接促使了文学的现代生产方式的产生及其生产规模的扩大化。

在现代知识阶层中,士绅无疑是一个比较独特的群体。他们有着传统文化的血脉,社会文化的每一次变动和更新对于他们而言,就像血管的堵塞,令他们产生撕心裂肺的阵痛,每一次阵痛之后试图斩断疾病之根源,怎奈他们已经与传统文化融为一体,在依赖土地的经济联系上,作为官与民的纽带和儒道的浸润下②,他们已无法割断这根安身立命的脐带,或与之俱存,或与之俱灭。在现代知识阶层中,他们是最难以变成独立的、具有自由平等和批判意识的现代知识分子,他们无时不处于痛苦的煎熬之中,他们已经受到了现代知识的影响,已经意识到自身与传统的没落及衰亡的趋势不是可避免的,他们想逃离,但每次逃离都以失败告终,这就是他们无法逃脱的宿命,他们天生就是一个悲剧阶层。这种矛盾、痛苦和悲剧的命运,是文学中最有震撼力的永恒主题。虽然留学归国群体和新式学校学生在某种意义上主导着文学生产的现代模式,但是我以为承载着时代命运和历史悲剧的士绅阶层是文学的现代生产最大动力之一。

文学教授职位的设定。这一教授群体使文学从传统经史子集的文化体系中独立出来,促使文学取得合法性的地位,同时促使文学生产从边缘向文化中心转移。

---

① 以上统计数字来源于舒新城《中国近代教育史资料》(上),人民教育出版社1961年版,第367~368页;(美)吉尔伯特·罗兹曼《中国的现代化》,江苏人民出版社2003年版,第360页;章开沅:《比较的审视:中国早期现代化研究》,浙江人民出版社1993年版,第530~534页。
② 王先明:《近代绅士——一个封建阶层的历史命运》,天津人民出版社1997年版。

自 1898 年梁启超起草《总理衙门奏拟京师大学堂章程》规定把"文学科"独立出来作为十大学科之一以后,文学从此获得了独立发展的机会;1903 年癸卯学制中进一步细化了文学学科,把文学分为文学研究法、说文学、音韵学、历代文章流别、古人论文要言、周秦至今文章名家、周秦传记杂史及周秦诸子等七科来讲授;而直到 1909 年京师大学堂设立分科大学之后,中国最早的文学教授才产生,即林纾、姚永朴、马其昶、陈衍、郭立山、饶樰龄、宋发祥、黄为基、高毓彤、胡宗瀛、桂邦杰、胡玉缙、左树珍、江翰、夏振武、蒋业等 16 人,虽然他们大多是桐城古文家,但毕竟第一次设立了文学教授这一职位,而且把文学从经史子集的传统文化体系中独立出来,使之取得合法性的地位。

然而文学教授最终把文学推向时代的前端,则是在新文化运动时期。蔡元培掌管北大时期,北大文学教授黄侃、朱希祖、钱玄同、马裕藻、沉兼士、沈尹默、朱宗莱、马叙伦及后到的周作人、刘文典、鲁迅、陈独秀、胡适、刘半农、章士钊、吴梅、黄节、刘师培等,在全国文学教授中显然处于领头位置,而正是这些文学教授,直接促使了文学革命的爆发,在全国范围内掀起文学生产的热潮,《文学改良刍议》《文学革命论》《尝试集》等等文学主张和文学作品,在文化界和思想界迅速蔓延。这种文学教授群体不仅开一时之风气,还培养了文学创作和推动文学发展的学者,他们共同把文学生产从边缘推向了社会文化的中心,并以其独特的知识话语权巩固文学的地位,使文学的现代生产秩序得以完善。

文学作者和读者两大群体的产生与分离,使文学的生产和消费成为可能,并逐渐在现代文化秩序中使之从虚拟的转化为现实的生产力。

中国古代的精英教育——科举制的教育是相当发达的,但是这一受教育群体在文学创作上既是读者也是作者,其身份界限是不明显的。而晚清之前的民众教育发展极不平衡,据研究者①估算 18 至 19 世纪的民众识字率比以前有所提高,但是也只有 30%－45%的男性和 2%－10%的女性具有某种程度的读写能力,而且他们的教育大多是在十二三岁之前只教《三字经》《百家姓》和《千字文》,且不向他们释义,而之后大多学生都辍学,此外他们主要在喜丧、技术、商业和争讼等方面使用文字。而在 18 世纪之前,民众教育和识字情况更为落后。由此可见,晚清之前的民众读者全体

---

① 以上数字及研究结论均源于美国吉尔伯特・罗兹曼《中国的现代化》一书,第 168~169 页。

尚未形成,文学的作者和读者基本上是同一群体。而晚清之后,普及教育每年生产了近百万的小学生和近十万的中学生,他们已经开始具备了文学欣赏的能力,并在中西文化交流和社会变动过程中产生了文学欣赏的要求,因此他们成为了中国最早的独立文学读者群体。而原来的文学生产阶层不再主要地承担着文学自产自销的任务,逐渐形成以创作为主的作者群体。作者和读者两个群体的分立,使文学生产从自产自销的虚拟生产状态转化为产销分立的现实生产力。

思想文化由于清季民初社会革新频繁而产生的断裂和空位,寻求个人精神慰藉、重构时代精神及伦理道德等方面的需求,使文学现代生产模式的建构显得尤为迫切和可能。

在描述晚清小说的诡异现象及其作家的矛盾状态时,王德威指出:"他们将作品匆匆付梓,却又常常半途而废;他们汲汲营求时代性的议题,却又凸现出自己根深蒂固的狭隘;他们造假、剽窃,专写耸动的故事;他们深入社会的各个角落,探求写实的资料,但是却将之表现千篇一律的偏见与欲求;他们声称要揭露、打击社会的不平与怪象,但是成果却是渲染、夸张那些不平和怪象。"①

晚清作家所表现出这种诡异及矛盾状态,实质上反映了这时期社会文化和思想意识的断裂,他们反对传统文化框架的束缚,对"政统"和"道统"合谋所产生的体制性力量表现出极大的愤慨,因而试图以一种极端的方式与传统决裂,而希望以西化的方式改变这一状态。但是决裂之后,却产生了更大的惶恐,因为对传统的决裂使他们失去了长期驻扎在中国文人及士大夫心中的儒家伦理道德观和文化精神的认同感②,西化更是使他们丧失了对民族文化及民族国家想象的信心,因此产生一种摒弃传统却又欲罢不能、西化强国却又力不从心的状态。这种思想文化的空位状态使中国社会陷入了极度的困境,外加列强的欺压、农民起义、国家改制等等令人心神疲惫的社会变故,人们逐渐在个人心理、社会理想和伦理道德等方面产生了

---

① 王德威,《被压抑的现代性》,王晓明编《二十世纪中国文学史论》(上),东方出版社中心 2003 年版,第 34 页。
② 张灏在《转型时代在中国近代思想史和文化上的重要性》一文中对清季民初知识阶层产生的思想困境予以了详细分析,认为主要产生了价值取向危机、认同取向危机和精神取向危机,而主体意识危机的三段结构是对现实的沉沦感和疏离感、对未来理想社会的展望、由现实通向理想未来的途径。(《张灏自选集》,上海教育出版社 2002 年版,第 114~123 页)而林毓生所言的"五四"精神的内涵则在此基础上发生了改变,后文将阐述。

幻想和幻觉,把这种幻想和幻觉表达出来的愿望非常强烈,王德威提到晚清小说创作的怪象就是这种在真与幻之间产生的。

但是在民国尤其是新文化运动之后,新的知识阶层不再于断裂和空位状态中徘徊,而是勇往直前试图建构新的思想文化系统,而文学作品中所蕴含的新社会思潮(如民主和科学观念)、新伦理道德意识(如妇女解放及新的婚恋观)和个体精神(如自由、独立及批判意识)正是他们所需求的。如林毓生所言的"五四"精神:"那是一种中国知识分子特有的入世使命感,这种使命感是直接上承儒家思想所呈现的'先天下之忧而忧,后天下之乐而乐'与'家事、国事、天下事,事事关心'的精神的;它与旧俄沙皇时代的读书人与国家权威与制度发生深切'疏离感'(a sense of alienation),因而产生的知识阶级(intelligentsia)激进精神,以及与西方社会'政教分离'为背景而发展出来的近代西方知识分子的风格,是有很大出入的。这种使命感使中国知识分子以为真理本身应该指导政治、社会、文化与道德的发展。我们这些追求真理的人看到了政治上、社会上的不合理现象,便极感不安,深觉自己应该加倍努力,一方面觉得应该参与爱国运动,另一方面觉得自己的工作与国家前途甚有关联,只要把它做好便是救国之一途。这种使命感发展到最高境界便是孔子的'知其不可为而为'的悲剧精神。因为我们具有使命感,所以我们有所归属。即使我们对政治与社会许多不平、不合理的现象深感愤慨;但我们不消极,不气馁,不自怨自艾,不上山静思,也不玩世不恭(做这类事的当然也有;不过,那不是中国知识分子的主流)。"①因此在文学作品中指责不合理现象,摒弃那种"疏离感"和危机意识,激流勇进地表现出强烈的使命感和爱国精神,并以此展望新的社会和理想的未来,寄托着强国梦想和全面自由发展的精神文化,而民众也在这样的新文学作品看到了民族和个人的希望。在这样的思想文化语境中,文学生产迅速进入了现代生产模式,在"五四"之后达到了新的高潮。

文学翻译·文学理论·文学社团

文学翻译在很大程度上刺激了中国文学的生产,并使文学生产在"中体西用""西化"及民族主义等思潮中逐渐本土化和现代化。

翻译在19世纪前期就已在中国兴起,然而西方文学不足以翻译是早

---

① 林毓生:《中国传统的创造性转化》,三联书店1988年版,第147~148页。

期翻译出版及文化界形成的共识,王韬曾言"英国以天文、地理、电学、火学、气学、光学、化学、重学为实学,弗尚诗赋词章"①,直到梁启超1896年《西学书目表》中虽列举了西学书籍三百多种,却独无文学。虽然1899年林纾翻译的《巴黎茶花女遗事》产生过很大的社会反响,极大地促进了文学翻译的发展,但是直到1907年之后,文学翻译才真正显示出蓬勃发展之势,这种西方文学的再生产也刺激着中国本土化的文学生产。仅以1907年为例,据徐念慈②对上海小说出版情况的统计,包括商务印书馆、小说林社、新世界小说社等主要出版编译社在内的各出版单位共出版小说121部,其中翻译小说79种,创作小说42种,无怪徐念慈感慨:"综上年所印行者计之,则著作者十不得一二,翻译者十常居八九","是必今之社会,向一塞聪蔽明,不知中国之外所有之人种,所有之风俗,所有之饮食男女,所有之礼仪交际,曾以犬羊鄙之,或以神明奉之。今得于译籍中,若亲见其美貌,若亲居于庄岳也,且得与今社会,成一比例,不觉大快"③。可见当时文学翻译之发展迅猛,而且国人对文学翻译作品极为感兴趣,可以闻见外国之风俗、饮食男女和礼仪交际等异域社会风情,不仅使长期限制于道德文章及传统诗文的读者眼界大开,更使得文学创作者为之一振。冰心因此"攒够了赏金,就请海军学校每天到烟台市取信的马夫,到市上的明善书局去买商务印书馆出版的'说部丛书',大多数是林琴南先生译的小说,如:《块肉余生记》《孝儿耐儿传》《黑儿呼天录》等。这些书中的动人的句子,至今我还能背下来!无疑这些课外阅读对于我的作文,有很大帮助"。④而此时身在南京求学的鲁迅也读到了《巴黎茶花女遗事》及一些神怪小说和福尔摩斯故事,吴宓甚至反复阅读《巴黎茶花女遗事》之后称赞之:"以余所见泰西之做,其中女子类皆于末路收场,能力制爱情,自苦身心,以求保所欢男子之名誉,成其飞腾之勋名,和其家庭之爱情,图其财产之领得,并多方设计以暂时秘之谎之而求无害于其心,无沮于其事,或竟伪绝之者,以增其怒而冀其所图之成就,己之利害生命全然不顾。其人格高矣,其道力伟矣。"⑤西方小说的主题是当时文学创作者所欣赏的,其家庭、爱情、道德、人格等等都是被模仿的对象,而在叙事手法、语言风格、心理及肖像刻画方

---

① 王韬:《漫游随录》,岳麓书社1985年版,第116页。
② 东海觉我:《丁未年小说界发行书目调查表》,《小说林》第9期,1908年2月。
③ 东海觉我:《余之小说观》,《小说林》第9期,1908年2月。
④ 冰心:《我和商务印书馆》,选自《商务印书馆九十年》,商务印书馆1987年版,第312~313页。
⑤ 吴宓:《吴宓日记》(第一册),吴学昭整理,三联书店1998年版,第23页。

式、社会民俗及自然风景的描写、表现自由平等观念等等方面都更是对中国文学创作的颠覆,陈平原甚至认为"域外小说的输入,以及由此引发的中国文学结构的内部变迁,是二十世纪中国小说发展的原动力。可以这样说,没有从晚清开始的对域外小说的积极介绍和借鉴,中国小说不可能产生如此脱胎换骨的变化"①。此外,在戏剧和诗歌等方面的翻译也极大地改造了中国传统文学体裁。由此可见,文学翻译本身作为一种文学再创作,它不仅以其特有的生产发式扩大了文学生产规模②,还培养了文学的现代生产者和读者,扩大了文学生产的生产范围(题材和主题)和影响范围(宣传作用),提高了生产技术(创作方法)和流通速度(报刊出版业),直接加快了文学现代生产模式的建构。

各种文学理论及思潮迭起,指导和规范着文学创作,呈现出"理论先行,创作跟进"的状态,这种现代理论促进了文学的现代生产模式的形成与发展。

中国古典文学虽然有派别且门派意识极强,甚至也提出一些理论主张,如桐城派的义理、考据和词章之类,但就总体而言都是针对创作方法和行文格式的,而且都是在总结文学创作经验的基础上而设立的一些门规,并没有形成一套完整的理论体系和影响所有文学创作的思潮,这也是古典文论除《文心雕龙》等之外没有形成其他很有影响力的理论著作的根本原因。而到 20 世纪初期尤其是"五四"时期,文学思潮与社会运动合流,其影响力空前强大,外国文学理论体系及在此基础上经过改造的中国现代文学理论随之被提升到比创作还高的位置,王晓明甚至指出这种文学现象是:"文学的进程是可以设计、倡导和指引的","文学是应该而且可以有一个主导倾向的","文学理论是非常主要的,它完全可以对创作发挥强大的指导和规范作用"。③ 文学的现代生产模式在某种程度上类似于西方的大工业生产,大工业生产必须先制定生产计划,然后按照既定的计划进行大规模生产,因此文学的现代生产也是先制定计划,设计好生产的各个环节,形成一套完整的理论体系,之后才开始进行文学创作。这种模式在"五四"时期表现得尤为突出,甚至整个 20 世纪的文学创作都表现出这种倾向,即使文

---

① 陈平原:《二十世纪中国小说史》(第一卷),北京大学出版社 1989 年版,第 28 页。
② 据陈平原《二十世纪中国小说史》统计,1916 年之前的小说翻译达 796 种,占所有小说的三分之一,第 50 页。
③ 王晓明:《一个杂志和一个"社团"——重评五四文学传统》,王晓明主编《二十世纪中国文学史论》,东方出版中心 2003 年版,第 190 页。

学创作者并非按照这种模式进行创作,也会在其创作之后被贴上各种理论标签,诸如"为人生派""为艺术派""普罗文学""国防文学""工农兵文学""伤痕文学""寻根文学""新写实派""身体写作"等,被贴上标签的创作者在各种文化因素的强制下大多不得不接受这种理论限制,这也表现出了文学的现代生产模式的巨大约束力和强制力。而所谓的后现代主义在某种意义上就是对这种现代生产模式的颠覆,虽然后现代主义否定了文学的现代性意义,但是在推动文学生产模式的发展方面还是有一定积极意义的。

文学团体及学会的形成,建构了现代性的文学社群和文学交流机制,拓展了文学生产的空间。

文学团体在清季民初并不占社会团体的主导位置,相反倒是受了其他社团的激励才兴起来的。据统计①,仅1909年全国各地的教育会总数达到723个,其成员大多是开明的士绅、新式学校的教师和学生等,主题也集中于传播新知和改良政治等方面,然而其中的文艺团体不到十分之一。而到民国初期,新知识分子在维新和改良思想的基础上向前又迈进一步,不仅意识到中国的技艺落后于欧美,甚至连一直被国人引以为自豪的文化也是阻碍中国进步的禁锢之一,而反映着民族精神和社会生活的文学,逐渐被推向文化主流并最终导致"五四"新文学运动的爆发。而在这个过程中,文学团体和学会的作用至关重要,它们传播了新知,启发了民智,扩大了新文化和新文学的影响。但是这种文学团体和学会并非只有影响较大且有组织结构和社团规章制度的文学研究会、创造社和"左联"等,它们大多是一种结构比较松散但思想主张相对集中的"同人"俱乐部形式,一个学校的教师和学生、一个文艺杂志、一个报纸文艺副刊、一个出版社的文艺编辑和作者群体,甚至一批留学归国的学生,都可以组织成一个"同人"文学群体,如梁实秋所言"新月一伙人,除了共同愿意办一个刊物之外,并没有多少相同的地方,相反的,各有各的思想路数,各有各的研究范围,各有各的生活方式,各有各的职业技能。彼此不需标榜,更没有依赖,办刊物不为谋利,更没有别的用心,只是一时兴之所至"②。随着这种松散群体力量的扩大,逐渐发展为与文学杂志、报纸副刊、出版社文艺部等文学生产机构和各类文学爱好者及读者群体紧密联系的文学团体或者学会,并且逐步扩大为一个现代性的文学社群,他们有约定俗成的文学交流机制,其创作、发表、出

---

① 桑兵:《清末新知识界的社团与活动》,三联书店1995年版,第274~280页。
② 梁实秋:《梁实秋自传》,江苏文艺出版社1996年版,第144页。

版、评论等环节都被纳入一个相对有序的结构之中。虽然在这个过程中，大多数"同人"文学团体的存在时间并不长，甚至随时成立随时解体，但在这种快节奏的兴衰更迭中，文学生产不再静若死水，而在波澜起伏中拓展了生产空间，并逐渐形成一种文学生产的现代性秩序。

以上阐述了文学翻译、文学理论及文学社团对文学生产的影响，虽然它们对文学生产的内部结构及发展并不起主导作用，但在一定程度上制约了文学的现代生产模式，尤其是在"五四"之后，每一次外国文艺思潮的引入都会引起文坛的震动，如浪漫主义、象征主义、自然主义及影响最为深远的马克思主义文艺思潮；每一个文学理论和口号的提出都会改变文学生产方向，如"革命文学""为人生而艺术""为艺术而艺术""普罗文学"等，直到1942年毛泽东的《在延安文艺座谈会上的讲话》最终又确立了一个主导了中国文学几十年的文学纲领，文学创作在这些理论面前显得无能为力，文学的现代生产模式也不得不随之而改变；每一次社团的更迭和力量对立悬殊的变化都会引起文学生产的全面改观，如左翼作家联盟的成立，把文艺的方向和生产纳入了一个新的秩序之中。如王晓明所说"如果我们换一个角度，不但注意到五四那一代作家的创作，更注意到五四时期的报纸杂志和文学社团，注意到他们所共同构成的那个社会的文学机制，注意到这个机制所造就的一系列无形的文学规范，譬如那种轻视文学自身特点和价值的观念，那种文学应该有主流、有中心的观念，那种文学进程是可以设计和制造的观念，那种集体的文学目标高于个人的文学梦想的观念"①，这种另类角度正是我们认识文学的现代生产模式的独特视点，它不仅指文学翻译、文学理论及文学社团，还指涉下面继续讲到的报刊出版业、编辑社群、社会文化思潮及各种制度性理念。

报刊出版业的兴盛与编辑社群的壮大

现代报刊和出版业的产生及发展，为文学生产提供了实现生产价值的载体，改变了文学生产的传统模式，并在此基础上建构现代性的文学生产模式。

无法想象在信息传递速度缓慢的古代社会中，一首诗歌会在一天之内传遍各大城市甚至家喻户晓，更无法想象在竹简或布帛等材料上，如何刻

---

① 王晓明：《一个杂志和一个"社团"——重评五四文学传统》，王晓明主编《二十世纪中国文学史论》，第196页。

画或者抄写出几十万字的长篇小说。现代报刊和出版业却使这种想象成为了事实。1872年4月中国第一个日报《申报》出版,并在"招刊告白引"中明言可免费为著述丰富的文人雅士刊登文章以流传四方,这在书籍刊刻禁锢颇为严格的清朝尚属首次,因而不久就收到大批诗歌小说等文学作品,《申报》馆为此于当年11月就创办中国第一份文学月刊《瀛寰琐记》,主要刊登天文、地理、诗歌和小说,之后改名为《四溟琐记》和《环宇琐记》,但终因销路欠佳而于1877年年底停刊①。这是文学生产最早以现代报刊方式生产传播的开始,但是此时的生产和传播仍局限于传统方式,而且文学生产并非以通过报刊和出版业的传播而获得利益和价值。据目前统计的数字来看②,1902年至1916年文艺期刊多达57种,1919年创办11种,1919年至1924年共创办79种。其中在1902年到1917年之间仅以"小说"命名的文学刊物就有35种③,以每年两种的速度递增,其中影响较大的有梁启超在日本创办的《新小说》、李伯元创办的《绣像小说》、吴趼人等创办的《月月小说》、徐念慈创办的《小说林》、恽铁樵等创办的《小说月报》、包天笑创办的《小说画报》等。此外,在各大出版团体印刷翻译西方小说获取不菲的利润之后,也积极开拓国内小说市场,而在出版家和编辑系统、印刷和发行网络、创作者和读者群体三大因素的综合作用下,已经逐渐形成了一个出版的文化产业链条,创作者的文学生产虽然十分关键,但是它已被现代的出版文化产业链条紧紧捆绑,不得不脱离曹雪芹式的"批阅十载、增删五次"的传统生产模式,随之进入现代的文学生产模式。这种现代出版业的发展,一方面在现代传播方式的鼓励下兴起了文学创作的高潮,并使文学创作按照现代的商业化和市场化运作方式进行现代生产:商业化即文学作品可以出售而获得经济效益,创作者可以获得稿酬和版税,且获得不依附于传统官僚士绅阶层的独立的现代人格,同时也以适应这种商业化运作的生产速度和生产方式进行文学创作;市场化则是指在文学的现代传播方式的主导之下,文学生产必须以适应市场为宗旨,即必须生产出消费者满意的产品,此时的消费者不再主要是传统的士大夫阶层,而转变为大众化的读者,这也就决定了文学生产必须从高雅转向通俗、从官样文章转

---

① 徐载平、徐瑞芳:《清末四十年申报史料》,新华出版社1988年版,第317~318页。
② 马永强:《文化传播与中国现代文学》,安徽大学出版社2003年版,第128~129页。
③ 陈平原:《二十世纪中国小说史》(北京大学出版社1989年版,第81~82页)的统计数字为29种,而据马永强在《文化传播与现代中国文学》(安徽大学出版社2003年,第129页)中增补了六种,目前统计数字为35种。

向民间立场、从歌功颂德转向文化批判,虽然这种转向有一定程度的媚俗和媚金倾向,但是毕竟从根本上改变了传统文学生产模式,使之进入现代性的文学秩序,这也是本书后文所要讲的现代性的秩序具有自反性的根本原因之一。另一方面,现代报刊和出版业最主要的是促进了小说创作的发展,而小说是此时世界文学的主流,这种发展就必然使中国文学与世界文学接轨,并在现代性的世界文学秩序中获得发展动力从而建构中国文学的现代生产模式。

现代编辑社群的产生,成为沟通作者、读者和出版业的现代生产机制的纽带。

现代编辑社群是随着现代报刊和出版业的发展而产生的,他们是新知识阶层的主要成员之一,在文学生产的现代性秩序中有关键性的纽带作用。就编辑的身份来讲,大多是新式学校学生和留学归国人员,另外聘请作家和文化界知名人士以扩大报刊和出版社的影响力,如鲁迅、郭沫若、沈雁冰等都曾担任过编辑。他们的参与,使现代文化氛围和文化产业运作模式得以建构,为文学生产创造了良好的文化氛围及宣传机制。就编辑的社会地位和经济待遇来看,也是相当引人关注的。据胡适日记记载[①],1921年商务印书馆编译所的员工月薪中,300元的有2位,200～300元的有5位,100－200元的有30位,50元以上的有31位,50元以下的有108位,监理张元济、编译所所长高梦旦和王云五等人甚至可以年终分红七八千元[②],而当时月薪50元已是高薪阶层了,可见当时编辑的经济收入在社会上是相当高的,这也从一个侧面反映了当时文学生产的繁盛状态。此外,一些作家直接创办刊物和出版社,如包天笑的秋星出版社、老舍和赵家璧的晨光出版公司、胡风的南天出版社、施蛰存的水沫书店、黄宾虹的神州国光出版社等,而文艺刊物大多是作家所创办,如《小说月报》《新月》《现代》等。由此可见,编辑群体不仅是现代报刊出版文化的创始者,控制着文学的生产传播等主要环节,而且他们是新型文化工作者的代表甚至直接是著名作家,其待遇高、名声大,引起了众多文化界人士和关心文化发展的大众群体的关注,使得他们在独特的历史时期里甚至以新文化和新文学的形象

---

① 胡适《胡适日记》,中华书局1985年,第152页。当时1元的购买力相当于现在的40元左右。

② 马嘶《百年冷暖:二十世纪中国知识分子生活状况》,北京图书馆出版社2003年,第22～23页。

代言人的身份来宣传现代文化和文学的生产与传播。

此外,报刊和出版文化主要是作为外在的文化氛围影响着文学的现代生产,而维新思想、民主自由思想及文学革命思想则是从文化内涵上规定着文学生产的发展,编辑群体作为一种纽带,主要是协调各种文化要素以使文学的现代生产顺利运行。戊戌变法的维新思想、辛亥革命的三民主义及"五四"新文化运动等一系列文化思想,为文学的现代生产提供了思想资源和发展动力。无数事实显示,文学往往会在社会历史大变动时期取得突破性的发展,清季民初无疑也是这样一个契机。维新变法虽然失败了,但是它对知识阶层产生的思想振动是巨大的,尤其是梁启超在1902年以《论小说与群治之关系》使其政治改良思想在文学上得以继续,产生了极大的社会反响,同时推动了社会语境中文学的现代生产。辛亥革命推翻了两千多年的封建制,知识阶层的思想得到空前的解放,在文学上也纷纷寻找不同于传统文学的创作方法和生产方式,虽然成就并不大,但其民主自由思想成为之后文学现代生产的核心理念,之后在西方文学及生产模式的影响下逐渐寻找出适合中国文学发展的生产模式。"五四"新文化运动就是这种民主自由思想的继续,在此基础上提出了白话文的现代语言模式和文学革命的现代革新思想,这是文学生产的现代性秩序的内在原动力。

社会转型与公共舆论

社会转型时代产生的巨大社会变化,使作者急于通过文学来反映社会的变更,而广大民众也希望通过生动的文学形式来了解严肃的社会现状,两者的合流极大地促进了文学生产。

清季民初发展最快影响最大的文学体裁当数小说,而小说的创作大抵出于愤政治之压制、痛社会之混浊、哀婚姻之不自由等三种情势,因此此时期的小说主要有两个特征:"第一,充分反映了当时政治社会情况,广泛地从各方面刻画出社会每一个角度。第二,当时作家,有意识地以小说作为了武器,不断对政治和一些社会恶现象抨击。"[①]可见当时的文学生产并非首先出于艺术的冲动,也不是主要为了满足读者的审美需求,其初衷是以文学来反映社会、抨击社会进而改造社会。在对待传统小说的阐释上,也是从文学与社会的关系角度重新给予定位,如把《桃花扇》看作民族主义作

---

① 阿英:《晚清小说史》,人民文学出版社1980年版,第3~4页。

品,认为《水浒传》是提倡民主和民权之作,《聊斋志异》则具有排清情绪。1935年阿英在《晚清小说史》中描述小说创作时仍然采取这种方式,全书共十四章,其中十章的题目分别为"晚清的社会概观(上、下)""庚子事变的反映""反华工禁约运动""工商业战争与反买办阶级""立宪运动两面观""种族革命运动""妇女解放问题""反迷信运动""官僚生活的暴露"等,直接以社会发展观来取代了文学生产状态。由此可见在这种社会转型时代,文学生产不再被封闭于象牙塔,而被作为一种社会的镜鉴来反观社会,甚至在特定的时期被直接视为一种社会运动,如"五四"运动,它实质上是融爱国主义社会运动与新文化和新文学运动为一体,文学生产因此也被作为一种社会生产来运作,虽然忽视其文学性的一面,但从客观上毕竟促进了文学生产的发展。此外,20世纪前期中国社会一直处于动荡之中,因此读者在文学作品中也并不是主要寻求一种无功利的审美享受,而是希望在文学作品中寻找一种医治因政局混乱和战争灾难带来的心灵创伤和思想困境的方式,也希望通过文学作品看清社会的发展动向和未来的理想状态。而在此之后,中国的文学生产和读者阅读甚至被政局和战争等社会因素以及唯物史观的文学理论所规定着,虽然产生了一些诸如周作人、张爱玲等反抗社会压制文学的创作倾向,但与宏大的历史叙事和社会文化背景并不适宜,而且1942年毛泽东对文学与政治、社会、人民群众等要素之间的关系做出系统的阐释之后,文学生产模式最终被社会反映论所规定,呈现出独有的民族化和政治化的现代性。

现代社会公共舆论的力量崛起,现代知识分子试图以公共舆论来改造社会,而文学作为一种有力的舆论方式引起了他们的关注,文学生产也在这种现代舆论方式中进入了现代发展轨道。

关于中国社会在19世纪末20世纪初是否存在公共领域的问题引起了广泛争议,有学者认为存在着以报纸、学会和学校"三位一体"的公共领域①,而相反的意见则认为20世纪初期的中国仍然停留在农业生产阶段,自然界提供的物质条件是最主要的社会生产因素,人为的劳动和知识处于次要位置,因此这种农业社会习惯于逆来顺受,更没有产生公共领域的市民社会条件②。然而不论其公共领域是否存在,现代报刊、出版业、社团、

---

① 许纪霖:《中国早期现代化中的公共领域》,《光明日报》2003年1月21日。
② 石元康:《市民社会与重本抑末——中国现代化道路上的一些障碍》,《从中国文化到现代性:典范转移?》,三联书店2000年版,第187~190页。

学会、学校及现代工商阶层和知识阶层是存在的,他们共同支撑起了一个独特的公共舆论空间。这种公共舆论空间虽然一定程度上独立于政权或政党之外,但是它并非超出体制之外①,它仍然生存于现代性的秩序之中。在这种公共舆论中,文学的权力色彩最薄弱,最能被政权和政党所容忍,因此往往在公共舆论空间中得到最全面的发展。梁启超在注意到公共舆论空间中文学生产的这种独特性之后,提出欲新民必先兴小说的主张,得到之后几乎所有知识阶层的认可,甚至一度发展到把文学运动与社会运动合一的"五四"新文化运动,试图建立公共领域,其结果必然失败而又回到公共舆论空间的文学生产中去。文学生产正是在这种公共领域尚未建立,而又需要文学作为一种独特的公共舆论以推动社会文化发展和建构自由的现代性秩序的情形之下意外地发展起来。

以上两个因素主要是从文学与社会关系的角度探讨文学的现代生产模式,这种关系是整个 20 世纪的基本问题,从梁启超的以小说新民到"五四"时期的新文学运动与社会运动的合流,再到毛泽东确立文学与政治的关系原则,直到新时期文学在继承"五四"文化传统和西方后现代主义思潮的冲击下试图摆脱社会历史的宏大叙事而进入一种自由书写的状态,无不是围绕社会及社会转型而展开,不论外在社会对文学产生的影响是积极的还是消极的,总之文学是不可能脱离这种语境,文学的生产方式客观上也被这种语境所决定或影响着,因而在一定意义上可以说文学生产的现代性秩序其实就是社会秩序在文学生产上的投射。

文学生产的制度

现代稿酬和版税制度的确立和完善,为文学生产的现代性秩序奠定了经济基础。1872 年《申报》创刊号的"本馆条例"中规定:"如有骚人韵士,有愿以短什长篇惠教者,如天下各名区竹枝词及长歌纪事之类,概不取值。"②创刊一周之后又在"招刊告白引"中云:"至于士人著述宏富,欲供诸同志以流传四方者,往往求者不可必得,而著者无由暇布也。有新闻纸以

---

① 马永强认为这种公共舆论是来自体制之外的声音(《文化传播与中国现代文学》,第 117 页),而事实上每种体制虽然有其占主导地位的话语权,但是如果一种体制只有一种声音,这种体制就是一种单极的不稳定结构,因此每种体制的存在,在依赖主导话语权的同时,必然也需要其他显性或隐性的声音与之对应而构成一种稳定的社会结构。

② 陈平原:《二十世纪中国小说史》,北京大学出版社 1989 年版,第 92 页。

告白之,而未见其书,先明其义,人人得而知之,其获益岂浅鲜哉。"①此时刊登短什长篇不仅没有稿酬,甚至还要收取广告费,然而即使如此,文人雅士仍然投稿踊跃,致使《申报》不得不于创刊同年的年底另办文学杂志《瀛寰琐记》予以刊登。正因为文人雅士及其他各方人士的关注,逐渐在知识界和报刊出版界形成了文学市场。时至1907年,由徐念慈在上海创刊的《小说林》杂志,第一期就明确规定:"本社募集各种著译家庭、社会、教育、科学、理想、侦探、军事小说,篇幅不论长短,词句不论文言、白话,格式不论章回……入选者,分别等差,润笔从丰致送:甲等千字5元,乙等千字3元,丙等千字2元。"②这是因文学市场的形成而设置稿酬制度的开始,自此之后,文学生产不再依附于官僚和士绅阶层,而逐渐形成其独立的生产、传播和销售等环节的现代性的文学秩序。而出版业对版税制度的规定更是从社会文化层面巩固了这种现代性秩序。1910年清政府颁布《著作权律》,此律根据1886年制定的国际公约《保护文学艺术作品伯尔尼公约》而拟定,对文学艺术作品的范围和著作者权限等问题规定相当明确,此律虽然仅实施一年就随着清朝覆亡而废止,但是1915年中华民国颁布的第一部版权法《著作权法》和1928年中华民国的《著作权法》都在《著作权律》的基础上修改而成。

  正因为有制度和法规的保障,文学创作者才具备独立的经济基础从事自由的创作,以胡适为例,1928年之前的稿酬和版税约为:1923年5月至1928年4月,文字稿酬共6000元,另加美金100元,按照汇率折算为国币320元,稿酬共6320元;其著作都是亚东图书馆出版,据其清单显示"《胡适文存》初集,十一版共印43000册,定价2.20元;版税×15%=14190元。《胡适文存》二集,五版共印18000册,定价2.40元;版税×15%=6480元。《尝试集》三版共印12000册,定价0.30元;版税×15%=540元。《尝试集》四十版共印20000册,定价0.45元;版税×15%=1350元。《短篇小说》初版印2000册,定价0.40元;版税×15%=120元。又二十一版共印38000册,定价0.20元;版税×15%=1140元。以上共23820元;应除未售书版税共759.39元;存23060.61元。"③稿酬与版税共计29380.61元,

---

  ①《申报》,1872年5月7日,引自方汉奇《中国新闻事业编年史》(上),福建人民出版社1998年版,第50页。

  ②《小说林》,1907年第一期"募集小说"广告语。

  ③ 陈明远:《胡适的经济生活》,《南方周末》2004年6月3日。

按照购买力折算相当于今人民币120多万元,其经济收入相当可观。虽然其他作家并没有如此之高,但是也足够经济上的独立。这种独立的经济模式不仅保障了文学生产者的再创造,而且对于传统的依赖官僚和士绅而难以保持人格独立的士大夫来说,其吸引力是非常大的,因而也使文学的现代生产队伍越来越庞大,最终组建成一个稳定的现代性秩序。

现代出版法规的建立和修订,为文学的现代生产提供了制度保障。

封建王朝为维护其专制和大一统的国家秩序,一直以来对言论和书籍刊刻限制较严,甚至在清朝还出现过"文字狱",这种律令极不利于科学技术和文化知识的发展传播。1778年颁布的《大清律例》规定:"凡坊肆市卖一应淫词小说,在内交与八旗都统、都察院、顺天府,在外交督抚等,转行所属官弁严禁,务搜板书,尽行销毁。有仍行造作刻印者,系官革职,军官杖一百,流三千里。市卖者杖一百,徒三年。买看者杖一百。"①在这种法规的限制之下,作为现代文学主流的小说只能在民间以暗流的方式发展。1906年制定的《大清印刷物专律》虽然承认了印刷出版的合法性,但是登记造册的方式更让清廷有效地管制和随意地破坏书籍的出版。1914年北洋政府制定了《出版法》,对各类书籍管制仍然十分严格,对淆乱政体、妨碍治安、败坏风俗等等书籍予以严惩,但是文学生产的外部环境相对比较宽松;1930年国民政府出台《出版法》,虽然也对左翼文艺予以严查,甚至还配以《查禁普罗文艺密令》辅助出版法规的实施,但这些主要都是政治斗争的需要,而对于整个文学生产却不再像清廷一样予以严厉管制,因而文学在这种出版法规之下得到了长足的发展。据统计②,中华民国时期出版的图书中,超过图书总数10%的有文学、政治、经济和教育四种,而文学以16%高居榜首。可见文学生产在这种法规制约下,虽然其文化钳制政策对先进文学传播不利,但是客观上仍然推动了文学生产进入了现代化的发展方向。

现代教育制度为文学生产的现代运作模式培养了作者、读者、编辑和出版及印刷工作者。

1904年晚清政府实施"癸卯学制"以来,以大学、中学、小学及师范学校和实业学校为格局的现代教育制度已基本确立并逐步完善,尤其是废除科举及清廷覆亡之后,现代教育制度承担的使命不再主要是选举官吏,而

---

① 肖东发:《中国新闻出版史》,辽宁教育出版社1996年版,第362页。
② 肖东发:《中国新闻出版史》,辽宁教育出版社1996年版,第411页。

是开民智以兴中华,在此宗旨下产生了新一代不再服务于官僚体制的知识阶层,这一阶层即是产生现代文学生产者的主要群体。而清末开始兴起的海外留学,则培养了一批接受异域文化的新型知识分子,他们与国内思想视野较为开阔的知识群体一起创办了出版印刷和报纸杂志等现代传播媒介,使文学生产的外在模式得以现代化;而在文学的语言形式、思想内容及社会功能等方面提出了具有现代意义的主张,促进了现代知识的生产和思想文化的改造,使文学从文言向白话过渡、从文以载道转向自由创作、以文学革命推动新文化运动,使文学生产进入了现代性秩序。此外,虽然印刷术为中国所发明,但是19世纪后期至20世纪初期因工业生产远远落后于西方,不得不引进排字架、铸字机和纸型等先进印刷设备和技术,并且放弃中国传统的线装书而改用现代装帧。并在此基础上开办现代印刷学堂①,为现代出版业培养了大批人才。

以上从稿酬和版税制度、现代出版法规和现代教育制度等三方面分析了文学生产过程中的制度要素,从分析中可看出这些制度要素不仅本身体现了文学生产的现代性,还从各个方面规定了现代性的其他要素,使其他各种要素能够和谐地存在于同一机制之中,从而建构规范、稳定和有序的文学生产的现代性秩序。

从上述五个方面的分析中我们不难看出,文学的现代生产并非只是一种纯艺术活动,也不再是依附于其他官僚机制和经济机制的附属物,它已经在清季民初之后逐渐取得了相对独立、自由发展的空间,它所指涉的生产者、生产关系及其他各种社会文化关系,是其生产所必备的现代因素,这些共同构成了一种新的文学生产秩序,对照钱理群先生提出的命题"如何从中国文学、学术自身的发展,特别是晚清、民国(还有的朋友上溯到明代)以来文学、学术的发展,来揭示五四文学变革、现代文学的诞生的内在理路与线索;如何将现代文学置于与现代国家、政党政治、现代出版(现代文学市场)、现代教育、现代学术……的广泛联系中,来理解文学的现代性问题"②,这种新文学生产秩序虽然不可能穷尽所有问题,但是这种开放性的

---

① 1904年清政府创办了京师测绘学堂,开设了中国历史上第一个从事印刷教育的制版班和印刷班;1933年成舍我创办北平新闻专科学校,传授新闻印刷技术;1934年李石曾创办上海图书学校,开设出版科和印刷科,同年天主教会创办上海斯高学校,开设印刷部,下设印刷、排字和装订三股。

② 钱理群:《矛盾与困惑中的写作》,刊于《文学评论》1999年第1期,收入王晓明主编《二十世纪中国文学史论》(上),东方出版中心2003年,第21页。

现代秩序正在不断地开掘、丰富和完善,并逐渐显示其不断增强的诠释力;虽然不可能全面地阐释文学的现代性,却可以从这种现代生产秩序中窥见各种现代性因素,不断丰富"现代"的内涵,以完成这项未竟的事业。

第二节　文学场域和知识阶层

文学的价值是在交流和传播中实现的。古代的文学交流和传播只是局限于士大夫阶层,民间传播的文学并不被视为文学,甚至游离于民间和士大夫阶层之间的士绅阶层所创作和传播的文学也难以进入主流文学的殿堂。明清之后小说的兴起使文学逐渐扩大了传播范围,直至20世纪初期确立了现代传播秩序,打破了传统文学的范畴局限和传播禁锢,并在此基础上把文学纳入现代性的秩序。

在20世纪前期文学的现代传播秩序中,学校、社团、报刊出版和知识阶层无疑是其基本要素。学校是文学传播的讯息生产地和集散地,并且承担着生产知识阶层的任务;社团是文学传播的现代控制系统,在现代传播制度和法规不完善的情形之下,其作用尤为重要;报刊出版是文学的现代传播媒介,与学校和社团往往有着十分紧密的联系,是现代传播秩序的主导力量;知识阶层是文学的现代传播主体,这一阶层没有民间和官方的分别,在文学传播过程中处于平等地位,而且既是传播的起点,也是终点。而这四个要素之间是相互联系甚至交叉融合:学校与知识阶层之间是互动的,知识阶层是在学校中生产的,而学校又靠知识阶层来支撑;文学社团与报刊出版也是紧密联系的,如文学研究会与《小说月报》的合作、创造社与泰东图书局的合作等;报刊出版主要以学校和知识阶层为市场,文学在以报刊出版为媒介的传播过程中被商业化,最终在以学校师生和其他知识阶层为主体的消费群体中实现其文学价值。总之,学校、社团的文学传播都是与报刊出版结合在一起的,而新的知识阶层则在各个环节中发挥着主体性作用。

知识阶层与学校

在近代洋务学堂和教会学堂兴起之前,包括一些书院在内的古代教育机构虽然客观上也起到了传播文化知识的作用,但在根底上仍然以"学而优则仕"思想为主导,尤其是在科举制的刺激下,其根本目的仍然是通过科举考试的方式进入仕途,因此以四书五经为本的学校教育并非主要获取知识,而是通过获取知识的方式达到获得权力和参与政权的目的。文学在这种"道统"和"政统"的学校教育中只会被极端边缘化,甚至只能成为权力阶层之间附庸风雅之事。而在 19 世纪后期,洋务派所办的新式学堂却以传播科学文化知识为主,试图以先进的科学技术来振兴中华,而教会学校虽然主要被外国传教士用来传教和在信仰上改造中国人的思想,但收效甚微,在传播科学文化知识上倒是起了一定作用。形而上谓之道,形而下谓之器,既然没能在形而下的器物层面改造中国,于是纷纷转向形而上的精神层面,文学作为一种雅俗共赏的精神创造,其重要性逐渐被开掘出来。

1904 年"癸卯学制"中创办的京师大学堂,虽然一开始只是把文学作为普通学之第九①,根本不入流,聘请的国文(普通学中的文学)教习及主管也只是吴汝纶、严复、林纾、郭立山、林传甲、杨昭凯、桂邦杰、钱葆青和刘焜等人②,大多是桐城古文派,而桐城古文讲究义理、考据和词章,因此这种文学只适合于在士大夫阶层中传播。1909 年文学的地位再次被强化,京师大学堂开设分科大学,而文学科和经学科是最早设立的两科。1911 年清覆亡之后,京师大学堂改为北京大学,经学科并入文学科,文学的地位最终在学校中确立。尤其是 1916 年蔡元培就任北京大学校长之后,以兼容并包的策略引进了包括陈独秀、胡适、周作人、钱玄同等在内一大批文学教授,并把晚清即兴起的白话文和白话文学作为文学发展的主流,摇动文学革命之大旗并呐喊助威,因北京大学地位独特而带动了全国学校教育中文学的意外崛起。

自此之后学校成为文学的讯息生产地和集散地,在文学的现代传播机制中占有十分重要的地位。以掀起新文学运动的《新青年》为例,1916 年年底《新青年》随陈独秀一起搬到北京大学之后,不仅直接使北大学生受益,甚至激起了全国各高校及中小学师生对新文化和新文学运动的关注,因此其发行量由创刊时的千余份暴增至 16000 余份,而购买者大多为学校师生,新文学的生产和传播一开始主要还是集中于学校的范围之内,之后"五四"新文化运动的主体也是学生,其依托和凝聚力仍然来自学校。而考察《新青年》的文学作者,小说有鲁迅的《狂人日记》《孔乙己》《药》《风波》和

---

① 《京师大学堂规条》(1898 年),顾明远主编《中国教育大系·历代教育制度考(二)》,湖北教育出版社 2004 年版,第 1844 页。

② 王学珍:《北京大学史料》(第一卷),北京大学出版社 1993 年版,第 330~338 页。

《故乡》,苏曼殊的《碎簪记》,陈哲衡的《小雨点》,以及周作人翻译的小说《诱惑》和《晚间的来客》;散文有钱玄同的《〈尝试集〉序》,胡适的《旅京杂记》,李大钊的《"今"》,高一涵的《皖江见闻记》,夬庵的《一个贞烈的女孩子》,张嵩年的《罗丹》;戏剧有陶慕恭翻译易卜生的《国民之敌》,罗家伦和胡适翻译易卜生的《娜拉》,陈哲衡的《老夫妻》,胡适的《终身大事》;童话有周作人翻译安徒生的《卖火柴的小女孩》;诗歌在《新青年》中占的比例最多,其作者有谢无量、胡适、沈尹默、刘半农、陈独秀、唐俟、俞平伯、陈哲衡、李大钊、周作人、双明、康白情、刘复、玄庐、汪静之。①

  这些作者的身份大多是归国的留学生、教师和学生,他们在现代文学史上的地位卓然,但是他们最早都是活动于学校及与学校相关的文化场所,而且因为他们独特的身份和文化环境的优势,也极大地促进了文学传播的展开,并在这种以学校为主体的文化传播中获得自身的文学史地位。如与胡适交好且同留学美国的女作家陈哲衡,在《新青年》上是少有的几位同时发表小说、戏剧和诗歌等多种文体的文学作者之一,她在第8卷第1期上发表的《小雨点》,以比较成熟精练的白话讲述了一个有关自然气象的故事:小雨点先从云里跌在一片草叶上,又从泥沼奔向涧水哥哥与河伯伯,最后又一起畅游海公公的宫殿。而为了回到白云紫山的家,小雨点又腾空飞升上去,但在深感疲倦的下午,她的身子又缩小了并落在一朵青莲花的花瓣上,以拯救青莲花干枯苍白的皮肤。直到第二天太阳公公出来了,又把小雨点送回了家。"小雨点"作为拟人化的形象,从云里掉下,落在草叶上、泥沼里,奔向涧水河流,流向大海,又渗入青莲花的液管里,最后又回到蓝天白云之家。这种科学童话式的小说不仅以清新的笔触和生动形象的想象吸引了学生群体,还通过学生和学校的传播把这种新语言、新思想和新手法的文学作品推向其他知识阶层,对旧文学产生极大的冲击,也弥补了新型社会小说、政治小说等严肃主题和武侠小说、言情小说等消遣主题的不足。陈哲衡还在1916年创作了第一部现代校园小说《一日》,在新文学史上也具有十分重要的奠基意义。

  从北京大学与《新青年》这种互动关系可以看出,当时的文学生产与传播主要是从学校向外辐射,而其根本原因在于:以学校尤其是新式学校为主的知识生产和传播机构,是新文化和新思想肇始的代表,它与以科举为

---

① 张宝明、王中江编选:《回眸〈新青年〉》(语言文学卷),河北文艺出版社1997年版,第1~4页。

主的正统教育和以四书五经为核心的道统教育是根本对立的,这种以政统和道统相结合的教育及其产生的社会文化氛围是与新文学不相融的,因此新文学只能在代表新文化和新思想的学校中产生并向外辐射以形成更大新文化圈。这是中国文学在20世纪初期的独特传播模式,这与一百年后的当前文学传播截然不同,当前文学传播并不以学校为主体:由于学校已经不再是社会文化思潮相对立,甚至因各种经济压力、就业压力及教师的科研教学压力等原因在某种程度上落后于社会文化的市场化和网络化;学校在当前不再引领文化和文学的发展,甚至只能从属于社会的文学市场和文化取向,尤其是影视文学与影视公司及电视台等商业文化机构联姻,使得学校根本无法掌握新的文化知识权力;学校也不可能再次与文学报刊联姻,在市场经济体制中,文学报刊已经抛弃了学校这一边缘实体,而投靠了掌握经济命脉的社会和大众。通过这一比较,也可以看出学校在20世纪初期的文学传播中之所以能发出自己的声音,其根源在于文学的现代性,此时期的文学主要在于开拓新的思想文化空间,唤醒民众及其历史记忆,使民族意识和民族精神能在转型时期得到强化和优化,从而达到启蒙之目的,并在此基础上建构文学的现代性秩序。

同人团体与文学刊物

如果说学校在文学的现代传播中地位卓然主要是源自文学的现代性,那么社团的兴起及其在文学传播中担当独特角色的原因大抵应该归于社会的现代性。据桑兵统计①,晚清覆亡之前的十年间,社团总数超过两千个,大多为商会、教育会、农会、学生团体、妇女团体等,其主体是士绅、学生和城镇新兴阶层,主要目的为兴学育才、创办报刊出版业、集会演说、借助戏剧音乐等传播新思想、兴办实业和发展近代科学等,而文学社团在此时期根本不入流,仅有少量的戏剧改良会和音乐研究会之类的艺术团体。此时的社团崛起主要着眼于社会的现代化,试图以新式教育开启民智、培养人才、增强民族凝聚力,以科学知识武装新知识阶层以图振兴中华民族,正如教育会所言之目的:"以改良教育、发达人才为宗旨,提倡国民独立之精神,结集合群之诣力,推演进化高尚之思想。……目的在文明普及,务使学界男女青年各具完全国民之资格,将来地方自治、国民同盟起点于是,亦无

---

① 桑兵:《清末新知识界的社团与活动》,三联书店1995年版,第274页。

不可。"①

在这种现代性的社会语境中和其他社团影响下,文学社团必然也具备这种现代性。而且文学社团的兴起一开始就是与文学杂志、学校联系在一起,甚至直接与之形成同构关系。影响较大的有文学研究会与《小说月报》《文学旬刊》(先后改名为《文学》周刊和《文学周报》)、《诗》月刊,创造社与《创造》季刊、《创造周报》《创造月刊》《创造日》《文化批判》和《洪水》半月刊等,太阳社与《太阳月刊》《时代文艺》《新流月报》《拓荒者》《海风周报》等,新月社与《新月》月刊、《诗刊》,新潮社与《新潮》杂志,语丝社与《语丝》周刊,浅草—沉钟社与《浅草》季刊、《文艺旬刊》和《沉钟》周刊,未名社与《未名》半月刊,莽原社与《莽原》周刊,湖畔诗社与《支那二月》及《湖畔》等诗集,奔流社与《奔流》月刊,朝花社与《朝花》周刊,狂飙社与《狂飙》周刊,弥洒社与《弥洒》月刊,南国社与《南国》半月刊,民众戏剧社与《戏剧》月刊,湖光文学社与《湖光》半月刊,艺林社与《艺林》旬刊,绿波社与《诗坛》《绿波》旬刊和《小说》等。其创办者大多为学者、作家、教师、学生和编辑等,如新潮社的傅斯年、罗家伦、朱自清、俞平伯和叶绍钧都是北大学生,而参加者亦有周作人等北大教授,其创办也是依托北大的,蔡元培从学校每年仅四万元的经费中拨出几千元支持新潮社,这也显示出学校与社团的同构关系。而社团又依托自己所创办的刊物宣传各自的文学主张,如早期的新潮社以《新潮》杂志宣传文学革命思想,文学研究会则主张为人生而艺术,创造社主张为艺术而艺术,新月社的唯美主义倾向,等等。同时他们在各自的文学思想及由此带来的文学资源分配权利的基础上,极力推介符合各自创作原则的作品,这些体现不同文学思想的作品在同一文学舞台上争奇斗艳,形成一种众声喧哗而又自由、平等、有序的现代传播模式。

社团在文学刊物和出版社之间以及社团之间的关系也相当微妙,这种微妙关系直接影响着文学的现代传播模式。此处可以以影响最大的文学研究会和创造社为例。文学研究会创立于1921年,主要发起有周作人、朱希祖、耿济之、郑振铎、瞿世英、王统照、沈雁冰、蒋百里、叶绍钧、郭绍虞、孙伏园、许地山等十二人,以《小说月报》为主要阵地,并在成立之后的一周即在《小说月报》12卷第1号上发表《〈小说月报〉的改革宣言》,确立介绍西方文学流派、振兴写实主义、改造国民性、拒刊诗赋等旧文学等六大改革理

---

① 《教育会支部研究会序》,《苏报》1903年5月20日。

念,为新文学的生产和传播确立了基本纲领。而之后由商务印书馆编印的各类丛书近三百种,为介绍世界文学和宣传新文学作出了表率。而文学研究会之所以能使其文学主张、文学刊物和文学丛书都达到了新文学发展的巅峰,在文学的现代传播秩序中处于绝对优势甚至主导地位,大抵是与周作人等北京大学知名教授和各方文化名人的支持分不开的,更与商务印书馆和《小说月报》等强势报刊出版的现代传播媒介息息相关,从这个意义上甚至可以说,文学研究会的崛起也就是文学的现代传播方式的成功,它直接源自这种现代传播所带来的史无前例的传播范围、传播速度和传播效果。虽然创造社与之对应地创办《创造》季刊、《创造周报》《创造月刊》《创造日》《文化批判》和《洪水》半月刊等,甚至还在 1922 年 3 月 15 日出版的《创造》季刊创刊号上发表了郭沫若的《海外归鸿》和郁达夫的《艺文私见》,阐明其与文学研究会侧重于社会和政治而远离文学的倾向截然不同,批评其蔑视作家个性而把文学仅仅作为广告宣传,王本朝对此评价为:"两个文学社团之间所展开的论争,与其说是出于文学观念上的差异,不如说是为了争夺文学话语的领导权。自从传统知识通向权力之路断裂之后,现代知识分子转向了重新占有新知识,借助知识本身获得话语权力。"[①]但是创造社还是无力与文学研究会对抗,其原因不仅仅是其文学观念难以取胜于文学研究会而抢夺知识话语权,更重要的是创造社无力与拥有北京大学教授群体、商务印书馆和《小说月报》的文学研究会争夺文学的现代传播的主动权,他们所比拼的是其杂志的发行量及其影响力,出版文学作品的发行量及其被文学界认可的程度,这些将直接决定了他们在文学的现代传播中的地位,这种地位最终决定了他们这个文学群体的成败和在现代文学中的历史定位。创造社在现代传播秩序中的被动必然使之在文学论争中处于劣势,然而即使如此,创造社仍然凭借其与赵南公主持的泰东图书局及后来自行创办的创造社出版部及其众多刊物在现代文学史上"拼杀"出一席之地。如与泰东图书局合作出版了"创造社丛书""世界名家小说"和"世界少年文学选集"等丛书四十多种,虽然其数量比文学研究会少得多,但是这些文学经典之作在现代文学的传播过程中却占据了相当重要的地位,而且与报刊出版紧密结合,虽然泰东图书局以现代出版传播的市场和效益原则而对创造社的杂志发行和书籍出版有苛刻之处,甚至最终不欢而散,但是这

[①] 王本朝:《中国现代文学制度研究》,西南师范大学出版社 2002 年版,第 46~47 页。

种社团与报刊出版二元一体的模式却有效地促进了新文学的传播,同时也扩大了社团的影响力,正如郭沫若对创造社与泰东图书局的评价:"更公平地说,我们之为泰东服务,其实又何尝不是想利用泰东。……创造社的人要表现自我,要本着内在的冲动以从事创作;创作了,表现了,不能不要发表的地方,所以在他们那种迷梦正酣的时候,泰东书局无论怎样苛刻他们,对于他们是有效用的。"①就这种现代传播方式的传播效果来讲,社团与报刊出版的联姻无疑是相当成功的,社团凝聚了文学创作者并增强了其实力和影响力,通过出版发行报刊的方式进行宣传,使之在出版发行、传播流通和消费市场上占据先机,而出版社的支持无疑是文学的现代传播得以顺利实现的强大后盾。

从文学研究会和创造社的文学社团个案也可以看出,在以社团为主导的现代传播秩序中最基本的三种模式为:社团—刊物—出版社,社团—出版社和社团—副刊—报纸。第一种是直接由社团创办和编辑刊物,而由出版社负责刊物的出版发行,如文学研究会、《小说月报》与商务印书馆,创造社、《创造》季刊和《创造周报》与泰东图书局,创造社、《洪水》半月刊与光华书局及创造社出版部②,太阳社、《太阳月刊》《新流月报》《拓荒者》与现代书局,浅草社、《浅草》季刊与泰东图书局,沉钟社、《沉钟》周刊与上海北新书局,语丝社、《语丝》周刊与上海北新书局,新潮社、《新潮》杂志与北京大学出版部,新月社、《新月》月刊、《诗刊》和新月书店,未名社、《未名》半月刊与北京未名社出版社,南国社、《南国月刊》与现代书局,朝花社、《朝花》周刊与合记教育用品社,狂飚社、《狂飚》周刊与光华书局,奔流社、《奔流》月刊与上海北新书局。第二种是直接由社团组织以文学丛书的形式与出版社联合以强化文学传播的影响力。如文学研究会的各种丛书近三百种,而创造社的丛书也达四十多种。此外,还有未名社主要由鲁迅主持的"未名丛刊"和"乌合丛书"及后来的"未名新集"三种丛书,"未名丛刊"主要出版译作,"乌合丛书"则主要出版作者的作品,"未名新集"是在"乌合丛书"丛书基础上的完善。"未名丛刊"十八种,其中影响较大的有俄国果戈理的小说《外套》(韦素园译),陀思妥耶夫斯基的小说《穷人》(韦丛芜译),安特列夫的剧本《往星中》和《黑假面人》(李霁野译),荷兰望·蔼覃的童话《小约

---

① 郭沫若:《学生时代·创造十年续编》,人民文学出版社1979年版,第167页。
② 创造社的《洪水》半月刊于1924年8月创刊,由光华书局出版发行,1926年创造社出版部成立之后由创造社出版发行。

翰》(鲁迅译),苏联爱伦堡等七人的短篇小说集《烟袋》(曹靖华辑译),苏联拉甫列涅夫的中篇小说《第四十一》(曹靖华译),日本厨川白村的《苦闷的象征》等;"未名新集"六种,主要有韦丛芜的《君山》,台静农的《地之子》和《建塔者》以及鲁迅的《朝花夕拾》等。这三套丛书基本都由上海北新书局、北大未名社和新潮社出版发行。沉钟社也组织出版了"沉钟丛书"七种,包括冯至诗集《昨日之歌》、陈翔鹤小说集《不安定的灵魂》、陈炜谟小说集《炉边》、杨晦译法国罗曼·罗兰著《贝多芬传》、冯至诗集《北游及其他》、杨晦戏剧集《除夕及其他》、郝荫潭长篇小说《逸路》等,主要由上海北新书局出版发行。第三种则是社团以文学副刊为阵地,文学副刊又依附于报纸,如文学研究会、《文学旬刊》与上海《时事新报》和北京《晨报》,新月社、《诗镌》与北京《晨报》,浅草社、《文艺旬刊》与上海《民国日报》,莽原社、《莽原》周刊与北京《京报》①,狂飚社、《狂飚》周刊与《国风日报》,等等。

不论社团采取哪种模式与报纸、刊物和出版社联合,其目的只有一个:宣传各个知识群体的文学思想,抢占文学传播媒介和文学消费市场。而在根底上,社团的形成及其各自文学思想和文学传播机制的建构,应该根源于20世纪初期的社会转型。一方面,科举制的废除斩断了士人"学而优则仕"的光辉大道,使整个群体突然失却了价值认同模式和实现方式,在内忧外患的民族危难时刻更是生发报国无门之感,于是纷纷组成知识阶层的联盟,既在这一联盟中寻求归属感和价值认同感,同时也通过文学、文学社团、文学报刊和出版物的存在来建构一种民族想象空间,以此摒弃隐藏于心的对民族文化的危机感,并试图以此延续和壮大民族文化的声威。另一方面,社会的转型使得社会局势和社会精神出现断裂和空位,而刚刚失却价值认同模式的知识阶层正好利用这一时机表现出强烈的使命感和爱国精神,以启蒙者的姿态展望新的社会和理想的未来,寄托着强国梦想和全面自由发展的精神文化。

文学出版之勃兴

创立出版机构正是新的知识阶层在这种社会转型中实现价值认同和启蒙大众的最有力的方式之一。19世纪后期到20世纪前期,几乎全国所有影响较大的出版机构都由新知识群体所共同创办,并且都是民间性质,

---

① 莽原社的《莽原》周刊于1925年11月出至32期后,改为半月刊,并脱离《京报》,改由北京未名社出版发行。

这些民间性质的出版机构在与具有民间立场的文学社团及新知识阶层的代表联合开创新文学的鼎盛局面时显得尤为默契和不遗余力。

商务印书馆·胡适·文学研究会·《小说月报》　　商务印书馆是由现代知识分子主办的最有影响力的出版机构,其创办者和编辑全体都是来自新知识阶层,如 1916 年入馆的沈雁冰,1918 年入馆的高梦旦,1920 年入馆的谢六逸,1921 年入馆的王云五、郑振铎、周建人、周予同、李石岑、王伯祥等,1922 年入馆的朱经农、唐钺、竺可桢、任鸿隽、陶孟和、顾颉刚等,1923 年入馆的叶绍钧,等等①。然而影响最大的还是编译所两任所长高梦旦和王云五,以及请辞未就的胡适。胡适作为新文学代表,新文化运动之后被力邀加盟编译所,还于 1921 年被高梦旦北上亲迎至上海商务印书馆总部考察,商务印书馆经理张元济和编译所所长高梦旦亲自去车站迎接,此举被胡适友人《商报》总编张丹斧传为趣谈:"北京大学赫赫有名的哲学教员、新文学的泰斗胡适之,应商务印书馆高所长的特聘来沪主撰,言明每月薪金 5000 元(比大总统舒服)。高所长亲至北京迎来,所有川资膳宿,悉由该馆担任。今日为到馆第一天。该馆扫径结彩,总理以次,均迎自门首。会客室编辑所均油漆一新。另辟一精室,器具悉为红木,左图右史,明晶却尘。所长部长及各科主任,趋待恐后。方之省长接任,有过之无不及。所内著名的编辑,均由胡博士一一延见,分班叙谭,宛如下属,实为我秃笔文人扬眉吐气。其薪金优遇,诚开我国文学家未有之奇局,可谓勿负 10 年窗下矣。……将来商务印书馆一定大书特书本馆特由北京礼聘超等名角来沪,即日登台了。"②胡适被商务印书馆的重视程度可见一斑,虽然后来胡适并没有放弃北京大学的舞台,而推荐了自己的同僚王云五出任编译所所长,但是由此也可看出,知识阶层与出版界之间的互相利用名气抢占文化传播市场的喧嚣局面。而胡适此举则既没有丢掉在学校和知识界中颇享声誉的北京大学这片天地,又通过王云五开拓了出版传播空间,而他本人作为新文学界的中坚分子,也是支持各种社团的潜在力量,因此我们在一定意义上可以说,胡适已经成为了一种文化符号,他是联结文学社团、学校、报刊出版和知识阶层的重要纽带,而文学的现代传播也正是通过这样的文化符号和纽带得以建构现代性的秩序。

---

①　杨扬:《商务印书馆:民间出版社的兴衰》,上海教育出版社 2000 年版,第 163~167 页。
②　张丹斧:《胡老板登台记》,《商报》1921 年 7 月 20 日。《胡适的日记》上册,中华书局 1985 年版,第 147~148 页。

此外，商务印书馆出版了由文学研究会编辑的"文学研究会丛书""文学研究会创作丛书""文学周报社丛书"①、"文学研究会·世界文学名著丛书""文学研究会·通俗戏剧丛书"和"小说月报丛刊"，并出版了先后由沈雁冰和郑振铎主编的文学研究会会刊《小说月报》②。

泰东图书局·创造社·郭沫若和光华书局·北新书局·鲁迅　　泰东图书局为赵南公主持，1921年郭沫若两度与赵南公合作，由出版诗集《女神》到创办《创造》季刊和《创造周报》，并把《女神》作为"创造社丛书"的第一种把丛书计划延伸下去，最终出版了"创造社丛书"九种，销量非常好，甚至《创造》季刊无不自豪地刊登广告："本丛书自发行以来，一时如狂飙突进，颇为南北文人所推重，新文学史上因此而不得不划一时代。"③其中影响较大的有郭沫若的《女神》《星空》和郁达夫的《沉沦》以及张资平《冲积期化石》等；"世界名家小说"六种，其中为国人所熟知的有歌德的《少年维特之烦恼》和陀思妥耶夫斯基的《贫民》；"世界少年文学选集"六种，其影响都比较大，包括王尔德的《王尔德童话集》、泰戈尔的《新月集》、霍特曼的《沉钟》、法朗士的《蜜蜂》、安徒生的《人鱼》、狄更斯的《圣诞节歌》；"辛夷小丛书"四种，有郭沫若的《辛夷集》和郁达夫的《茑萝集》等；还有"创造社科学丛书"十种，"创造社新智丛书"八种。1924年创造社与泰东图书局决裂之后与光华书局合作出版过《洪水》半月刊等，但最终还是由创造社于1925年年底独自创办了创造社出版部，收回了所有创造社的刊物和文学丛书，但其影响力远不如之前与泰东图书局的合作，可见社团与出版机构直接合一的传播效果难及社团与出版机构之间相互辉映的传播效果。光华书局是出版文学期刊最多的出版社，共有20余种，如创造社主编的《洪水》半月刊，潘汉年和叶灵凤主编的《幻洲》半月刊，高长虹主编的《狂飙》周刊，叶灵凤主编的《戈壁》半月刊，鲁迅主编的《萌芽》月刊，李一泯等主编的《巴尔底山》旬刊，顾凤城主编的《读书月刊》，汪馥泉主编的《新学生》月刊，姚蓬子和周扬等主编的《文学月报》等。而1929年前后由鲁迅和冯雪峰主持的由光华书局和水沫书店联合出版的"科学的艺术论丛书"，对现代文学尤其是

---

① "文学周报社丛书"有一部分由开明书局出版，如巴金的《幻灭》《动摇》和《追求》，徐蔚南、王世颖《龙山梦痕》，黑芷《春日》等等，此丛书与"文学研究会丛书"有部分是重复出版。
② 《小说月报》1910年8月29日创刊于上海，由商务印书馆出版印行。1920年之前为鸳鸯蝴蝶派刊物，1921年该刊第十二卷第一号起由沈雁冰主编，成为文学研究会代用机关刊物，也是第一个大型新文学刊物。
③ 《创造》季刊1卷4期，1923年2月。

马克思主义文艺理论的传播产生了重大影响,此丛书共十二册,分别是蒲力汗诺夫《艺术论》(鲁迅译)、蒲力汗诺夫《艺术与社会生活》(雪峰译)、波格达诺夫《新艺术论》(苏汶译)、卢那卡尔斯基《艺术之社会的基础》(雪峰译)、蒲力汗诺夫《艺术与文学》(雪峰译)、蒲力汗诺夫《艺术论》(鲁迅译)、卢那卡尔斯基《文艺与批评》(鲁迅译)、列什耐夫《文艺批评论》(沈端先译)、梅林格《文学评论》(雪峰译)、亚珂弗莱夫《蒲力汗诺夫论》(林伯修译)、卢那卡尔斯基《霍善斯坦因论》(鲁迅译)、冯乃超编译《艺术与革命》、鲁迅编译《苏俄的文艺政策》。北新书局则是在鲁迅的支持下由鲁迅的学生李小峰等人于1925年创办,并在鲁迅翻译的厨川白村的《苦闷的象征》出版的那一天开业,鲁迅早期的译著和周作人等人主持的"未名丛刊"大多由此出版,还出版了《语丝》周刊和《奔流》月刊等。

文化生活出版社·巴金和良友图书印刷公司·赵家璧 文化生活出版社由巴金出任总编辑,巴金在1935年至1949年主编了"文学丛刊""译文丛刊"和"文化生活丛刊",其中"文学丛刊"共10集160部,"译文丛刊"共57部,"文化生活丛刊"共47部[①]。还邀请吴朗西和胡风等人编译"现代日本文学丛刊",计划出版100部,但因抗战爆发被迫中断,只出版了四本。另有"翻译小文库"10部,主要由巴金等人翻译出版。文化生活出版社还出版了影响较大的文学刊物《文学周刊》等。良友图书印刷公司以1926年出版的《良友画报》闻名,《良友画报》由伍联德、周瘦鹃、梁得所、马国亮等主编,月销售量达3万册,成为当时销量最大的月刊之一。1932年赵家璧、郑伯奇进公司任编辑后,邀请鲁迅、茅盾、巴金、老舍、郑振铎、周作人、郁达夫、朱自清、洪深、阿英等著名作家编撰文学系列图书,先后出版了"一角丛书"八十种、"良友文学丛书"四十五种、《中国新文学大系》(1917年—1927年)十卷、"晨光文学丛书"四十余种、"晨光世界文学丛书"二十四种等。其中"良友文学丛书"和《中国新文学大系》的影响最大,甚至还被部分地翻成日语在日本出版发行[②]。尤其是《中国新文学大系》,虽然由仅28岁的赵家璧担任总主编,但是在蔡元培等人的支持下取得意外的成功,同时也借助于出版和作家学者的结合确立了现代文学的合法性地位。《中国新文学大系》分理论两卷、作品七卷、史料·索引一卷,分别由胡适、郑振

[①] "文化生活丛刊"共有译作43本,其中俄国作品21本;著作3本,即巴金的《俄国社会运动史话》、陈范予《新宇宙观》、曾昭抡《缅边日记》;还有漫画集1本,即吴朗西编著的《柏林生活素描》。

[②] 刘禾《跨语际实践》,三联书店2002年,第336页。

铎、茅盾、鲁迅、郑伯奇、周作人、郁达夫、朱自清、洪深和阿英担任各分卷主编,而且各卷主编分别撰写了导言,这种宏大阵容正如沈从文所评价的"十个编选人或为这个运动发端的领袖,如胡适之、周作人先生,或为重要刊物主持人,如茅盾、郑振铎先生,或为当时重要作家,如鲁迅、郁达夫、郑伯奇先生,或为专家,如朱自清、洪深先生,或为史料收藏者,如阿英先生。如今十个人物能通力合作来编选这样一部五百万言的总集,可谓近年来出版界一种值得称道的大贡献"。①

开明书店·现代书局·生活书店　开明书店则拥有夏丏尊、叶圣陶、顾均正、唐锡光、赵景深、丰子恺、钱君匋、王伯祥、徐调孚、傅彬然、宋云彬、金仲华、贾祖璋、周予同、郭绍虞、王统照、陈乃乾、周振甫等学者和作家担任编辑工作,在文学界和文化界知名度颇高。还由这批学者作家群体编辑出版了"开明青年丛书",包括朱光潜的《谈美》《给青年的十二封信》,夏丏尊和叶圣陶合著的《文心》《阅读与写作》等;"世界少年文学丛刊",包括叶圣陶创作的童话《稻草人》《古代英雄的石像》,徐调孚翻译的《木偶奇遇记》,夏丏尊翻译的《爱的教育》等;"开明文学新刊",包括了茅盾、老舍、叶圣陶、巴金、夏丏尊等著名作家的小说、散文、戏剧集等等。现代书局主要出版了叶灵凤和潘汉年主编的《现代小说》月刊,蒋光慈主编的《太阳月刊》《海燕周刊》《新流》月刊,钱杏邨(阿英)主编的《拓荒者》,郁达夫主编的《大众文艺》,田汉主编的《南国月刊》等文学刊物,1932年还创刊了施蛰存主编的《现代》月刊,成为当时唯一的大型文艺杂志,发行数量最高时达一万份。生活书店由邹韬奋和胡愈之等人主持,出版了大型文学丛书"创作文库""文学丛书"和"世界文库",还创办《文学》月刊、《太白》半月刊、《译文》月刊等文学刊物。

此外,一些作家还直接创办出版机构,如柯灵和唐弢的上海出版公司、包天笑的秋星出版社、胡山源的日新出版社、曾朴的真善美书店、张资平的乐群书店、萧军的鲁迅文化出版社和容光书局、胡也频的红黑出版社、老舍和赵家璧的晨光出版公司、施蛰存的第一线书店和水沫书店、胡风的诗歌出版社和蓝天出版社等。而这些出版机构大多与作家形成同构关系,文学的生产与传播被纳入现代化的社会进程之中,知识阶层因科举制的废除而边缘化的地位在这种创作和出版中重新中心化,通过获得话语权和社会参

---

① 沈从文《介绍中国新文学大系》,《大公报·文艺周刊》,1935年5月5日。

与权而重新获得一种价值认同,同时以此担当起通过历史叙事重构民族国家想象空间和启蒙大众的历史使命。

而从这些以出版机构为主导的,以胡适、鲁迅、郭沫若、巴金、赵家璧、施蛰存等为联盟的,以《小说月报》《创造》季刊、《文学》月刊、《文学周报》《沉钟》《浅草》《新月》《未名》《狂飙》等等为宣传前锋的,以"文学研究会丛书""创造社丛书""文学丛刊""未名丛刊""沉钟丛书""开明文学新刊"以及《中国新文学大系》等等为主体的文学现代传播秩序的运作情形可以看出,文学已不再是封闭的纯审美的艺术活动,它在社会转型时期已经融入了现代传播秩序之中成为一种独特社会存在物,表现出极强的社会参与性、舆论性和开放性。在明清之前商业经济不发达的社会秩序中,因以农耕为主而主要关注人与自然的关系,文学也大多表现人与自然的永恒主题,既然文学表现的主题是永恒的、亘古不变的,因此对文学的传播机制并无要求。一首产生于东晋的《归园田居》,在唐代传播还是在宋代传播并无妨碍,同样能激起唐代或宋代文人墨客的审美感受,因为在经济发展缓慢的古代社会人与自然的关系变化是非常迟缓的,在文学上的感受也相差无几。而在明清之后随着商业经济的发展壮大,虽然仍然以农耕经济为主,但是资本主义工商业经济已经崛起,尤其是发展到 20 世纪初期,这种以商品交换为主的经济模式迅速扩大,新型城市的兴起也产生了新的社会阶层和知识阶层,引起社会各界关注的核心问题已经转变为人与人之间的关系。文学也随之主要表现人与人之间的关系,而人与人之间的关系在转型时代是瞬息万变的,其关系的变化是靠人们自身去争取和抗争的,现代传播则是改变这种关系从而掌握话语权的最有力方式。文学也必然依赖这种现代传播方式才能得以实现其文学价值,而且在传播过程往往或直接或间接地参与了社会舆论,表现出开放性和适时性。如产生于"五四"时期的《家》《春》《秋》,使纠缠于封建家庭、革命、爱情等问题的无数青年感同身受,而我们今天的读者阅读《家》《春》《秋》已经失去了那种意识和文化氛围,只能凭借想象来建构一种历史记忆,在历史还原中体味其审美韵味。如果没有以巴金为代表的新知识阶层的群体意识为基点,没有走在时代前端的青年学生及其背后生产现代知识的学校为背景,没有社团中那些背负历史使命的启蒙者为先锋,没有报刊和出版机构等现代传播为支撑,20 世纪前期的文学是无法产生如此奇妙的魔力。在这个意义上,我们可以说文学的价值是在学校、社团、报刊出版和知识阶层之众声喧哗中实现的。

第三节　出版法规与现代性文学秩序的规范化

文学自 19 世纪末纳入了生产、传播和消费的社会机制中之后,就不得不随着社会现代化的脉动而发展。社会现代化是在否定传统的基础上建构民主自由的现代民族国家,这种历史语境中所产生的思想解放和历史使命的双重压力,使文学表现出彻底摒弃传统的批判意识与追求自由民主的新思想和科学先进的新知识的现代性追求。这种现代性追求是现代性文学秩序的核心,但不是全部。现代性文学秩序的建构并不是单极发展,而是在力量平衡中维系的稳定结构,这才是文学发展的常态,我们可以抨击其对立面对文学的现代性追求的阻碍甚至扼杀,但却不能抹杀其对立面对于维系现代性秩序的否定性价值,更无法否认其历史性的存在。而就文学的现代传播秩序而言,这种对立面就是分别由晚清政府、北洋政府和国民政府所颁布的三套出版法规。

大清律令与文学传播之多样化

清王朝对小说的态度是严厉的,顺治帝时就下令严禁"琐语淫词",1738 年乾隆帝下谕"盖淫词秽说,最为风俗人心之害,例禁甚严",1740 年修订前朝律例并更名为《大清律例》,此律通行至 1910 年,其中《刑律·贼盗上》规定:"凡坊肆市卖一应淫词小说,在内交与八旗都统、都察院、顺天府,在外交督抚等转行所属官弁严禁,务搜板书,尽行销毁。有仍行造作刻印者,系官革职;军民杖一百,流三千里;市卖者杖一百,徒三年;买看者杖一百。该管官弁不行查出者,交与该部按次数分别议处。仍不准借端出首讹诈。"因律例中明确规定不得贩卖"淫词小说",因此清朝虽然小说兴盛,但仅局限于民间流传,而且朝廷多次禁书。据阿英整理[①],嘉庆之后共禁书 269 种之多,包括《水浒传》《红楼梦》《前七国志》《牡丹亭》《西厢记》《白蛇传》《金瓶梅》《笑林广记》《隋唐演义》《北史演义》《今古奇观》《龙图公案》《品花宝鉴》等,其中被认为是海淫海盗的《红楼梦》和《水浒传》后来虽被视为文学经典,而此时却只能在民间暗中流传,文学在专制和压抑中艰难地传播和流传。

---

① 阿英:《阿英说小说》,上海古籍出版社 2000 年版,第 6 页。

1906 年满清政府制定了中国历史上第一部出版法规《大清印刷物专律》，虽然承认了印刷出版的合法性，但是要求登记造册的方式能更让清廷有效地管制印刷出版，还规定"务须于所印刷物体上明白印明印刷人姓名，及印刷所所在"，让出版印刷单位及人员无处可逃，而且"所印刷之物件，不论文书记载图画等，均须详细记册，以备巡警衙门或未设巡警之地方官或委员随时检查"，还必须"备两份呈送印刷所在之巡警衙门，该巡警衙门即以一份存巡警衙门，一份申送京师印刷注册总局"。这不仅方便了各级部门层层审查，稍微不慎即被查禁或查封，书籍出版遭到随意地禁止和破坏。而且清自开朝即有查禁"琐语淫词"之传统，文学更是往往被无端查禁，因此清文人大多从事考据研究而"独昌考证学之正统"①，而从事"琐语淫词"创作的大多是末流文人，虽然偶有《红楼梦》之类的经典之作出现，但是其创作大多格调不高甚至直接是淫词艳曲，不仅受到正统文人（如桐城派散文）的轻视，在皇权体制之内的文人士大夫群体中难以传播，而且无法获得合法性地位，虽在民间得到传播，但是深受儒家礼教熏陶的读书人也并不高看此类文学，只不过以之消遣解闷而已。

　　清季民初的转折时期，文学的创作和传播主要以小说为主，仅 1902 年至 1917 年间以"小说命名"的文艺杂志达 35 种之多②，包括著名的晚清四大小说杂志《新小说》(1902)、《绣像小说》(1903)、《月月小说》(1906) 和《小说林》(1907)。另据欧阳健统计③，1840 年至 1900 年 60 年间共出版小说 133 部，而 1901 年至 1911 年之间出版小说达 529 部。一方面说明晚清政府所颁行的《大清印刷物专律》虽然压制了文学的出版，但是毕竟以律令的方式规范了文学的传播秩序，使文学传播有律可依，而清政府于 1910 年颁布的《著作权律》则是根据 1886 年颁布的国际公约《保护文学艺术作品伯尔尼公约》而拟定，对文学艺术作品的范围和著作者权限等问题规定相当明确，此律虽然仅实施一年就随着清朝覆亡而废止，但也反映了晚清时文

---

① 梁启超：《清代学术概论》，商务印书馆 1921 年初版。朱维铮校注《梁启超论清学两种》，复旦大学出版社 1985 年版，第 22 页。
② 参见阿英：《晚清文艺报刊述略》，古典文学出版社 1958 年版；陈平原：《二十世纪中国小说史》（第一卷），北京大学出版社 1989 年版，第 81～82 页；马永强《文化传播与现代中国文学》，安徽大学出版社 2003 年版，第 128～129 页。阿英介绍了 24 种，陈平原介绍了以"小说"命名的 29 种，马永强补续了 6 种，并统计出在 1916 年之前的文艺杂志共有 57 种，1919 年创办了 19 种，1919 年至 1924 年有 79 种。
③ 欧阳健：《晚清小说史》，浙江古籍出版社 1997 年版，第 2 页。

学的出版和版权等问题已经走向规范化,即使其律例仍然带有专制和"道统"色彩。另一方面,清季民初的文学读者群体也不断扩大,甚至士大夫也成为通俗小说读者,尤其是科举制废除之后,士大夫转变为新知识阶层,也成为通俗小说和新文学的主要读者①。随着出版法规的制定、文学市场的规范和读者群体的扩大,文学的现代传播秩序逐渐形成雏形,虽然在文学的内容和形式上仍然难以脱离传统文化的框架,也不可能表现出新文化运动之后那种启蒙和救亡的现代性追求,但是这种传播秩序的确立已经为现代性的文学秩序奠定了坚实的基础。

这种在清季民初出版法规制约下的传播秩序,主要有三种传播路径:主流的、民间的和边缘的。主流的文学传播主要是指得到清季民初的士大夫和新知识阶层认可的文学,虽然这类文学并没有得到当局的支持,甚至受到当局的压制,《大清印刷物专律》就规定了"讪谤"罪行:"一种惑世诬民的表揭,令人阅之有怨恨或悔慢,或加暴行于皇帝皇族或政府,或煽动愚民违背典章国制,甚或以非法强词,又或使人人有自危自乱之心,甚或使人彼此相仇,不安生业。"②南京临时政府内务部也在 1912 年公布了《民国暂行报律》三章:"其已出版之新闻、杂志各社,须将本社发行及编辑人姓名呈明注册;其以后出版者,须于发行前呈明注册;否则不准其发行","流言煽惑,关于共和国体,有破坏弊害者,除停止其出版外,其发行人、编辑人并坐以应得之罪。"③虽然遭到章太炎等民族主义者的极端反对而取消,但是其政策却一直贯穿于北洋政府的始终④。但是这种主流的文学传播自梁启超的"小说界革命"到"文学革命",再到"革命文学",文学始终与社会政治形势和启蒙救亡的历史使命结合在一起,并未因为当局的出版法规对此类问题的限制而有所损益。但是这种革命性和现代性的追求只是表面的,实质上并没有逃脱"文以载道"的传统模式,士大夫"位卑未敢忘忧国"的民族意识在新知识阶层中得到了延续,他们只不过是以现代的语言形式和艺术手法表现启蒙和救亡的现代内容,再配以辛亥革命之后所建构起来的表面的民主、自由和共和制,最终描画了一幅现代文学和现代民族国家想象的宏

---

① 袁进:《试论晚清小说读者的变化》(《明清小说研究》2001 年第 1 期)一文中对清季民初的小说读者群体有详细的考察,对通俗文学和市民读者问题进行了辨析。
② 方汉奇主编:《中国新闻事业编年史》(上),福建人民出版社 2000 年版,第 397 页。
③ 方汉奇主编:《中国新闻事业编年史》(上),第 614 页。
④ 《民国暂行报律》1912 年 3 月 4 日颁布,3 月 7 日章太炎在《申报》发表《却还内务部所定报律议》,痛陈其弊,3 月 8 日大总统孙中山即下令取消报律。

伟蓝图,主流的文学传播在这种宏伟蓝图映衬下显得尤为引人注目,而事实上它所建构的是一种表面化的虚假的现代性秩序。

民间的。这种模式是不同于启蒙和救亡主题的文学传播,它以民间流传和适应文学市场需求为主导,其中谴责小说的传播尤为典型,主要包括李伯元《官场现形记》、吴趼人《二十年目睹之怪现状》、刘鹗《老残游记》、曾朴《孽海花》等。王德威认为李伯元和吴趼人等人是中国第一批下海的文人,他们没有感受到儒林内外的冷暖,不可能像吴敬梓一样"以笑中有泪的笔触,写一个儒生文士生产过剩,一介功名难求的悲喜剧,基本不失对学优则仕的乡愁,或礼哀乐颓的喟叹"①。因此他们一方面清醒地意识到文学的无力和道德的虚无——五四之后的作家也都意识到这一点,只是他们背负着沉重的历史使命和民族复兴之责任,不可能完全把这种无力和虚无表达出来,同时他们也极力把文学与社会运动结合起来试图避免这种虚无状态,但成功者寡。另一方面,他们表现出了极强的民间立场,虽在主流传播中不占优势,而在民间流传上取胜,其讽刺和戏谑方式深得大众认可,其谴责的构思立场弥补了大众在体制压制和排挤中所造成的心理失衡,因此其文学消费市场逐渐扩大。他们甚至在这种文学需求的驱动下故意迎合大众口味而创作出适应市场的作品,虽然有人称之为玩世的文人,但是正是这种下海之后所表现出的商业运作萌发了文学的现代性传播。这也与李伯元和吴趼人的编辑身份紧密联系的,现代文学期刊作为文学的主要传播方式之一,其生存决定于文学消费市场,既然他们把文学消费群体定位于大众读者,就必须以这种民间立场在传播中取胜,即使是牺牲其一直浸润其中的传统文化所规定的儒道而采取玩世的、虚无的无行态度也是在所不惜的,但这种方式却被清季民初时期的出版法规所接纳,而且有利于文学的现代传播秩序的建构。

边缘的。最边缘的却是最受大众欢迎的,清季民初流传最广的居然是一些仅供消遣娱乐的通俗文学,其中以鸳鸯蝴蝶派的小说创作为最。李欧梵对此评曰:"清末文学似乎经历了一种具有悖论性质的通俗化过程。这最初由知识分子中的一些精英人士有意识地发起,他们致力于以中国的危机境况和改革的迫切性来唤醒中国社会中那些下层民众。因此'新小说'的出现,与其说是一种纯粹文学上的考虑,还不如说是一种观念上的严峻

---

① 王德威:《想象中国的方法》,三联书店1998年版,第14页。

指令。但是，这种观念上的目标的严肃性，被商业上的那种'读者要求'定律所冲淡，因为这种小说写作实际上成为一种盈利的手段。通俗性为清末作家确立了双重任务，那就是既要教育读者，又要娱乐读者。由于这是从一种精英的构想发展到一种通俗的作品，所以'新小说'也就逐渐丧失了它本身所具有的那种启蒙的精神因素，这种因素在某种情况下曾使小说产生过经久的文学价值。从商业观点看，清末通俗小说获得了前所未有的成功；可是，从知识的和艺术的眼光看，它的发展则是以失败告终的，尽管它最初被寄予厚望。1900年至1910年间这种小说里面的那种改革的、进步的观点，在紧接而来的下一个十年里，则被保守主义和遁世主义所取代。在创作于1904年至1907年间的《老残游记》这部小说里，那位孤独的男主人公面对黄河封冻、一派茫茫的冬日景象，沉吟着他的国家和他的一生的苦难命运，蓦然发觉自己面颊上的眼泪也冻成冰珠，读者读到这种充满强烈情感和抒情诗般美妙而又难以忘怀的场景时，不禁情思为之所动。但是1913年的一般都市读者就只能为徐枕亚那部最畅销的《玉梨魂》中的那一对为爱情而缠绵悱恻的'鸳鸯'之命运而洒下一掬同情之泪。"①清末文学这种悖论一直像梦魇一样缠绕着整个20世纪文学，但鸳鸯蝴蝶派作家却首先专注于"商业上的那种'读者要求'定律"，直接把小说作为一种盈利的手段，因此被以民族危难和历史转折为基本主题的主流文化所鄙视，被彻底地边缘化，但是这种边缘化的文学却率先进入了现代传播秩序。首先，这种应该被清视为"琐语淫词"的小说却能在清末迅速流传，应该得益于《大清印刷物专律》，此律例虽然极力压制攻讦朝廷之作，却放宽了对一些闲情逸致作品的查禁，甚至还准许这种小说刊登和出版，导致清季民初此类小说达到2215种，有113家杂志和49家报纸刊登其作品②，其传播速度和规模是空前的。其次，鸳鸯蝴蝶派作品主题是逃避社会现实和民族危难，如孙玉声《海上繁华梦》(1903)、苏曼殊《文学因缘》(1908)和《断鸿零雁记》(1912)、徐枕亚《玉梨魂》(1913)等，大多围绕个人情感而展开，并未响应新文化运动者所提出的启蒙和救亡之主题，同时也摒弃了传统文化中的儒家道德观，而追求个人的情感满足和精神享受，迎合大众的文学消费需求，直接着眼于文学市场，因此后期鸳鸯蝴蝶派作家张恨水一生竟然创作了一千多部小说，有一些直接从报纸上摘录奇闻逸事予以润色就发表。这

---

① 李欧梵：《现代性的追求》，三联书店2000年版，第191～192页。
② 李欧梵：《现代性的追求》，三联书店2000年版，第190页。

种市民文学虽然在艺术性上稍有欠缺、在思想主题上与民族危难局势也不相容,但是其现代传播是与新型工业化城市的兴起相适应的、与社会现代化的方向是一致的,甚至也在"建立白话文体、广泛的读者群和能够借以谋生的职业诸方面作出了很值得重视的贡献"①。再次,据林培瑞统计②,鸳鸯蝴蝶派小说在上海肯定有40万至100万读者阅读过,而这么庞大的阅读群体不是以文学革命式的轰动效应吸引读者眼球,也并非以淫词艳曲诱引读者,而是以服务甚至迎合市民阶层的通俗文学作品改造了读者并培养了文学市场,它是游离于体制之外的,是根源于以生产、流通和消费三者之间相互影响和制约关系为主体的现代传播秩序。虽然1949年之后社会主义文学的读者群远远超过此数,但是社会主义文学的传播并没有建构起一套独立的现代传播秩序,而在很大程度上是通过政治权力和意识形态的作用强制推行的。

主流的和边缘的

在1914年颁布《出版法》到1928年北洋军阀统治结束期间,中国文学的现代传播秩序表现得最为成熟和活跃。这一阶段直接承续清季民初的主流、民间和边缘三种模式,但主流的传播已经上升到与边缘的同等规模甚至在声势上大大超过了边缘的传播,而民间的传播已基本销声匿迹了。

1914年北洋政府颁布了中国历史上第一部《出版法》。这套法规直接承接《大清印刷物专律》,不仅规定应注明著作人、出版人和印刷人之姓名和住址等项,规定"出版之文书图画,应于发行或散布前,禀报该管警察官署。并将该出版物以一份送该官署,以一份经由该官署送内务部备案"③,对出版物管制仍然十分严格,而且首次详细规定了非法出版物之范围:"一、淆乱政体者;二、妨碍治安者;三、败坏风俗者;四、煽动包庇犯罪人、刑事被告人或陷害刑事被告人者;五、轻罪、重罪之预审案件未经公判者;六、诉讼或会议事件之禁止旁听者;七、揭载军事、外交及其他官署机密之文书图画者。但得该官署许可时,不在此限。八、攻讦他人隐私,损害其名誉者。"④这八项规定虽然大多与政治有关,似乎与文学无碍,而事实上此时

---

① 李欧梵:《现代性的追求》,三联书店2000年版,第192页。
② 李欧梵:《现代性的追求》,三联书店2000年版,第242页。
③ 宋原放主编:《中国出版史料》(现代部分第一卷上册),山东教育出版社2001年版,第545页。
④ 宋原放主编:《中国出版史料》(现代部分第一卷上册),山东教育出版社2001年版,第546~547页。

期发生的新文学运动中各种文学主张及其创作均与政治或意识形态相关。

五四新文学运动前后的两三年中,文学与国事、政事和民族是联系在一起的,这种舆论方式是不断给予新知识阶层改造民族国家和民族文化的力量源泉,其力量是足以威慑尚不完善的体制,因此不论哪派军阀都是惧怕这种强大的冲击力的。因此,一方面文学革命和革命文学等文学运动及文学创作吸引了新知识阶层的关注和参与,尤其是以五四时期的学生为代表的新青年,他们的民主自由和救亡启蒙思想直接成为新文学的核心主题,新文学已经在文学史上甚至社会文化史上确立了历史地位,其传播之广、影响之大,足以震撼一个民族和开创一个时代。梁启超所谓的"小说界革命"在此已经得到了最充分的实践,表现出最强大的力量,并开始培养了其新作家和读者群体,建构了独有的现代传播空间和秩序。主流传播在这种秩序中占据主导地位,它既不同于梁启超以文学作为工具来改造政治——新作家群体首先保持了其新文学家的本色而不再是政治家或社会活动家,也不同于鸳鸯蝴蝶派专注于娱乐和消遣的边缘态度——新作家更加关注的是启蒙大众以重建民族精神和民族国家。这种现代性秩序才是新作家在梁启超和鸳鸯蝴蝶派两者之间找到的最佳结合点,也是20世纪文学中唯一的一个比较成功地建构的现代性文学秩序,可惜在之后的战乱、政治斗争和出版集权控制之下再也没能承续并发展下去。

另一方面,在这一时段比较完善的出版法规的制约之下,主流的文学传播主要表现出三个特色:一是文学仍然遭到比较严格的审查甚至查禁,如1924年包括胡适的《胡适文存》三卷、陈独秀的《独秀文存》七卷和周作人《自己的园地》等书在内的新文学代表作均被北洋政府查禁[①],这种被胡适称之为可笑的"昏谬的禁令"在从1914年袁世凯制定《出版法》之后经历了黎元洪、张勋、冯国璋、徐世昌、段祺瑞、曹锟、冯玉祥、张作霖等的政府更迭中出现是不足为怪的,文学的传播在这样无序的社会变动之中受到了极大的限制;其二,正是在这种无序的混乱的社会秩序中,文学却意外地得到了空前绝后的发展空间,与其说这是一种荒唐的黑暗时代,还不如称之为最自由的时代,其自由不是体制所赋予的,而是新知识阶层在政权和体制更迭中寻求的一种机遇,在这种更迭中文学市场及传播机制的作用突现出来;其三,1915年袁世凯颁布《著作权法》,规定"文书讲义演述""乐谱戏

---

① 阮无名(阿英):《新文学初期的禁书》,宋原放主编:《中国出版史料》(现代部分第一卷上册),山东教育出版社2001年版,第505～507页。

剧""图画帖本""照片、雕刻、模型""其他关于学艺、美术之著作物"都享有著作权①,文学创作及版权受到法律保护,这不仅是对出版界的体制保障,更重要的是规范了文学的现代传播秩序。

而这一时段边缘文学的传播,即鸳鸯蝴蝶派的作品,其声势虽不足以与文学革命和革命文学相提并论,但是文学不论在哪个年代总会保持其基本的愉悦功能,这种在消遣中体现的闲情逸致正好适应了由晚清覆亡而带来的文化革新和由民族工业发展而导致的社会变化的文学消费需求,因此这种边缘的文学传播的发展壮大是必然的。虽然在1917年之后由于新文化运动和五四运动而使新知识阶层和启蒙救亡的时代主题崛起了,文学也再次被沦为道统的一个部分——只是这个"道"不同于传统文化的儒家之"道"而是启蒙之"道"、民族复兴之"道",包括教授和新作家在内的现代意义上的知识分子以其独有的话语权和影响力把文学作为启蒙、宣传甚至战斗武器来使用而使之成为主流的文学传播,虽然在掌握话语权和推动时代进步上是成功的,但是在文学上是不成功的,其"粗糙"的艺术水准甚至难与匹敌鸳鸯蝴蝶派作品,而其文学市场占有率和传播范围更是远不如鸳鸯蝴蝶派作品。自1921年《礼拜六》复刊之后,每年以创办15种刊物的递增速度扩大着其传播规模,其复兴的原因大致为:民族工业的进一步发展使新兴市民阶层壮大,其文学需求随之上升,而且频繁更迭的政局已使他们对政治失去了信心和兴趣,失望之余更加大了对这种边缘文学的需求;同时,正因为政局更迭频繁,边缘文学的传播反而于乱世中崛起,而且因为其与政事和国事无关,也不会遭到出版法规的禁止和当局的查禁。虽然这种边缘文学的传播与主流传播旗鼓相当,但它并不代表这时段的文学理想和发展趋势,毕竟中华民族处于历史转折的危亡时刻,文学是难以与启蒙和救亡的时代主题割离的。

总体而言,这个时段的传播法规和秩序对主流的和边缘的文学传播是相对比较宽容的,但民间的(如早期的谴责小说之类)文学传播是难容于这种政权更迭频繁的年代,而且人们已经对消极的讽刺、揶揄和戏谑的方式失去了兴趣,要么以遁世主义为本而逃入鸳鸯蝴蝶派作品所构造的世外桃源之中,要么激流勇进参与新文学运动,文学的现代传播秩序正是在这两者结合中建构的。

---

① 宋原放主编:《中国出版史料》(现代部分第一卷上册),山东教育出版社2001年版,第549页。

文学禁令与突围

国民政府自 1928 年确立其独统地位到抗战爆发之前的十年间,先后于 1928 年颁布《著作权法》,1929 年公布《国民党中宣部宣传品审查条例》《查禁反动刊物令》和《取缔销售公产书籍办法》,1930 年颁布《出版法》,1931 年公布《出版法实施细则》,1932 年公布《宣传品审查标准》,1933 年公布《查禁普罗文艺密令》,1934 年公布《图书杂志审查办法》,等等。这些出版法规一方面结束了北洋政府时期的出版混乱局面,规定明细、执行标准统一,使书籍出版和传播市场更加规范、有序,如 1928 年颁布的《著作权法》,在 1915 年著作法基础上更加细化,其享有著作权的主要包括:"一、书籍、论著及说部;二、乐谱、剧本;三、图画、字帖;四、照片、雕刻、模型;五、其他关于文学艺术或美术之著作物。"①但是另一方面,正因为国民政府独统地位的确立,导致了因政党及政治斗争而对出版的管制更加专制和严酷。1929 年国民党中宣部公布了《宣传品审查条例》,就十分明确地订立了"反动宣传品"和"谬误宣传品"之标准,其中"反动宣传品"是指有下列性质:"一、宣传共产主义及阶级斗争者;二、宣传国家主义、无政府主义及其他主义,而攻击本党主义、政纲、政策及决议案者;三、反对或违背本党主义、政纲、政策及决议案者;四、挑拨离间分化本党者;五、妄造谣言淆乱视听者。"②国民政府对具有这些性质的宣传品进行搜罗、查禁、查封甚至究办,而 1930 年的《出版法》更是把这些标准予以法制化,并把出版物细分为新闻纸、杂志和书籍,新闻纸和杂志在登记时必须声明"有无关于党义党务或政治事项之登载",书籍如果"内容涉及党义或党务者,并应以一份寄送中央党部宣传部"。③ 这三种出版物均被禁止登载"意图破坏中国国民党或三民主义""意图破坏国民政府或损害中华民国利益""意图破坏公共秩序""妨碍善良风俗"和"公开诉讼事件之辩论"五个方面的内容,④另外还规定"战时或遇有变乱及其他特殊必要时,得依国民政府命令之所定,禁止或限制出版品关于军事或外交事项之登载"⑤。甚至还在 1933 年出台《查禁普罗文艺密令》,对"本无产阶级之情绪,运用新写实派之技术,虽煽动无产阶

---

① 宋原放主编:《中国出版史料》(现代部分第一卷下册),山东教育出版社 2001 年版,第 565 页。
② 同上书,第 578 页。
③ 同上书,第 571、573 页。
④ 同上书,第 573 页。
⑤ 同上书,第 573 页。

级斗争,非难现在经济制度,攻击本党主义,然含意深刻,笔致轻纤,绝不以露骨之名词,嵌入文句;且注重体裁的积极性,不仅描写阶级斗争,尤为渗入无产阶级胜利之暗示"①的煽动力甚强、危险性极大的普罗文艺作品予以严查,其意识形态的控制非同一般。而从各条目详细的苛刻的规定可以看出,这些出版法规是出自一党私利,是在文化上为维护一党专政而实行的独裁专制之政策,文学在北洋政府的间隙中获得传播空间和发展机遇至此被完全截断。

1934年国民政府公布了一份《中央党部禁止新文艺作品》(《大美晚报》3月14日)共查禁149种文艺作品,查禁类别共分五部分:一是严格禁毁以绝流传,包括沈端先《平林泰子集》、巴金《萌芽》、郭沫若《幼年时代》、潘汉年《离婚》等已给予查禁备案的三十种作品;二是禁止发售,包括郭沫若《政治经济学批判》、陈望道译《苏俄文学理论》、冯雪峰《文学评论》、丁玲《夜会》和《一个人的诞生》、鲁迅《二心集》和《伪自由书》等"宣传普罗文艺或挑拨阶级斗争或诋毁党国当局"的三十种作品;三是暂禁发售的,包括柔石译《浮士德与城》、周起应译《新俄文学中的男女》、丁玲《一个女人》、胡也频《一幕悲剧的写实》等"介绍普罗文学理论或系新俄作品或含有不正确意识者颇有宣传反动嫌疑"的三十一种作品;四是删改之后准予发售的,包括郭沫若的《创造十年》、田汉《咖啡店之一夜》、阿英《劳动的音乐》、茅盾《子夜》《春蚕》《虹》等"内容间词句有不妥或一篇一段不妥"的二十二种作品;五是禁令暂缓执行的,包括胡也频《圣徒》和《诗稿》、田汉《檀泰琪儿之死》、茅盾《路》和《蚀》、阿英编《新文艺描写辞典正续编》和《青年创作辞典》、陈望道译《社会意识学大纲》等"恋爱小说或系革命以前作品内容均尚无碍"的三十七种作品②。从被禁作品可看出,国民政府绝不允许文学作品出现启蒙思想和共产主义思想,对文学的意识形态控制极其严格,而相反对"恋爱小说"等无关政党和政治问题的文学作品倒是采取暂缓执行的暧昧态度。而所提出的查禁理由,也反映出其在文化上的极权压制,如丁玲《一个人的诞生》被禁止发售的理由是:"内共小说四篇。皆系描写共产党员生活之穷困,环境之恶劣,然犹奋斗不绝。"鲁迅《伪自由书》被禁的理由是:"内

---

① 《文学运动史料选》第二册,上海教育出版社1979年,第360页。
② 鲁迅:《且介亭杂文二集·后记》,《文学运动史料选》第二册,上海教育出版社1979年版,第348~354页。张克明《第二次国内革命战争时期国民党政府查禁书刊编目(1927.8—1937.6)》,《出版史料》第3辑,学林出版社1984年版。宋庆森《从禁书到伪装书》,《中华读书报》2002年1月4日。

共有杂感文四十余篇,多讥评攻讦政府当局之处,以《伪自由书》为书名,其意亦在诋毁当局。"田汉《咖啡店之一夜》"内有《午饭之前》一剧,描写工人生活","颇含斗争意识,应删去"。茅盾的《子夜》也被国民党政府以"描写工潮""描写工厂""讽刺本党"等罪名,归入"应行删改"一类。结果只得把描写农村暴动的第 4 章和描写工厂罢工的第 15 章全部删去。① 除上海之外,1934 年仅北平一地焚毁的书刊便有 1000 多种,以致一些进步的文艺刊物几乎被查禁。除此之外还查封捣毁出版机构,如 1929 年查封创造社,1930 年查封上海现代书局,1931 年查封北新、群众、东群等书店,其他如出版左翼书刊的湖风书店、良友图书公司、神州国光社、光华书局等也先后被封②。这种无中生有地限制文学传播的文化政策,其冠冕堂皇的理由是使文学传播趋于规范和有序,而实质上是最大限度地破坏了文学的现代传播秩序。国民政府甚至还于 1935 年在上海成立国民党中宣部图书杂志审查委员会,使这种破坏活动制度化和合法化,导致革命文学以一切与新思想和新知识有关的文学无法顺利流通。

  抗战之后国民政府以战争为由相继出台了几十部出版法规,如 1937 年的《修正出版法》、1938 年的《修正抗战期间图书杂志审查标准》、1939 年的《印刷所承印未送审图书杂志原稿取缔办法》及《检查书店发售违禁出版品办法》、1940 年的《战时图书杂志原稿审查办法》、1941 年的《杂志送审须知》、1942 年的《图书送审须知》、1943 年《图书印刷店管理规定》、1944 年《战时出版品审查办法和禁载标准》和《修正图书杂志剧本送审须知》,等等。其中在抗战爆发的第二天 1937 年 7 月 8 日颁布《修正出版法》,规定所有出版品必须呈缴内政部、中央宣传部、地方主管官署、国立图书馆和立法院图书馆各一份③,甚至还在《战时图书杂志原稿审查办法》中规定在出版物出版印刷之前必须把原稿送交各级部门审查。1938 年通过的《修正抗战期间图书杂志审查标准》,虽然出于国际抗战形势的需要而不再认定宣传共产主义及阶级斗争的为反动言论,但是对"谬误言论"和"反动言论"的规定更加严格,甚至直接添加"鼓吹在中国境内实现国民政府之外之任何伪组织,国民革命军以外之任何伪匪军,及其他一切割裂整个国家民族

---

① 宋庆森:《从禁书到伪装书》,《中华读书报》2002 年 1 月 4 日。
② 林贤治:《鲁迅的最后十年》,中国社会科学出版社 2003 年版。
③ 宋原放主编:《中国出版史料》(现代部分第二卷),山东教育出版社 2001 年版,第 758 页。

之反动行为者"①。由此可见,国民政府在抗战之后对出版物实行更加严酷的查禁,出版社、印刷机构、书店、图书杂志以及出版之前的原稿都须经过审查,据不完全统计②,查禁书刊1938年185种,1939年271种,1940年116种,1941年414种,1942年62种,1943年157种,1944年171种,1945年16种,共1392种。

在这种"白色恐怖"式的出版法规压制之下,文学传播是极其艰难的。首先遭到严酷查禁的是武汉、重庆、桂林等地的文艺报纸杂志。1938年茅盾主编的《文艺阵地》创刊,由生活出版社出版发行,为躲避查禁,不得不在汉口登记、香港编辑、广州印刷,但仍然多次被国民政府查禁,1944年叶以群担任主编时被彻底查封,被迫转到桂林以葛琴主编的《青年文艺》继续其文艺宣传。1940年夏衍、聂绀弩等人在桂林创办《野草》,1943年竟然被国民政府以"节约纸张"的名义强行停刊,1946年夏衍在复刊的时候不无愤慨地说:"这个是光明和黑暗交错的时候,我们明白地看到了和感到了不远的光明,但是我们也无法闭上眼睛不看到眼前的黑暗。是这么一小群不甘寂寞而不肯阿谀的人,于是我们就在绵密的文内中钻寻一个小小的罅隙,曲折迂回,替苦难的人们传达出一些呻吟与诅咒。"③1940年田汉、欧阳予倩和夏衍等人在桂林创办对戏剧界颇有影响的《戏剧春秋》,发表了诸如夏衍《冬夜》、廖沫沙《命令反攻》、欧阳予倩《战地鸳鸯》、田汉《岳飞》、郭沫若《高渐离》、洪深《回到祖国》等优秀剧作,但1942年被国民政府勒令停刊。被国民政府查禁的文艺刊物还有《文艺战线》《文艺阵地》《文艺突击》《文艺新闻》《文学月报》《文艺生活》《文艺新潮》《文艺青年》《大众文艺》《小说》《文丛》《文萃》,等等。唯一坚持到抗战胜利的文学杂志大约只有《抗战文艺》,1938年3月中华全国文艺界抗敌协会成立,选出郭沫若、茅盾、冯乃超、夏衍、胡风等为理事,还选举周恩来、孙科和陈立夫为名誉理事,正因为有各界支持才得以坚持抗战始终。其次,对宣传新文学及马克思主义文艺观的书籍更是严格查禁甚至究办,如毛泽东《新民主主义的政治与新民主主义的文化》(即《新民主主义论》)、矛盾《战时散文选》等。甚至胡风主编的"七月诗丛"和"七月文丛"都被禁止发行,其中包括田间《给战斗者》、艾

---

① 宋原放主编:《中国出版史料》(现代部分第二卷),山东教育出版社2001年版,第767页。
② 苏朝纲:《抗战时期出版界反查禁纪年(1937—1945)》,宋原放主编《中国出版史料》(现代部分第二卷),山东教育出版社2001年版,第73~84页。
③ 夏衍:《复刊私语》,《野草》复刊号1946年10月。

青《向太阳》、胡风《为祖国而歌》、庄涌《突围令》、东平《第七连》、S.M.《闸北七十三天》、陶雄《0404号机》、曹白《呼吸》、萧军《侧面》等，大多以七月派的文风撰写宣传和鼓励抗战的诗歌、小说等文学作品。

国民政府以三民主义立国立党，"民主"即为三民主义之核心，本应对各种文学作品尤其是宣传民族抗战的文艺作品采取支持和鼓励政策，然而事实上却因政治的独统而制定了专制的文化政策，与自由民主的现代化民族国家和民族文化相去甚远。因此遭到各界文化人士的强烈反对，尤其是在出台战时图书杂志审查标准之后，吴敏即发表《反对查禁救亡书报》(《新华日报》1938年7月29日)，邹韬奋两次指出《审查书报原稿的严重性》和《再论审查书报原稿的严重性》(《全民抗战》1938年8月3日、6日)，得到社会各界响应，并于11月4日在国民参政会上通过邹韬奋提出的《请撤销图书杂志原稿审查办法，以充分反映舆论及保障出版自由案》，之后《华西晚报》《新华日报》及各大杂志联合重庆、昆明、桂林、西安、上海等地出版界争取出版自由，迫使国民政府于1945年10月1日撤销对新闻和图书杂志的检查，因此1946年查禁书籍仅为16种。但是在抗战胜利之后，国民政府仍然对文学及其他各种文化书籍实行审查、查禁甚至查封政策，1946年10月20日《文汇报》刊登一文："兹奉市社会局谕，凡下列各项书刊，如《群众》《民主》《文萃》《小说》《国防知识》《海星》《文艺青年》《民主评论》《民言》《昌言》《青年人》半月刊等查禁批发出售，即予转饬所属书报摊一体遵照。"① 据1946年10月31日出版的《文萃》上刊登的《上海杂志界联谊会致政协第三方面代表备忘录》中统计，仅当年5月之后查禁的报纸、杂志和通讯社近百家，可见国民政府在国民党一党专政的统治之下，其文化政策是何等高压的、残酷的。

在这样的文化政策之中，文学虽然随着民族战争和民族精神的高昂而发展，在宣传抗战、鼓舞民心和弘扬民族文化精神方面达到20世纪文学的巅峰，但是其传播也受到最严酷的限制，这种限制在根底上是出自政治和独统的需要，对与政治、政党、三民主义和共产主义等有关的追求自由民主和民主革命而有碍其独统地位的文学作品几乎全部被查禁。出版法规本应为维护现代传播秩序而制定，但法规的制定却使其对现代传播秩序的破坏合法化，其结果必然是以倒退的、极权的法制限制现代传播秩序的建构。

---

① 宋原放主编：《中国出版史料》(现代部分第二卷)，山东教育出版社2001年版，第510页。

文学的现代传播秩序

从晚清政府、北洋政府到国民政府,每个时期所制定的出版法规虽在客观上确实规范化了文学的现代传播秩序,但是这种规范的实质都是对文学的压制和对秩序的破坏。而与之不同的是,中国共产主义文学传播秩序自左翼作家联盟之后,其传播逐渐与革命运动相结合而形成一种独特的现代传播模式。

中国共产党中央委员会自1937年迁至延安之后,逐渐形成了以延安为中心的新型社会秩序,对文学的生产和传播都产生了极大的影响。1938年9月上旬,抗日军政大学政治部的奚定怀与画家郑西野和作家刘白羽在边区文化界救亡协会负责人柯仲平的支持下组建了延安第一个文艺团体和文艺刊物,即"文艺突击社"和《文艺突击》,毛泽东于9月17日第一次为文艺刊物题写刊名,9月20日延安《新中华报》刊登了《文艺突击》创刊广告和第一号目录,称之为"延安文艺的拓荒者,抗战文艺的突击队,文艺青年的好食粮"①。在毛泽东"文艺为抗战服务"的方针指导下,延安文艺工作者喊出了一个共同的口号:"文艺工作者是抗日的战士,文艺是抗日的武器。"自此之后文学传播被合法地与革命运动同步运行甚至直接合为一体。1940年毛泽东《新民主主义论》第一次以革命式的纲领确立了马列主义在新文化中的主导地位,批判了封建主义文化、帝国主义文化及在帝国主义支持下的资产阶级文化。随后在1942年进行整风运动,并发表了《在延安文艺座谈会上讲话》,最终确立了毛泽东文艺纲领和政策。其中文学大众化、文学为工农兵服务、文学从属于政治等核心观点,直接促使了影响半个多世纪的文学现代传播秩序的建构。

在这种独特的传播秩序中,先后创办了《文艺突击》《山脉文学》《大众文艺》《文艺月报》《群众文艺》《部队文艺》《延安文艺》《中国文艺》《诗刊》《草叶》《谷雨》等文艺刊物;出版了"大众文艺小丛书",包括艾青的《吴满有》、赵树理的《李有才板话》等;"群众文艺丛书",包括柯蓝《乌鸦告状》、朱元《康奶大》等;"北方文丛",包括《李有才板话》《王贵与李香香》《小二黑结婚》《荷花淀》《高原短曲》《白毛女》《三打祝家庄》《刘巧团圆》《同志,你走错了路》等等,由海洋书屋和华夏书店等出版社出版,到1949年共出版40多

---

① 辛萍:《毛泽东与延安〈文艺突击〉、〈山脉文学〉》,《人民日报·海外版》2000年12月25日第七版。

种。1948年生活书店还出版由邵荃麟主编的"大众文艺丛刊",主要撰稿人有冯乃超、胡绳、林默涵、乔冠华、周而复等,宣传毛泽东思想,共六期,第一期《文艺的新方向》,延续《在延安文艺座谈会上的讲话》中的文艺为工农兵服务的方向,第二期至第六期分别为《人民与文艺》《论文艺统一战线》《论批评》《论主观主义》《新形势与新文艺》。可见在这种现代传播秩序中,其核心内容和主导观念是直接秉承毛泽东所确立的文学规则。国外学者对之评曰:"现代性从来不曾在中国文学史中真正获得过胜利。在中日战争爆发以后,这种追求现代性的艺术方面被政治的迫切性所压倒。本来就一直带有社会—政治色彩的创造性文学的价值更降到政治附属品的地位。当毛泽东《在延安文艺座谈会上的讲话》被尊奉为准则以后,艺术的真实这一概念本身已经由政治的意识形态来规定;现代性,无论就其西方还是中国的含义而言,在现代中国文学进入它的当代阶段以后,已经不再是中国共产主义文学的主要特点了。"①从文学内容上讲,中国文学的关注点从晚清至1949年前经历了一次从农业文化→近代工业文化→民族工业文化→农业文化的循环过程,也许从回到起点的角度讲中国文学是远离了现代性;但是从文学的传播模式和秩序角度讲,如果说文学能在占人口90％以上的工农兵群体中传播是历史的倒退、是远离现代性的,那只能说明这种观点是无视中国社会及文化事实,而这种"现代性"的涵义似乎也已被极端扭曲了。

但是在肯定这种独特的现代传播秩序的同时,我们也不得不承认这种现代传播秩序与现代传播机制之间有很大的不相容性。钱理群对此曾尖锐地指出:"尽管'文学作品'还保留着某种'商品'的外壳(仍要通过'卖'与'买'的商业行为发行),但'文学市场'的需求已不再成为文学生产(写作)、流通(销售)的驱动力,而代之以'政治(党的利益)'的需求,'文学市场'的悄然隐退意味着文学艺术的生产与传播机制的根本变化,从此纳入党所领导的国家计划轨道,也即纳入体制化的秩序之中,'文艺成为政治的工具,党的机器中的螺丝钉'才真正得到了体制的保证。正是这种文艺生产与传播的'计划化'与文艺的'彻底政治化',构成了'社会主义现实主义文艺'的最根本的特征。由此带来的首先是创作主体的变化,即出现了与传统意义上的'作家'完全不同的所谓'新型文艺工作者'。他们不再是以'写作'换

---

① 费正清主编:《剑桥中华民国史》(下),中国社会科学出版社1998年版,第421页。

取生活资料的自由职业者,而都成了'公家人',即国家干部,直接隶属于一个国家部门,一方面得到全面的保障,另一面则对所在单位形成了某种依附关系。"①他深刻地指出了这种独特的现代传播秩序中,文学已经不能再成为市场的主体,传播也不再遵循其固有的模式而被"计划化"了,在某种意义上建构了一种独断话语权的文学秩序,其根本特征是在无视甚至违背文学固有的现代传播规律的基础上建构一种与政治经济集权高度统一的现代秩序。

在此意义上,这种文学的现代传播秩序对于现代性而言,既是解构,也是建构。

第四节 文学公共秩序的现代性

文学公共秩序

文学作为一种具有独特审美价值的精神产品,其生产、传播及价值在社会领域中的实现都表现出矛盾性和悖论性:文学既为艺术而生产,为创作者的审美理想而生产,但同时也为读者和文学市场而生产;文学的传播既是一种精神的交流和思想的碰撞,但同时也不得不受社会、政治和商业等因素的支配而形成一种"文学—权力—市场"的机制;而且文学的价值本应该是自由的、审美的,但这种自由的审美的价值却不得不依赖"文学—权力—市场"的机制来实现。在20世纪前期中国文学向现代性文学秩序过渡的时段中,这种悖论是统一于一种文学公共秩序的。

文学公共秩序是现代性文学秩序的核心部分,它是基于文学的审美价值及其精神性、思想性和娱乐性的——这种自律性在文学公共秩序中是隐性的存在,在权力和市场的制约下形成一种独特的公共空间使文学的生产、传播和价值得以实现,使文学按照其固有的规则和程序在这种公共空间中有序地运作,且使艺术审美、政治权力、意识形态与经济利益等相互矛盾的范畴相融于这种空间中,从而建构一种现代性的文学公共秩序。首先,这种公共秩序不同于哈贝马斯的公共领域。哈贝马斯的"所谓'公共领域',我们首先意指我们的社会生活的一个领域,在这个领域中,像公共意

---

① 钱理群:《1948:天地玄黄》,山东教育出版社1998年版,第197~198页。

见这样的事物能够形成。公共领域原则上向所有公民开放。公共领域的一部分由各种对话构成,在这些对话中,作为私人的人们来到一起,形成了公众。"① 这种公共领域是一种现实的社会存在,它是18世纪之后资产阶级逐渐建立起来的横亘在公共权力领域和私人领域之间的真实空间,这一空间由三部分组成②:一是现实的空间——城市,主要是文化市场和商品市场,这是公共领域得以存在的基本条件;二是以俱乐部、咖啡馆、新闻界、沙龙及宴会等等为代表的文学公共领域;三是从文学公共领域中分离出来的"以公共舆论为媒介对国家和社会需求加以调节"的政治公共领域。从这种结构中可以看出,哈贝马斯所谓的文学公共领域实质上是以一种真实的存在形式为载体的文学性的空间,而文学性的根底又在于其想象性和启蒙性。中国20世纪初期开始形成的文学公共秩序也是一种文学式的想象空间,带有虚拟性的,但其现实的公共空间是依附于权力和市场的,并无独立领域存在。虽然存在着学校、社团、报刊出版业等文化空间,也有出版法规给予其合法性,但它并不能构成一种独立的公共领域,而只是形成一种现代性的文学秩序,这种秩序具有公共性,但其公共性也只是在皇族、军阀和不断更迭的政府的夹隙中存在,而这种文学公共秩序的演变也并非如哈贝马斯设想的那样仅仅靠公共领域的运作得以实现,而是通过革命的方式实现。

其次,文学公共秩序在革命与启蒙的关系上也表现出独特性。革命和启蒙都是以追求自由为旨归的,革命是直接破除束缚人的现实枷锁和制度枷锁以获得人的自由,而启蒙则是获得人的主体性和精神自由。黑格尔认为东方人只知道人的自由,而不知道精神的自由③,石元康在此基础上作了进一步的阐述,认为"与天地并生,与万物合一"的宇宙观即是人的主体精神没有产生的表现,并且"这种把人视为自然第一部分,而不是与自然相对立的想法,在运用到人的世界中时,所表现的就是人世间的各种秩序,例如道德秩序、政治秩序等,也是自然的一部分。因此,构成道德秩序的道德律也是自然世界或客观世界的一部分。在这种情况下,道德律对人而言变成一种外在的规范,而不是人经由自己的自由所创造出来的东西;由于它是自外而来的规范,因此,它成为对人的自由所创造出来的一种限制。这

---

① 哈贝马斯:《公共领域》,选自汪晖、陈燕谷主编《文化与公共性》,三联书店1998年版,第125页。
② 哈贝马斯:《公共领域的社会结构》,选自汪晖、陈燕谷主编《文化与公共性》,三联书店1998年版,第136~137页。
③ 黑格尔:《历史哲学》,上海书店出版社1999年版,第174页。

一切都是出于意识还没有进入反思的阶段,而以它自己为对象所造成的结果。"①虽然中国自古即有"逍遥游"之意识,但这种并非主体精神的觉醒,包括政治秩序、道德秩序甚至道德律等都是对人的自由的限制,即使是思想革命也只是为了获取人的自由而非精神的自由。因此 19 世纪末至 20 世纪前期的历次政治革新、文化革新和思想论争的实质是"革命",首先只是为了获得人的自由,其次才是思想上的启蒙,使主体意识得以觉醒而获得精神的自由。这也是先有维新变法、后有"小说界"革命,先有辛亥革命、后有新文化运动,先有大革命、后有革命文学……的根本原因。质言之,革命先行,启蒙后至。这与西方的先启蒙后革命恰好相反,因此西方自 18 世纪之后就存在一种哈贝马斯所言的以想象性和启蒙性为根本的文学"公共领域",而中国 20 世纪前期则只是在社会运动之后形成一种文学公共秩序,其根本特性是在公共平台上探讨权力化和体制化的文学革新。这种文学革新也在很大程度具有启蒙性,社会运动和革命决定着公共平台的大小和自由度,本质上是革命促进了文学公共秩序的变化。

维新变法失败后,梁启超提出了"小说界"革命,其欲新民必先兴小说的主张实质上是在体制之内的政治革新影响下向文学公共平台的扩展,"小说界"革命本质上应是启蒙,却脱离不了革命的痕迹。

辛亥革命虽然完成了使封建王朝覆亡的历史使命,但是其思想启蒙却是在新文化运动和文学革命中逐渐实现的,而在众军阀之间及政权更迭频繁的过程中,文学获得了极大的公共空间,文学的公共秩序也体现出最大的公共性和启蒙性,这也是五四新文化运动在 20 世纪中国成为人们永久历史记忆的深刻原因;

军阀混战使革命形势进一步推进,在政治纷争和革命形势危急的关头,"天天喊什么花呀,月呀,爱呀……真叫人喷饭!身上背着几元重的压迫,口中呼吸着不堪闻的臭气,目中看着的不是枪林就是粪堆,还喊什么花呀,月呀,爱呀……勿乃太真是商人女不知亡国恨,隔江犹唱后庭花了!谁个能够将现社会的缺点,罪恶,黑暗……痛痛快快地写将出来,谁个能够高喊人们来向这缺点,罪恶,黑暗……奋斗,则他就是革命的文学家,他的作品就是革命的文学"②,革命文学应运而生了,此时文学不再是主要是启蒙

---

① 石元康:《从中国文化到现代性:典范转移?》,三联书店 2000 年版,第 71 页。
② 光赤:《现代中国社会与革命文学》,《民国日报》"觉悟"副刊 1925 年 1 月 1 日。选自《文学运动史料选》第一册,上海教育出版社 1979 年版,第 412~413 页。

的价值,而更多的是鼓动,是宣传,是随着革命形势和社会运动而向社会索取的公共宣传空间。

无产阶级革命运动在中国共产党成立之后逐渐有组织、有规模和有序化,在革命运动中显示出其独特历史作用,无产阶级文学随之在革命和战争过程中在无产阶级及领导群体里获得其公共发展空间,最后甚至在毛泽东的《在延安文艺座谈会上的讲话》中获得体制化的认同和规范。

在革命与启蒙的双重变奏,革命话语是压倒启蒙话语的,但两者从根本上讲都是以自由为旨归的,不论是人的自由还是精神的自由,这种相对的自由状态必然促使文学公共秩序的建构,因此其现代性的本质也在于对自由的追寻。

文学空间的展开

文学公共秩序在20世纪前期的中国得以产生,除古今中外四种文化形成一种交流和碰撞的独特状态之外,更广阔的外在秩序在于民族国家、民主理想和市民社会三者所构成的历史语境。

梁启超在维新变法失败之后就已经深刻地意识到,没有民族历史的人民将会被挤出历史舞台,因为他们无法形成民族国家以御外敌,因此他十分强调小说的新民和合群作用,其根本目的就在于形成团结的群体进而构成强有力的民族国家。这一主张在孙中山、毛泽东那里得到进一步发挥和实践,虽然孙中山提出三民主义,但其核心并非民主,而是指向民族国家的建构,因而此时期的文学不论是文学革命还是革命文学,抑或是关于"学衡派"等问题的论争,都是围绕着民族国家的想象空间的建构,虽然这种想象空间具有公共性、开放性甚至一定的自由度,但是民族国家的实体构筑使文学不得不从属于其权力机制和政治秩序。而在毛泽东领导之下的无产阶级革命时代,文学的任务被直接限定为为工农兵服务、为政治服务,文学公共秩序的绝大部分只是存在于想象空间之中。

在这种民族国家的历史语境中,文学公共秩序不可能脱离政治、权力的场域。布迪厄甚至认为:"就艺术家和作家而言,文学场域被包含在权力场域之中,而且在这一权力场域中,它占据一个被支配的地位。用一个普通但极不恰切的说法:艺术家和作家,或者更一般而言,知识分子,都是'支配阶级中被支配集团'。"①虽然布迪厄此处所言的"文学场域"只是文学公共秩序中的一部分,但也部分地显现了文学公共秩序的尴尬处境,因此每次在这一秩序难以维持的时候就会发生革新或革命,以反抗权力机制对文学公共秩序的挤压,正如布迪厄所言"艺术革命是构成艺术位置空间各种权力关系发生变革的结果,而这种变革之所以可能发生,正是因为一部分生产者的颠覆企图正好迎合了一部分受众的期待,并因此改变了知识分子场域与权力场域的关系。"②每一次革命并非彻底颠覆权力机制,而是改变两者之间的关系以维系文学公共秩序之存在;而且这种权力机制是构成民族国家所必备的条件,如若权力机制失却了,民族国家无以建立,最终将致使文学公共秩序成为空中楼阁。哈贝马斯由此认为资本主义秩序中还存在从文学公共领域中分离出来的政治公共领域,这一领域具有对公共权力进行批判的功能,它还改变了文学公共领域的功能③,但在20世纪前期的中国并不存在这样一些领域,甚至也不存在一种十分明显的权力关系,而只是在建构民族国家的历史使命支配下形成了一种想象性的、开放性的文学公共秩序。这种秩序在民族国家的历史语境中甚至失却了自律性的文学价值判断,仅为现代化的民族国家和社会变迁留下一片精神空间得以喘息而已。

民主自由是清廷覆亡前后所有中国知识阶层的梦想,从维新变法、辛亥革命到两次国内革命和社会主义革命,每次都能聚集大批知识阶层为之呐喊助威,根本原因就在于知识阶层都在以这种方式寻求其理想之境。而文学似乎成了他们共同的选择,从小说界革命、文学革命到革命文学、无产阶级文学,他们试图以此与革命互相呼应达到民主自由之目的,但是每次都以被革命所吞没而告终。在这种主流秩序之外,存在着一支自由化的、反政府主义的支流,他们一度被革命所抛弃甚至沦为民族精神的罪人,但是在文学公共秩序中,他们留下了宝贵的批判意识和自反性历史话语。他们与主流文学群体共同构成了思想启蒙的资源库,但是思想启蒙在民族国家和革命话语面前显得苍白无力,文学的生产传播及学校、社团、报刊、出版印刷等相关系统都处于权力制约之下,甚至以严酷的出版法规予以强制

---

① 布迪厄、华康德:《实践与反思》,中央编译出版社1998年版,第143页。
② 同上书,第144页。
③ 哈贝马斯:《公共领域的社会结构》,选自汪晖、陈燕谷主编:《文化与公共性》,第157~158页。

规范,因此文学公共秩序往往处于其支配之下而无法自由地全面地建构。但是例外的是,市民社会群体所形成的公共秩序屡屡令民族国家和权力机制无可奈何。

黑格尔在《历史哲学》中认为中国人组织社会及政治的办法是组织家庭办法的延长,家庭是一种未分化的统一,其统一是建立在感性之上而非理性之上,各个成员无独立性和主体性,只是统一在家长和皇帝这个实体身上。因此中国在农业生产方式的制约下,一直把自身禁锢在土地上,把希望寄托于外在的实体上,其结果必然是形成亘古难变的等级制度和极权机制。在这种家长制国家和权力机制之下,文学要么是主流的文以载道,要么是边缘化的自娱自乐,绝不可能形成文学公共秩序。而在19世纪末至20世纪前期,社会关系发生极大变化,甚至开始形成如黑格尔所言的市民社会:"各个成员作为独立的单个人的联合,因而也就是在形式普遍中的联合,这种联合是通过成员的需要,通过保障人身和财产的法律制度,和通过维护他们特殊利益和公共利益的外部秩序而建立起来的。"①而在文学界中开始形成了学校师生联合体、文学社团、报刊同人群体和出版文化团体等等,商业无从发展,这些因素直接促使了文学公共秩序的建构。虽然在20世纪前期中国是否形成市民社会的问题存在着多种分歧,但是市民阶层的崛起是毫无疑问的,而且他们逐渐成为文学公共秩序中十分重要的力量,围绕他们而产生的现代出版文化在文学公共秩序中占据着主导地位,甚至对政治秩序都具有极大的引导作用,有学者指出"那些从表面上看似乎最不可能刺激大众政治化的印刷品,在我看来,则恰恰是特别重要的文本。这些文本包括庸俗浪漫杂志,色情作品,流行化的道德说教小册子","当这种流行印刷品最终出现的时候,它便开始以多种方式对城市精英活动分子产生间接的政治影响"②。诸如鸳鸯蝴蝶派的文学作品,可能会被大多数精英知识分子和民族历史的宏大叙事所摒弃,但是市民阶层并没有因为其庸俗浪漫性而厌弃,也没有因为学校师生和文学青年的呼吁和出版法规的限制而改变其阅读习惯和范围;相反地,那些精英文学却从市民阶层所钟爱的文学中获益颇多。

市民社会群体的兴起,第一次形成了文学市场并在很大程度上遵循市

---

① 黑格尔:《法哲学原理》,商务印书馆1979年版,第174页。
② 罗威廉:《晚清帝国的"市民社会"问题》,选自邓正来译《国家与市民社会:一种社会理论的研究路径》,中央编译出版社1999年版,第409页。

场规律运作,文学的价值标准及其实现也随之发生了巨大的变化。20世纪前期中国文学的一个基本事实是,文学作品从无用之用变成一种可以出售的明码标价的商品,甚至还以《大清著作律例》《著作权法》等方式予以法制化。对此转变的深刻社会背景可先存而不论,单从对文学自身的影响来讲,它导致了文学从自娱自乐的私人空间跳出来进入以文学市场为主导的公共秩序之中;至于那些文以载道的文学,本是士大夫阶层或谄媚权贵或歌功颂德或传承儒道而求生存的一种文字游戏,这种充当主流意识形态的文字游戏在中国几千年的古代文学史中却只能算作支流而已,而且新知识阶层可以在文学市场中获得生存及自身的独立人格,并无再为文学支流而戕害自己本性之必要。从这个意义上讲,文学的价值已经从道统和政统价值转向实用价值,并且使之成为在道德上和法律上被认可的价值;文学的价值实现也从制度的需要和自身的需要转向他人的需要,甚至可以说文学的价值是由文学公共秩序赋予的。

由此可见,在文学公共秩序中,由民族国家、民主理想和市民社会三种社会历史和思想文化语境分别产生了三种与之对应的文学空间:一是服务于建构民族国家的使命,掌握着支配性的主流话语权的文学,如梁启超"小说界"革命、无产阶级文学等等;二是以文学的方式追寻自由民主之理想,如文学革命及其之后被视为自由化的文学;三是适应市民群体的精神需求,从而占据了文学市场主体部分的文学,如鸳鸯蝴蝶派的文学。三种文学空间中的文学作家、文学价值及理想均不相同,甚至互相龃龉,但正是这三种互异和互斥的文学空间共同形成了现代性的文学公共秩序。

文化资本运作的失败

此外,文学公共秩序中文化资本的形成及其运作也是其现代性的重要标志。文化资本是文学公共秩序中知识分子所拥有的象征权力,这种权力不仅能建构或颠覆社会秩序的合法性,还能转化为经济资本,"文学艺术产业将文化财富的交易与其他交易一视同仁,看重的是传播,以及由发行量衡量的直接的和暂时的成功,满足于根据顾客先在的需要进行调整"[①],这种在传播过程中具有符号优越性的文化资源被公共秩序制度化之后,即形成一种被权威体系所认可的文化资本。布迪厄认为文学场"是遵循自身的

---

① 布迪厄:《艺术的法则——文学场的生成与结构》,中央编译出版社2001年版,第175页。

运行和变化规律的空间,内部结构就是个体或集团占据的位置之间的客观关系结构,这些个体或集团处于为合法性而竞争的形势下"①,权力场则是"各种因素和机制之间的力量关系空间,这些因素和机制的共同点是拥有在不同场(尤其是经济场或文化场)中占据统治地位的必要资本"②,文化资本正是在文学场与权力场的对立中产生,文学也在文化资本的主导下通过其权力转化和资本运作而获得一种公共空间。

伊格尔顿为此谈到:"文化生产在资本主义社会的早期阶段通过物质的生产成为'自律'的——即自律于其传统上所承担的各种社会功能。一旦艺术品成为市场中的商品它们也就不再专为人或物而存在,随后它们便能理性化,用意识形态的话来说,也就是成为完全自在的自我炫耀的存在。新的美学话语想要详细论述的就是这种自律性或自指性的概念:从激进的政治观点来看,这种美学自律的观念是多么的无能为力也是相当清楚的,于是,艺术便如被人们所熟悉的激进思想所坚持认为的那样,它极易避开其他社会实践而孑然独处,从而成为一块孤独的飞地,在这块飞地内,支配性的社会秩序可以找到理想的庇护地,以避开其本身具有的竞争、剥削、物质占有等实际价值。更为微妙的是,自律的观念——完全自我控制、自我决定的存在模式——恰好为中产阶级提供了物质性运作需要的主体性的意识形态模式。"③20 世纪前期的中国并不具备严格意义上的资本主义语境,文学艺术也从来没有成为一块"孤独的飞地",相反却在一种矛盾状态中挣扎,一方面极力避开那种战乱、政治纷争和经济混乱,希冀以文学的呐喊唤醒国民性,即使不能改变社会,也试图为无序的社会秩序提供一个"理想的庇护地",即以文学的公共秩序容纳更多或受伤或麻木或绝望的心灵;另一方面又运用文学场域中所蕴含的文化资本力量去参与主体性的意识形态的建构,把传统文学中所指认的"他律"转化为"自律",试图在尚未得到社会秩序认可的文学公共秩序中建构一种新的合法性,然而在文化资本尚不能转化为强大的经济资本、文学公共秩序尚未独立于权力场域的历史时刻,这种努力注定以失败告终。

革命压倒了启蒙,权力战胜了市场,文学也似乎被政治话语所涵盖,但在这悲剧之后,现代性却凤凰涅槃般地诞生。

---

① 同上书,第 262 页。
② 同上书,第 263 页。
③ 伊格尔顿:《美学意识形态》,广西师范大学出版社 1997 年版,第 9 页。

第三章 现代文学创作秩序:以象征主义为例

"诗意的想象,似乎需要一些迷信于其中,如此它不宜于用冷酷的理性去解释其现象,以一些愚蒙朦胧,不显地尽情去描写事物的周围……夜间的无尽的美,是在其能将万物仅显露一半,贝多芬及全德国人所歌咏之月夜,是在万物都变了原形,即最平淡之曲径,亦充满着诗意,所有看不清的万物之轮廓,恰造成一种柔弱的美,因为暗影是万物的装服。月亮的光辉,好像特用来把万物摇荡于透明的轻云中,这个轻云,就是诗人眼中所常有,他并从此云去观察大自然,解散之,你便使其好梦逃遁,任之,则完成其神怪之梦及美也。"

——李金发《艺术之本原与其命运》

"唯际幻灭时代,绝望之哀,愈益深切,而执着现世又特坚固,理想之幸福既不可致,复不欲遗世以求安息,故唯努力求生,欲于苦中得乐,以刺激官能,聊保生存之意识。"

——周作人《三个文学家的纪念》

"这虚无感不同于启蒙者的悲观。你想驱除黑暗,却发现不能成功,那黑暗或竟会长存于人间:这是悲观。它会使人丧失信心,却不一定会使人停止行动,即便没有胜利的可能,你也可以作自杀式的冲锋,可以当肩住闸门的牺牲,这种冲锋和牺牲本身,便可以确立你的价值,是否胜利,其实倒不重要了。虚无感却不同,它虽然包含对战胜黑暗的悲观,但它同时又怀疑在黑暗之外还有其他的价值,倘若天地之间只有黑暗是'实有',这黑暗也就不再是黑暗了。因此,你一旦陷入这样的虚无感,就会迅速失去行动的热情,牺牲也罢,反对也罢,都没有意义,人生只剩下一个词:无聊。"

——王晓明《无法直面的人生——鲁迅传》

中国文学现代性的产生,是中国文学进入现代文学时期的内在标志。

从五四前后到 1940 年代,现代主义无疑是现代性发生过程中最重要的因素之一。辛亥革命之后,议会政治和自由经济成为了根本的现代政治经济体制,这种现代化的进程在一定程度上促使现代主义的本土产生和异域舶来,但是这种新的政治经济秩序是不稳定的,它没有带来中国社会生产和生活的全面变化,只是以局部的现代化假象掩盖了中国自然经济和乡村生活模式的落后和封闭状态,这种虚假的无根基的现代化导致现代主义在中国缺乏社会现实和历史文化的根基。现代主义在五四前后主要是通过留学生、翻译家和传教士等人的文化交流和渗透传入中国的,这种无根基的舶来品一开始就只是作为工具来使用,用以对传统文学尤其是晚清以来的中国文学进行全面批判,极大地冲击了传统文学和文化秩序。

象征主义作为对中国现代文学影响最大的现代主义思潮,其传入、重释和融会的历史进程尤其具有代表性。象征主义在这一历史进程中同样也是贯穿着两条线:本土产生和异域舶来。本土产生主要是建立在"比、兴""言、象、意"等古代文论范畴,以及王国维"境界说"的基础之上,在文学思想和精神内质上仍然承续了传统文化的核心观念,只是在辛亥革命及现代政治经济体制和新文化运动和五四运动的冲击下不得不以现代形态出现,实质上是"新瓶装旧酒"。异域舶来主要是指由李金发、梁宗岱、沈雁冰、谢六逸以及之后的王独清、穆木天、冯乃超、田汉、卞之琳、曹葆华等作家的象征主义文学创作实践与理论和对西方象征主义的译介活动,这些理论与创作在语言文字、写作技巧、表达方式和题材主题等外在形式上几乎全面地颠覆了传统文学固有的外在秩序,这种颠覆扒掉了传统文学的形式外衣,使其要么直接叛离传统而加入新文学之中,要么改头换面蜷缩于新文学秩序的一隅。与此同时,舶来的象征主义理论和创作方法经过重新阐释并与本土产生的文学思想和精神内质结合,造就了庞大的作家群体、诸多的优秀作品以及象征派、现代派等文学派别,形成了一个独特的文学谱系图,也促使了中国现代文学的文学现代性秩序的建构。

在本土产生和异域舶来的关系上,殷国明认为现代作家创作与象征主义有联系却又无迹可寻,存在着一种断裂,其原因是"一方面,象征主义作为中国传统文学中的一种本原的因素并没有消失,它会时时刻刻通过各种方式顽强地表现自己。""另一方面,西方象征主义文学的传入确实刺激了中国传统的文学,并且很快在中国得到了回应。这种回应表面上看是中国文学中的一种创新,但是潜在的却是中国传统审美意识的一种表现"。①

诚然,象征作为中国传统文学本来就存在的文学因素,在文学发展的新形势之下,只需要挖掘自身的传统审美意识和精神内质,就可以实现文学形态的现代转换,这无疑体现了中国现代文学的本土性和现代性自给自足式的发生过程。但实质上这种断裂是不存在的:在新文学逐渐成为文学主流的文学秩序转变过程中,作家的新文学创作是文学秩序转变的外在特征,而诸如鲁迅的《狂人日记》《野草》、闻一多《死水》以及徐志摩、沈从文、钱钟书等人的作品都或多或少带有一些象征主义的印迹,这可以说是在传统审美意识和精神内质的基础上进行象征主义的本土创作;但是他们的创作既然同属于一个文学秩序之中,他们本身也是新的文学秩序的建构者,而异域舶来的象征主义既是辟开传统文学形式外衣的利剑,又是建构新文学秩序的手段和工具;因此,即使难以从史料上证实他们的本土生产与异域舶来的联系,也可以从文学秩序的角度窥见现代性的外在表现与潜在秩序的融合与统一。如果两者断裂,将直接导致文学秩序的崩溃和现代性的断裂。

第一节　变异的象征主义

如果说鲁迅、徐志摩和闻一多等作家带有明显象征主义特色的创作与西方象征主义之间的关系确实形迹难寻,那么"诗怪"李金发那种以晦涩甚至拙劣的半白话组合而成的创作虽然表现出变异的象征主义,却是在西方象征主义浸润之下开出的"恶之花"。

李金发能够进入现代文坛并暴得大名,是机遇和巧合,同时也是现代文学转型的必然要求。

李金发年少入私塾,后就读于香港圣约瑟中学,又转至上海入南洋中学留法预备班,1919 年五四运动之前就赴法国勤工俭学,直到 1925 年回国。因此在汉语上只是有一些私塾学习时期文言文功底以及受在香港所接受的自由语体的影响,并不知道当时胡适等人所倡导的白话文和国语运动。自 1919 年开始,19 岁的李金发就狂热地喜欢上了具有独特风格的波德莱尔和魏尔仑,但此时因语言——文言文根本无法表现怪异的空幻的意

---

① 殷国明:《20 世纪中西文艺理论交流史》,华东师范大学出版社 1999 年版,第 398 页。

象——的限制,他不得不订购国内的新文学刊物,接触了胡适、康白情、冰心和宗白华等人的新文学作品,但深受象征主义影响并与中国新文学运动完全隔绝的李金发并不看好这类新文学作品,认为它们只是歌谣、有哲理的短句诗而已。在这种既不能用文言文表达、又轻视国内白话文学语言的情形之下,李金发开始创造属于自己的语言表达方式。

第一部诗集《微雨》的第一首《弃妇》:

"长发披遍我两眼之间,
遂隔断了一切羞恶之疾视,
与鲜血之激流,枯骨之沉睡。
黑夜与蚊虫联步徐来,
越此短墙之角,
狂呼在我清白之耳后,
如荒野狂风怒号;
战栗了无数游牧。

靠一根草儿,与上帝之灵往返在空谷里。
我的哀戚惟游蜂之脑能深印着;
或与山泉长泻在悬崖,
然后随红叶而俱去。

弃妇之隐忧堆积在动作上,
夕阳之火不能把时间之烦闷
化成灰烬,从烟突里飞去,
长染在游鸦之羽,
将同栖止于海啸之石上,
静听舟子之歌。

衰老的裙裾发出哀吟,
徜徉在丘墓之侧,
永无热泪,
点滴在草地
为世界之装饰。"

诗中所出现的长发、鲜血、枯骨、蚊虫、荒野、灰烬、游鸦、丘墓等意象直接源于波德莱尔等象征主义诗人的影响,而诗中对"之"的滥用以及"遂""惟""俱去""联步徐来"等文言词汇的运用,构成了一种新异的语言风格。它们都是作者"于不经意中得之,少年自以为是时急就之,留西洋无人'批评指点',也没有先贤巨大的影子投下'影响焦虑'。如此留学,竟成隔绝,正好坚持走自己的路:不随流不媚俗不学样,天上地下惟我独尊,这才不依不傍,独成大家。也是一段至今有启示意义的妙事"。①

李金发不依不傍、惟我独尊的气势固然可嘉,但是"独成大家"却首先是一种机遇和巧合。当时的文坛主将胡适、沈尹默、刘半农、刘大白等人都是从人道主义立场来关注民众,在社会上是以启蒙者的姿态自居,李金发这种怪异的疏离的写作方式必然被排挤,名不见经传的23岁的李金发怀揣两本诗集《微雨》《荒年与食客》(出版时改为《食客与凶年》),可谓入文学而无门。实质上,李金发难以进入这种新文学秩序的根本原因在于,以胡适、陈独秀为首的新文学阵营中的众多作家虽然在文学语言和艺术形式上极力反叛,试图创造新文学,但是他们在精神内质上却始终难以逃脱唯美的、精英化的、中庸敦厚的古代文学审美倾向的魅影,这种新文学秩序在文学的本质思想上的改变其实是甚少的。正如胡适在距离新文化运动四十年之后的一次演讲时说:"我们回头来想一想,我们这个文学的革命运动,不算是一个革命运动,实在是一个中国文艺复兴的一个阶段。因此我们常常说说笑话:我们是提倡有心,创作无力;提倡有心也不能说是提倡有功。陈独秀、胡适之、钱玄同、刘半农这一班人,都不完全是弄文学的人,所以我们可以说是提倡有心。可是我们没有东西,比如那个时候我写了几首诗,现在我觉得我写诗的时候已经过去了。我一生只写了两个短篇小说。"②

扛着新文学大旗的胡适居然承认自己创作无力,并且认为文学革命只是中国文艺复兴罢了,可见当时新文学的秩序既是承续前人文学思想进行上升式的复兴,同时它的秩序也是混乱的、无力的。正因为新文学本质上具有承续性的"文艺复兴性质",所以李金发变异的象征主义文学思想是难以进入新文学的秩序之中的;而正是新文学秩序的混乱、无力,才有了李金发进入新文学并"独成大家"的机遇。

---

① 赵毅衡:《李金发:不会写作,才会写诗》,《作家杂志》2002年第10期。
② 胡适:《中国文艺复兴运动》,选自姜义华编:《胡适学术文集·新文学运动》,中华书局1993年版,第295页。

在收到李金发从国外寄来的《微雨》和《荒年与食客》之后,周作人敏感地意识到这种怪异的诗风或许能给徘徊不定的混乱的文坛注入一点别样生气,于是立即回信赞之曰"这种诗是国内所无,别开生面的作品"。周作人作为北京大学教授和文坛首领,对李金发诗歌的称赞真可谓"一经品题身价百倍"。随后《微雨》被周作人列为"新潮社文艺丛书之八"①,1925年11月由北新书局出版。暴得大名之后又于1926年和1927年分别出版《为幸福而歌》和《食客与凶年》,进一步奠定了其象征主义"诗怪"的独特地位。

　　如果说李金发暴得大名是一种巧合,那么暴得大名之后象征主义在中国的滥觞却是现代文学转型的必然要求。李金发回国之前被周作人介绍给在法国留学的刘半农等人认识,却最终因文学主张和风格迥异不欢而散,被排斥在新文学之外。然而30年代之后,却被主流文学群体所认同,朱自清在编纂《中国新文学大系》诗歌卷时,把李金发列为最重要的诗人之一,选诗19首,仅次于闻一多、徐志摩和郭沫若。他认为"留学的李金发氏又是一支异军,他民九作诗,但《微雨》出版已经是十四年十一月。《导言》里说不顾全诗的题材,'苟能表现一切';他要表现的是'对生命欲揶揄的神秘及悲哀的美丽'。讲究比喻,有'诗怪'之称;但不将那些比喻放在明白的间架里。他的诗没有寻常的章法,一部分一部分可以懂,合起来却没有意思。他要表现的不是意思而是感觉或情感;仿佛大大小小红红绿绿第一串珠子,他却藏起那串儿,你得自己穿着瞧。"②朱自清对他的诗歌作了肯定的分析和评价,认为他的诗无章法却表现情感,表达方式怪异,是突起的异军,并把以他为代表的象征诗派与自由诗派、格律诗派合成为二三十年代的三大诗派。至此,李金发在新文学谱系中的位置得到了确认,并呈现出三分天下之大势。

　　从李金发创作半文半白的象征诗歌、得到周作人的赏识并暴得大名、与刘半农等人不欢而散到最后得到朱自清的确认并成为新文学秩序发展中不可或缺的一位人物,这整个过程显示出了李金发的变异象征主义与中国现代文学的现代性有极其密切的关系。

　　最初,周作人赏识李金发的诗作,并非完全出自对他诗作艺术性的欣

---

①　新潮社原本只是出版北京大学师生的著作,是非常有影响力的文艺丛书。但周作人对文学有创新的新人通常是鼓励和支持的,自1923年他把燕京大学的冰心的《春水》编入新潮社的文艺丛书之后,新潮社这种传统即被打破。1926年周作人把《微雨》作为"新潮社文艺丛书之八"由北新书局出版,可见他对李金发和象征主义的支持态度。

②　朱自清:《中国新文学大系·诗集·导言》,上海良友图书公司1935年版。

赏　《微雨》等诗集的艺术性常常为人所诟病,很大程度上是因为李金发诗作所表现出的对传统文学思想的内在反叛,而不仅仅是外在形式的革新。李欧梵认为这种内在的反叛是"李金发所实践的二度解放,至少曾暂时把中国的现代诗,从对自然与社会耿耿于怀的关注中解放出来,导向大胆、新鲜而反传统的美学境界的可能性。正如欧洲的现代主义一样,它可以说是反叛庸俗现状的艺术性声明"。① 周作人把反叛思想引入新文学之中,实质上是对当时文坛上摇旗呐喊者,以及真正具有新内质的新文学作品寡的现象进行刺激,试图以李金发式的怪异诗风来平息文学表面的虚华和激起文学内在精神与审美意识的新活力。

因此,李金发的变异象征主义最初只是作为一种手段和工具出现。从表征上看,它可以转移虚华的混乱的文坛和作家的注意力,那种"败血""腐肉""丘墓""磷光"等意象让虚华者感到震惊甚至恐惧,并进而使之反思新文学的发展。而在内质上,那种变异的恶魔意象可以引发具有无宗教信仰和注重现世的人本思想的中国作家和国民的玄思,不再只是追寻真理和现实意义,而导向直觉、情感和灵魂层面,"便是想要从眼睛看得到的物的世界去窥破眼睛看不到的灵的世界,由感觉所能接触的世界去探知超感觉的世界的一种努力","其言神秘,不酿于漠然的梦幻之中而发自痛切的怀疑思想,因之对于现实,不徒在举示他的外状,而在以直觉 intuition、暗示 suggestion、象征 symbol 的妙用,探出潜在于现实背后的 something(可以谓之为真生命,或根本义)而表现之"②。这种在内质上寻找"潜在于现实背后的 something"与中国传统文学寻找现世的价值和意义完全不同,其背离在思想和灵魂上冲击了中国作家已建构的传统文化心理和审美意识。

与此同时,李金发的作品虽为人诟病,而另一方面却在他所追求的"艺术的生命"上表现出了超前的现代性。中国传统文化与文学都是以儒家思想为根本的,只强调现世的生活和实用理性,把一切价值和意义都捆绑在世间生活、伦理道德和政治观念中而不作抽象的概念。从本质上讲,这种传统文学的实用理性与真正的艺术追求是相隔甚远的。艺术的生命来源于无功利的自由状态,李金发就曾谈到他所追求的希腊文明,"厌弃现实生活、经济、政治的纠纷,要把生活简单化,人类重复与自然接近。在爱伦比亚山上,赤足科头,轻歌曼舞,或疏林斜晖中,一阕 harpe,看群鸦绕树啊!

---

① 李欧梵:《中国现代文学中的现代主义》,台湾《现代文学》第 14 期,1981 年 6 月。
② 田汉:《新罗曼主义及其他》,《少年中国》杂志第 1 卷第 1、2 期,1920 年。

什么理想啊！同时我们崇尚享乐的人生，就是带奥奈萨斯 Dionysos 的创造了冲动的人生，在此乌烟瘴气中，过我们的艺术的生命。"①这种反现代化的、反实用理性的现代性正是李金发身上所体现出来的被周作人所看中的精神内质，它也是新文学最缺乏的艺术思维根基。

其后，从他与刘半农等人不欢而散到朱自清对他的确认，更加明晰地看出现代文学转型过程中文学秩序调整的趋向。刘半农比李金发大九岁，早在 1915 年《新青年》创刊时就是重要撰稿人之一，发表《相隔一层纸》《学徒苦》《卖萝卜人》等诗篇。1917 年应陈独秀之邀去北大讲授国文法，并出任《新青年》编辑，发表了《我之文学改良观》《诗与小说精神上之革命》等影响很大的文章。他积极提倡白话文、分段、句逗、新式标点等，1919 年还出席国语统一筹备会，起草了《国语统一进行方法案》并获得通过。1920 年由北京政府派遣赴英、法、德等国学习。从刘半农从 1915 年至认识李金发（1923 年左右）之前，他一直处于中国新文学的最前沿，充当着新文学运动的先锋，倡导文学改良、白话文、新韵、分段、句逗、新式标点等，参与国语统一运动，无不体现出其革新性和现代性的一面。然而他竟然与李金发这样具有现代思维的后辈文学青年在异国他乡不欢而散，除了性格和文学风格迥异以外，更重要的应该在于刘半农参与并倡导的现代文学（新文学）并没有摆脱传统文学思想的幽灵，这一幽灵在某种意义上说是他们的命定，形式的变化难以彻底革新他们的思想。如《相隔一层纸》："屋子里拢着炉火，／老爷吩咐开窗买水果，说'天气不冷火太热，／别任它烤坏了我。'／／屋子外躺着一个叫化（花）子，／咬紧了牙齿对着北风喊'要死'！／可怜屋外与屋里，／相隔只有一层薄纸。"②再如《学徒苦》："学徒苦！／学徒进店，为学行贾；／主翁不授书算，但曰'孺子当习勤苦！'／朝命扫地开门，暮命卧地守户（护）；／暇当执炊，兼锄园圃！／主妇有儿，曰'孺子为我抱抚。'／呱呱儿啼，主妇震怒，／拍案顿足，辱及学徒父母！／自晨至午，东买酒浆，西买青菜豆腐。／一日三餐，学徒侍食进脯。／客来奉茶；主翁倦时，命开烟铺！／复令前门应主顾，后门洗缶涤壶！／奔走终日，不敢言苦！"③

两首诗都是白话文，使用了多种新式标点符号，第二首诗还用到文言词汇和"新韵"，颇似民间歌谣，这是《新青年》上发表的标准现代文学作品。

---

① 李金发：《编辑后的话》，《美育》创刊号，商务印书馆 1928 年版。
② 刘半农：《相隔一层纸》，《新青年》四卷 1 号，1918 年 1 月 15 日。
③ 刘半农：《学徒苦》，《新青年》四卷 4 号，1918 年 4 月 15 日。

但是从诗中可看出两点:一是诗歌的主题表现的是社会不公平问题,对下层民众寄予了同情,并试图唤起人们对此问题的关注,显然是着眼于社会和国民性的改造,这种现代文学的现代性是与社会的现代化紧密相关的,这也是五四时期现代文学的主题思想。它把文学的革命融入社会变革之中,把文学秩序融入社会秩序之中,文学的现代性也几乎等同于社会的现代化,这就是当时现代文学转型依附社会现代化而表现出来的文学秩序。而李金发所表现出来的艺术追求是反现代化的,非功利的,非现实的,"赤足科头","轻歌曼舞",把写作当作"一种抒情的推敲,字句的玩意儿",注重想象、感觉、情绪、意象,这种文学思想就破坏了那种把文学与社会、道德联系起来构成的传统文学秩序,这大约也就是刘半农和李金发之间的根本分歧。二是刘半农《学徒苦》用到了文言词汇和"新韵",这实质上是初期现代文学在文学形式上对传统文学难以割舍的表现之一。刘半农在《我之文学改良观》中就谈到"第二曰文言、白话可暂处于对待地位。何以故? 曰,以二者各有所长、各有不相及处,未能偏废故。……但就平日译述之经验言之,往往同一语句,用文言则一语即明,用白话则两三句犹不能了解。是白话不如文言也。然亦有同是一句,用文言竭力做之,终觉其呆板无趣,一改白话,即有精神流露、'呼之欲出'之妙,则又文言不如白话也"。① 还建议以"土音"或者"京音"为标准建立韵律的定谱,通行全国。可见他这种改良思想只是对传统文学的局部调整,在文学形式上逐渐变革,而对于文学主题和文学思想问题远远没有触及。而李金发身在异域,在文学主题和形式上没有任何约束,虽然在汉语的运用上有些晦涩甚至生硬,但因无人批评也无先贤的"影响焦虑",其形式和思想没有任何禁区,是极其自由开放的,如《有感》:

  如残叶溅
  血在我们
  脚上

  生命便是
  死神唇边
  的笑

---

① 刘半农:《我的文学改良观》,《新青年》三卷3号,1917年5月7日。

诗歌主题并不像刘半农等现代作家一样表现人与社会的关系,而是表现出对生命意蕴的玄思和探索,同时在形式也极其自由,音节是跳跃的断裂的,意象是残酷的、恐怖的,白话文,无韵律。这种悲情的异域特色显然也是与现代文学产生的话语环境不协调的,由此可见刘半农与他的不欢而散,实质上是现代文学秩序对他排斥。

1935年朱自清在"新文学大系"的文学谱系图中把李金发作为三大派别之一象征主义的代表诗人而收录其诗作,其地位才最终得到主流文学的确认。他被新文学秩序完全接纳的原因,大致有两个重要因素。一是现代文学的秩序更加开放,以"兼容并蓄"的姿态融汇了各种文学主张和创作方式,并逐渐调整从而形成更加"现代"的现代文学秩序。周作人早在1921年就以高姿态对象征主义的积极意义作了比较公允的评价:"唯际幻灭时代,绝望之哀,愈益深切,而执着现世又特坚固,理想之幸福既不可致,复不欲遗世以求安息,故唯努力求生,欲于苦中得乐,以刺激官能,聊保生存之意识","他的貌似的颓废,实在只是猛烈的求生意志的表现,与东方式的泥醉的消遣生活,绝不相同。所谓现代人的悲哀,便是这猛烈的求生意志与现在的不如意的生活的挣扎。"①但他也有意地误读象征主义,认为它具有强烈求生意志,执着于现实而努力地挣扎,把象征主义的反现代化倾向误读为反现实从而通过努力挣扎来改造现实,达到现代化的目标,把象征主义所体现的反现代化的现代性在观念上转化为依附并促进现代化的现代性,从而接纳象征主义并对之作了一个有益于新文学秩序建构的引导。

二是李金发也自发甚至自觉地向新文学的主流方向靠拢。就李金发的前期创作而言,他已经开始有意识地改变自己的风格和关注点,以期适应中国的社会文化语境和新文学秩序。他在第二本诗集《食客与凶年》的《自跋》中说:"余每怪异何以数年来关于中国古代诗人之作品,既无人过问,一意向外采辑,一唱百和,以为文学革命后,他们是荒唐极了的,但从无人着实批评过,其实东西作家随处有同一之思想,气质,眼光和取材,稍为留意,便不敢否认,余于他们的根本处,都不敢有所轻重,惟每欲把两家所有,试为沟通,或即调和之意。"②由此可见,诗集中的诗歌虽大多模仿西方象征主义诗人的创作方式,但实质上他是很崇尚中国古典诗歌的,并且认

---

① 周作人:《三个文学家的纪念》,《晨报副刊》1921年11月14日。
② 李金发先后创作了《微雨》《荒年与食客》和《为幸福而歌》,《荒年与食客》在1927年5月由北新书局出版时改为《食客与凶年》,并且出版时间稍晚于《为幸福而歌》。

为中西诗歌有诸多相同之处,可互为沟通和融合。这种对中国古典文学及其文学思想的认同,在一定意义上也是对没有彻底摆脱古典文学思想意识的新文学秩序的妥协。而第三本诗集《为幸福而歌》是诗人婚后对自己生活各个方面的抒写,他在《弁言》中说"这多半是情诗及个人牢骚之言。情诗的卿卿我我,或有许多阅者看得不耐烦,但这种公开的谈心,或能补救中国两性间的冷淡;至于个人的牢骚,谅阅者必许我以权利的",不仅在内容上改变了怪异风格而大多属于情诗或牢骚,而且在封面上的书名为"顶天",著者为"立地",中间是一幅水彩人物画,画面是一个扭动身子的金发裸女,全身裸露,仅在下身围有一条丝巾,背景是蓝天白云和树丛绿地。①

1942 年出版的诗文集《异国情调》②更是作了极大转变。此诗文集收论文二篇、随笔十二篇、小说三篇、游记二篇、诗十二首,主要围绕他的写作经历和当时的社会形势来做文章的。如《从周作人谈到"文人无行"》,此文主要是根据抗战形势来攻讦周作人的投敌行为,但同时他的回忆也再现了一段文坛旧事:

> 我与周作人无"一面之缘",但与他通过好几次的信,且可以说是他鼓励我对于象征派诗的信心。记得是一九二三年春天,我初到柏林不满两个月,写完了《食客与凶年》,和从前写好的《微雨》两诗稿,冒昧地(那时他是全国景仰的北大教授,而我是一个不见经传二十余岁的青年,岂不是冒昧吗?)挂号寄给他,望他"一经品题声价十倍"。那时创作欲好名心,是莫可形容的。那时在巴黎的李璜,也是能赏识我的诗,给我增加自信心的一人。
>
> 两个多月果然得到周的复信,给我许多赞美的话,称这种诗是国内所无,别开生面的作品。"那时人家还不会称为象征派",即编入新潮社丛书,交北新书局出版。我这半路出家的小伙子(十九岁就离开中国学校,以后便没机会读中国书籍),得到这个收获,当然高兴得很。
>
> 到一九二五年,我回国来,《微雨》已出版,果然在中国"文坛"引起一种微动,好事之徒,多以"不可解"讥之,但一般青年读了都"甚感兴趣",而发生效果。象征派诗从此也在中国风行了。

---

① 张泽贤:《书之五叶:民国版本知见录》,上海远东出版社 2005 年版。
② 李金发:《异国情调》,商务印书馆 1942 年版。

然而到了1940年代,当年的"诗怪"已不复存在了,他自己也在《异国情调·卷首语》中说:"象征派诗出风头的时代已过去,自己亦没有以前写诗的兴趣了,姑存此几首,聊作纪念而已。"而收在诗集中的十二首诗,一改他过去的诗风,取材不怪,诗句畅晓明白。如《无依的灵魂》《春的瞬息》《轻骑队的死》《人道的毁灭》等也都是弘扬反侵略的爱国精神。最后一首从画报上摘录下来的英文诗翻译而成的《苏俄之歌》,开首四句便是:"苏维埃之联邦兮,/为万民之所亲爱,/和平与进步之希望之所由兮,/举世无其俦匹。"最后四句是:"所有苏维埃之公民兮,/将永享研读与休息之权益。/如仇雠试行毁灭离间吾亲爱之邦国兮,/吾人将用如闪电雷霆之报答。"前后诗风变化之大着实令人惊异,然而在当时社会现代化的语境中,要么坚持自己独特的审美现代性而导致在社会文化阵地上"失语",要么顺应社会现代化趋势而丧失自己的文学个性,而大多数文人选择了后者,自有他们的合理性。

至此,我们可以发现李金发及其变异的象征主义与新文学秩序关系的变化历程:最初被作为解构旧文学思想的工具,虽然在此之后遭到主流文学中部分文人的攻讦,但终究还是被作为象征主义代表人物纳入新文学体秩序之中;他变异的象征主义本是蕴涵着反现代化的现代性,然而在1930年代至1940年代不断变化着的社会文化和外部局势主导下,不得不以牺牲自己所追求的"艺术的生命"而依附于革命化和现代化,最终消匿于新的文学秩序之中。

第二节　象征主义之滥觞

现代文坛上最早译介象征主义文学作品及理论的当属沈雁冰和谢六逸。1919年沈雁冰翻译里梅特林克的象征主义戏剧《丁泰琪之死》,1920年又发表《表象主义的戏曲》《我们可以提倡表象主义文学么?》,谢六逸也同时发表《文学上的表象主义是什么?》。他们的文章大多发表于当时影响较大的《小说月报》杂志上,因此开始引起文学界的关注,发表了很多介绍象征主义理论的文章①,自此之后中国现代文坛上开始有意识自觉接受象征主义文学思潮。

在初期象征主义传播过程中,现代文坛表现出积极的态度,对国外作家及理论的译介和研究也表现出极大的兴趣。沈雁冰甚至指出:"西洋古典主义的文学到卢骚方才打破,浪漫主义到易卜生告终,自然主义从左拉起,表象主义是梅德林开起头来,一直到现在的新浪漫主义……我们中国现在的文学只好说徘徊在'古典'与'浪漫'之间。"②他所言的"表象主义"和"新浪漫主义"分别指的是象征主义和现代主义,而他认为现代主义是从象征主义开始,而中国现在的文学处于古典主义和浪漫主义之间,需要进一步地向前("表象主义"和"新浪漫主义")发展,充分地肯定了象征主义,也对中国新文学的前景充满着信心。谢六逸在《文学上的表象主义是什么?》一文中把西洋文学依次分为古典主义、浪漫主义、写实主义和表象主义(新浪漫派),也把表象主义(新浪漫派)作为西洋文学发展的趋势来分析其积极意义。这与美国当代著名文学批评家韦勒克的观点相似,韦勒克认为西方中世纪之后的文学史经历了完整而且连续的时期,即文艺复兴→巴罗克→古典主义→浪漫主义→现实主义→象征主义→现代主义,象征主义主要是指1885年至1914年,把波德莱尔作为象征主义的准备期,而把瓦雷里、里尔克、艾略特作为后期象征主义来对待。③ 西方象征主义的历史不到三十年,但它作为西方文学史上一个特定的重要时代,其传入让中国现代文坛上众多作家看到了希望,产生了一大批或模仿或受其影响的作品。

更可喜的是,在接受西方象征主义文学思潮的同时,中国作家开始理性地思考和选择,创造了逐渐成熟的本土化的象征主义理论。如以创作《微雨》(1922创作,1925年出版)等象征主义作品而暴得大名的李金发,经

---

① 此时期影响较大的文章还有周作人的《三个文学家的纪念》,《晨报副刊》1921年11月14日;田汉《新罗曼主义及其他》,《少年中国》1920年1卷1、2期;田汉《恶魔诗人波陀雷尔的百年祭》,《少年中国》1921年3卷4、5期;沈雁冰《〈小说新潮栏〉宣言》,《小说月报》1920年11卷1期;易家钺《诗人梅德林》,《少年中国》1920年1卷10期;穆木天《谈诗——寄沫若的一封信》,王独清《再谈诗——寄给木天伯奇》,《创造月刊》1卷1期,1926年3月16日;李金发《艺术之本原与命运》,《美育》杂志1929年10月第3卷。
② 沈雁冰:《〈小说新潮栏〉宣言》,《小说月报》1920年11卷1期
③ 韦勒克:《文学研究中的巴罗克概念》《文学史上的浪漫主义概念》《浪漫主义的再考察》《文学研究中的现实主义概念》等文章中均有详细论述,参见韦勒克《文学思潮与文学运动的观念》,中国社会科学出版社1989年版。

过了数年的思考,于1929年写出中国象征主义的宣言书①:

> "诗意的想象,似乎需要一些迷信于其中,如此它不宜于用冷酷的理性去解释其现象,以一些愚蒙朦胧,不显地尽情去描写事物的周围……夜间的无尽的美,是在其能将万物仅显露一半,贝多芬及全德国人所歌咏之月夜,是在万物都变了原形,即最平淡之曲径,亦充满着诗意,所有看不清的万物之轮廓,恰造成一种柔弱的美,因为暗影是万物的装服。月亮的光辉,好像特用来把万物摇荡于透明的轻云中,这个轻云,就是诗人眼中所常有,他并从此云去观察大自然,解散之,你便使其好梦逃遁,任之,则完成其神怪之梦及美也。"

他崇尚的是朦胧柔弱的美感,强调想象和感觉,排斥理性,要尽显稍有变形的万物之轮廓,推崇诗意的流动性、不确定性及神秘性。而1886年法国莫雷亚斯《象征主义宣言》②则是:

> "象征主义诗歌作为'教诲、朗读技巧、不真实的感受力和客观的描述'的敌人,它所探索的是:赋予思想一种敏感的形式,但这形式又并非探索的目的,它既有助于表达思想,又从属于思想。同时,就思想而言,决不能将它与其外表雷同的华丽长袍剥离开来。因为象征艺术的基本特征就在于它从来不深入到思想观念的本质。因此,在这种艺术中,自然景色,人类的行为,所有具体的表象都不表现它们自身,这些富于感受力的表象是要体现它们与初发的思想之间的秘密的亲缘关系。"

在莫雷亚斯那里,并不排斥理性和思想,他强调具体的表象与初发的思想之间的一种亲缘关系,通过赋予思想以形式但又不深入思想观念的本质,从而达到象征的目的。虽然他把"教诲"和"客观的描述"作为象征主义的敌人,但是从他的思想主张来看,仍然带有现实主义的痕迹。如果说莫雷亚斯的象征主义仍然与现实主义有或隐或现的联系,那么李金发则更多

---

① 李金发:《艺术之本原与命运》,《美育》杂志1929年10月第3卷,可参看王运熙主编《中国文论选》现代卷中册,江苏文艺出版社1996年版,第3页。

② 吴晓东:《象征主义与中国现代文学》,安徽教育出版社2000年版,第27页。

的是富于浪漫主义气息,因此他往往被人称作"新浪漫派",这种浪漫气息在之后的戴望舒、徐志摩、冯至等诗人的作品中有突出表现。

另一位对中国象征主义作了更加理性地思考并进行中西对比式阐述的是梁宗岱。他在《诗与真》和《诗与真二集》中对象征主义进行了多方面的分析,并提出中国式的理解。首先,他并不赞同象征主义是舶来品,"只是因为这所谓象征主义,在无论任何国度,任何时代的文艺活动和表现里,都是一个不可或缺的普遍和重要的元素罢了"①,认为中国自古就有象征主义,《文心雕龙》中云:"兴者,起也;起情者依微以拟义。"他认为象征可以用"依微拟义"来阐释,"一片自然风景映入我们眼帘的时候,我们猛然感到它和我们当时或喜,或忧,或哀伤,或恬适的心情相仿佛,相逼肖,相会合。我们不模拟我们的心情而把那片自然风景作传达心情的符号,或者,较准确一点,把我们的心情印上那片风景去,这就是象征"。他还引用谢灵运"池塘生春草,园柳变鸣禽"和陶渊明"采菊东篱下,悠然见南山",认为前者是"以我观物,物固着我的色彩,我亦受物的反映。可是物我之间,依然各存本来的面目",后者则是"物我或相看既久,或猝然相遇,心凝形释,物我两忘;不知何者为我,不知何者为物",后者才是真正的象征。② 而这与王国维在《人间词话》中所言的"有我之境"与"无我之境"同出一辙。他甚至还认为法国的马拉美酷似我国宋代的姜白石,"他们底诗学,同是趋难避易(姜白石曾说'难处见作者',马拉美也有'不难的就等于零'一语);他们底诗艺,同是注重格调和音乐;他们的诗境,同是空明澄澈,令人有高处不胜寒之感;尤奇的,连他们癖爱的字眼如'清''苦''寒''冷'等也相同。我说'连他们癖爱的字眼……'其实有些字是诗人们最隐秘最深沉的心声,代表他们精神底本质或灵魂底怅望的,往往在他们凝神握管的刹那有意无意地流露出来。这些字简直就是他们诗境的定义或评语。试看姜白石底'数峰清苦,商略黄昏雨','二十四桥,仍在波心,荡冷月无声','千树压西湖寒碧'或'嫣然摇动,冷香飞上诗句'"③。由此可见,他试图从"兴"、姜白石到王国维这条古典文论的线索中找出象征的源流,以证实新文学中所出现的象征派是受了西方影响而挖掘中国传统文学中蕴涵的象征理论而发展起

---

① 梁宗岱《象征主义》,选自王运熙主编《中国文论选》现代卷中册,江苏文艺出版社 1996 年版,第 374 页。
② 梁宗岱:《象征主义》,同上,第 376 页。
③ 梁宗岱:《谈诗》,此文写于 1934 年 9 月 12 日,选自《诗与真二集》,商务印书馆 1936 年版。

来的。这与周作人在为刘半农《扬鞭集》作的序言中所说的不谋而合:"新诗的手法,我不很佩服白描,也不喜欢唠叨的叙事,不必说唠叨的说理,我只认抒情是诗的本分,而写法则觉得所谓'兴'最有意思,用新名词来讲或可以说是象征。……凡诗差不多无不是浪漫主义的,而象征实在是其精意。这是外国的新潮流,同时也是中国的旧手法,新诗如往这一路去,融合便可成功,真正的中国新诗也就可以产生出来了。"①

梁宗岱还对西方象征主义的"通感论""契合论""暗示性""纯诗"等理论作出了自己独特的理解和阐释。他规定了象征的两个特性:融洽或无间,即诗的情与景、意与象的惝恍迷离,融为一体;含蓄或无限,即诗歌暗示给我们的意义和兴味的丰富与隽永。实质上是用情景交融来阐释"通感论",用兴味来揭示"暗示性"的涵义;他还以"形骸俱释的陶醉和一念常惺的彻悟"来阐释"契合论",而兴味、顿悟、情景融合、形骸俱释等等或直接是中国古代文论范畴或蕴涵其思想。另外他认为马拉美是西方纯诗的代表,而姜白石是中国纯诗的代表,这些也都显示出他力图创造一种中西融合的象征主义理论的良苦用心。而他本质上又难以脱离西方理论语境,虽然重新阐释了诸多范畴,但最终还是无法达到真正融合而产生支持中国新诗发展的理论系统,只是在浪漫、象征甚至现实之间徘徊,这在他对里尔克的散文《布列格底随笔》②的翻译中可见一斑:

"一个人早年作的诗是这般乏意义,我们应该毕生期待和采集,如果可能,还要悠长的一生;然后,到晚年,或者可以写出十行好诗。因为诗并不像大众所想的,徒是情感(这是我们很早就有了的),而是经验。单要写一句诗,我们得要观察过许多城许多人许多物,得要认识走兽,得要感到鸟儿怎样飞翔和知道小花清晨舒展姿势。要得能够回忆许多远路和僻境,意外的邂逅,眼光望着它接近的分离,神秘还未启明的童年,和容易生气的父母,当他给你一件礼物而你不明白的时候(因为那原是为别一人设的欢喜)和离奇变幻的小孩子的病,和在一间静穆而紧闭的房里度过的日子,海滨的清晨和海的自身,和那与星斗齐飞的高声呼号的

---

① 刘半农:《扬鞭集》(上),上海北新书局1926年版。
② 梁宗岱《论诗》,是他于1931年3月21日在德国海黛山之尼迦河畔写给徐志摩的信,在此文中翻译了里尔克的散文以表明自己对新诗的观点,发表于《诗刊》1931年4月第2期。

夜间的旅行——而单是这些犹未足,还要享受过许多夜夜不同的狂欢,听过妇人产时的呻吟,和堕地便瞑目的婴儿轻微的哭声,还要曾经坐在临终的人的床头,和死者的身边,在那打开的,外边的声音一阵阵拥进来的房里。可是单有记忆犹未足,还要能够忘记它们,当它们太拥挤的时候;还要有很大的忍耐去期待它们回来。因为回忆本身还不是这个,必要等到它们变成我们底血液、眼色和姿势了,等到它们没有了名字而且不能别于我们自己了,那么,然后可以希望在极难得的顷刻,在它们当中伸出一句诗的头一个字来。"

他在强调情感的同时,尤其注重经验,而那种经验要么像"感到鸟儿怎样飞翔和知道小花清晨舒展姿势"一般的浪漫气息,或是"狂欢""呻吟""哭声""神秘还未启明的童年""死者的身边"等,而等到它们都变成了我们的"血液、眼色和姿势",就具有一种绝妙的象征意味,这时才能作出诗来,而这整个过程中所有的一切最初都来源于现实的经验。

与梁宗岱这种在浪漫、象征和现实之间徘徊不同,穆木天、王独清、冯乃超等人则表现出巨大的反差。1926 年穆木天和王独清同时在同一刊物《创造月刊》上分别发表《谈诗——寄沫若的一封信》和《再谈诗——寄给木天伯奇》,开始自觉地把象征主义内化为关于中国新诗的象征主义理论。穆木天曾深情地谈到:"我忽的想作一个月光曲,用一种印象的写法,表现月光的运动,与草原林木水沟农田房屋的浮动的称合,及水声风声的响动的振漾,特在轻轻的纱云中的月的运动的律的幻影。"① 而王独清制定出诗歌的公式:(情+力)+(音+色)=诗。他们都追求一种音乐般的美感,从象征主义中提取适合新诗发展的理论并加以重释。可是 20 年代末期之后,他们纷纷否定了自己之前的创作和理论。王独清在大革命之后总结自己之前的诗作,认为那只是"无聊的呓语",而下定决心要转向大众文学,最后却成了一种既无象征也无大众的四不像。而穆木天在 1930 年总结自己的文艺生活时说:"我已往的文艺生活,完全是一场幻灭……我所走上的那文学旅途,是完全错误了。……因为那种诗,无论形式的怎么好,是如何的有音乐性,有艺术性,在这个时代,结果,不过把青年的光阴给浪费些。"②

---

① 穆木天:《谈诗——寄沫若的一封信》,《创造月刊》1 卷 1 期,1926 年 3 月 16 日。
② 穆木天:《我的文艺生活》,《大众文艺》2 卷 6 期,1930 年 6 月。

而对冯乃超只需比较其前后诗作即可看出差别之大,前期"乌云丛簇地丛簇地盖着蛋白色的月亮/白练满河流若伏在野边的裸体的尸僵//红纱的古灯缓缓地渐渐地放大了光晕/森严的黑暗的殿堂撒满了庄重的黄金",其意象之妙,颇有波德莱尔之遗风,与李金发也有几分相似,甚至在语言上超过前者;而后期却是"让诗歌的触手伸到街头,伸到穷乡,/让它吸收埋藏土里未经发掘的营养,/让它哑了的嗓音湿润,断了的声带重张,/让我们用活的语言作民族解放的歌唱",用通俗的大众语言喊着空洞的口号,以一种泯灭个性的阶级感情抹杀了应有的诗意。

从初期的沈雁冰、谢六逸、李金发,之后的梁宗岱,再到穆木天、王独清、冯乃超,整个过程的变迁之奇,以及他们自身的前后变化之大,无不显示现代文坛上象征主义之怪现状:

20世纪20年代左右,中国现代文坛上新旧文学之争论、白话文言之争论、新学国学之争论、新旧文化及中西文化之争论正炙,在此形势之下引入西方象征主义试图独辟蹊径固然可取,但是他们只一意模仿,并无创见,其神秘性、不确定性和空幻的浪漫气息与当时文化之大争论并不适宜,也不足以以此作为与旧秩序分庭抗礼并建构新秩序的制胜之举。然而当时的文坛大家们却无不受之影响而创作出或拙劣或自成一格的象征主义作品,甚至对其理论予以宣扬和阐释,此一怪。

从梁宗岱等人对象征主义的重释中可看出,他们即使试图着力引入新创作方法和新理论以冲击旧文学秩序,并以此推动新文学秩序的建构,但是他们在本质上仍然难以舍弃中国古典传统,只不过"沿袭了新意象派的外衣,或形式,而骨子里仍是传统的意境"[1]。而且他们或深入艺术而表现出浪漫气息,或关注现实而蕴涵现实因素,其立场飘忽不定,此二怪。

穆木天、王独清和冯乃超等对自己早期象征主义文学创作的清算,无疑是对把西化作为新文学发展的唯一方式的矫枉,正如袁可嘉所言的新诗的现代化不等同于新诗的西洋化,"现代化是时间上的成长,西洋化是空间上的变易:新诗之不必也不可能变为那个空间,而新诗之可以或必须现代化正如一件有机生长的事物已接近某一蜕变的自然程序,是向前发展而非连根拔起"[2]。这说明新文学的现代性秩序并非通过移植而产生的,而是在时间必须承接历史向前发展,穆木天等人虽意识到新文学不能仅靠时间

---

[1] 孙作云:《论"现代派"的诗》,《清华周刊》第43卷第1期。
[2] 袁可嘉:《新诗戏剧化》,《诗创造》第12期,1948年。

上的西洋化,却又矫枉过正,全盘否定之前的创作而直面现实,甚至把文学作为支持抗战、鼓舞人心和改造现实的宣传品,最终逐渐远离文学的艺术性和审美特征,此三怪。

此时期内众多作家都是自反叛旧文学秩序而进入新文学的,尤其象征派或受象征主义影响的诸多作家,更是从空间上进行中西对比从而否定传统的旧文学,试图走出那种备受压抑的旧文学秩序,却同时又给自己加上新的锁链,如梁宗岱所言"我从前是极端反对打破了旧镣铐又自制新镣铐的,现在却两样了。我想,镣铐也是一桩好事(其实文底规律与语法又何尝不是镣铐),尤其是你自己情愿带上,只要你能在镣铐内自由活动"①。这种新文学秩序实质上是砸了"旧镣铐"并以之熔炼锻造出来的"新镣铐",他们既因旧文学秩序的束缚所产生的心理恐惧而反对新秩序的限制,却同时又依赖着新文学秩序,大有戴着镣铐舞蹈之意,此四怪。

在诸多象征主义怪现状的背后,有一个根本性的问题在起主导作用,即现代性。现代性不是包括象征主义在内的现代主义的现代性,现代主义在中国现代文学中引起了巨大的反响,但它并不能处于文学中心地位,并不能主导整个文学秩序,它只以其独有的批判姿态来刺激主流文学的发展,它能一度冲击旧文学秩序并引起主流文学的恐慌,但是在恐慌之后主流文学适时地调整了其理论与创作,重新整顿文学发展态势,在新的语境和社会文化中依然形成相对稳定的文学秩序,表现出无序的秩序性和不确定性。正如波德莱尔所言:"现代性就是过渡、短暂、偶然,就是艺术的一半,另一半是永恒和不变。"②一种秩序一旦建立,它就永远存在着永恒的一半,现代主义的流行并不能帮助新文学彻底地摧毁已有的文学秩序,在从"流行的东西中抽取出它可能包含着的在历史中富有诗意的东西,从过渡中抽出永恒"之后,文学秩序以新的面貌出现,现代主义在这一文学秩序中只是过客,而中国现代文学的现代性也绝不是现代主义的现代性,而是这种文学秩序在裂变、调整和重构的不断变化和演进过程中体现出的独特性。

---

① 梁宗岱:《论诗》,《诗刊》1931年4月第2期。
② 波德莱尔《现代生活的画家·现代性》,郭宏安译《波德莱尔美学论文选》,人民文学出版社1987年,第485页。

第三节　苦闷的象征

　　自1918年发表《狂人日记》之后,鲁迅开始引起北京、上海等地读者的关注,在《狂人日记》被选进小学国文课本之后,其知名度更是大增。自1920年起,鲁迅就被北京大学等高校聘为讲师,尤其是1923年至1924年出版了《中国小说史略》上下卷,在北京各高校师生中名声大盛,许钦文、冯至等人均在回忆录中提到当时在鲁迅课堂听课人头攒动的情形。在文学界和学术界的地位让鲁迅年轻时的激情和优越感全都迸发出来,如王晓明在《鲁迅传》中评述的"仔细看他返回中国之后的种种悲愤情绪,种种自居牺牲,甘愿待死的举动,都少有一般沮丧者的颓唐气息,倒是常常会显出激烈的意味,就更能够体会他骨子里的优越感,惟其有过那样崇高的自许,却偏偏到处碰壁,才会转而酿成激烈的自绝冲动。因此,一旦他能够引来青年人的瞩目,获得社会的承认,压在心灵深处的自尊情感就立刻会冒上心头。何况中国文人向来有重视功名的传统,鲁迅在南京求学时,曾模仿《离骚》的格式作过一首长诗,最后两句曰'他年芹茂而樣香兮,必异借以相酬',就充分表现了这种功名心。我可以肯定,随着社会名誉的日渐增长,他的自信也一点一点恢复,先前那些受人轻蔑、走投无路的记忆,应该一天比一天淡薄了。"①

　　北京大学作为新文化运动和五四运动的核心地,在新文化和新文学秩序中是极其重要的主导因素,而鲁迅作为北京大学颇受欢迎的大龄讲师,可谓是大器晚成又意气风发,然而在这种逐渐忘却了过去"受人轻蔑、走投无路"的颓唐的时候,鲁迅却又于1924年开始翻译厨川白村的《苦闷的象征》并以之作为"文学批评"的讲义,而译作的观点也代表了他的想法。他是在反古典主义的基础上赞同厨川白村的对于"两种力"和"生命力的根底"的说法,"用了什么美的快感呀,趣味呀等类非常消极底的宽缓的想头可以解释文艺,已经是过去的事了。文艺倘不过是文酒之宴,或者是花鸟风月之乐,或者是给小姐们散闷的韵事,那就不知道,如果是站在文化生活的最高位的人间活动,那么,我以为除了还将那根底放在生命力的跃进上,来作解释之外,没有别的路"。② 而这种生命力并不只是积极向上的,它包

---

① 王晓明:《无法直面的人生——鲁迅传》,上海文艺出版社1993年版,第126页。
② 鲁迅译厨川白村《苦闷的象征》,《鲁迅全集》第13卷,人民文学出版社1973年版,第45页。

括创造生活的欲求和强制压抑之力。此时鲁迅的外在表现是创造生活的欲求方面,是那种"不愿意凝固和停滞,避去妥协和降服,只寻求着自由和解放的生命的力"①。在这一时期内鲁迅创作了《热风》《彷徨》和《野草》等集,还翻译厨川白村《走出象牙之塔》;另赴香港、上海、广州及中山大学、岭南大学、黄埔政治学校、知用中学、劳动大学、立达学园、复旦大学、暨南大学、大夏大学、中华大学、光华大学等地演讲,可见其寻求自由和解放的生命力处于积极勃发状态。

但他更注重的是强制压抑之力,并且分外在和内在两个方面来阐释这种力。从外在来讲,人是社会存在物(social being),在社会这样一个有机体中,"作为一分子要生活着,便只好必然地服从那强大的机制"②,这种机制必然会压制人的个性和创造的欲望。从内在来讲,人是道德存在物(nomal being),就必然压制人们因社会存在而产生的与家族、国家和社会调和的一些欲望,因此难以满足人自身的本能。实质上,厨川白村这里借用了伯格森和弗洛伊德的理论,鲁迅在《苦闷的象征·引言》中也谈到"作者据伯格森一流的哲学,以进行不息的生命力为人类生活的根本,又从弗罗特一流的科学,寻出生命力的根底来,即用以解释文艺——尤其是文学。然与旧说又小有不同,伯格森以未来为不可测,作者则以诗人为先知,弗罗特归生命力的根底于性欲,作者则云其力的突进和跳跃"。③ 鲁迅是赞同这一观点的,而且认为"生命受了压抑而生的苦闷懊恼乃是文艺的根底"④,而同时又极其反对极端社会和虚假道德对个性和自由的压抑。因此鲁迅非常强调象征主义,在译文中对象征主义也作了详细地阐释:"或一抽象的思想和观念,决不成为艺术。艺术的最大要件,是在具象性。即或一思想内容,经了具象的人物、事件、风景之类的活的东西而被表现的时候;换了话说,就是和梦的潜在内容改装打扮了而出现时,走着同一径路的东西,才是艺术。而赋予这具象性者,就称为象征(symbol)。所谓象征主义者,绝非单是前世纪末法兰西诗坛的一派所曾经标榜的主义,凡有一切文艺,古往今来,是无不在这样的意义上,用着象征主义的表现法的。"⑤虽然他赞同象乃是一切文艺的表现方法而已,但在内心深处和思想意识

---

① 《鲁迅全集》第 13 卷,第 23 页。
② 《鲁迅全集》第 13 卷,第 25 页。
③ 《鲁迅全集》第 13 卷,第 18 页。
④ 《鲁迅全集》第 13 卷,第 39 页。
⑤ 《鲁迅全集》第 13 卷,第 51 页。

上,鲁迅所体现出来的"压抑""苦闷懊恼"和"象征"虽用来指称一切文艺,但是它与西方象征主义那种的颓废、空幻、虚无和恐惧之感颇为相似,而且《狂人日记》和《野草》等集也明显地带有象征主义特征。

这一时期鲁迅的文学主张和作品染上象征主义色彩,与文化秩序、社会秩序和家庭因素不无相关。鲁迅接连与北京师范大学校长范源濂、北京女子师范学校校长杨荫榆、教育部部长章士钊以及陈西滢等人发生冲突,抨击其对学生的压制,以笔墨官司的形式抗击其专制的文化政策和秩序。而且此时鲁迅还在教育部兼职,社会政治的改革也愈加令鲁迅感到窒息,可是他因要养家又不得不躬身其中,无法保持知识分子独有的个性和独立性。这些在外界遭受的痛苦也没有在家里获得半点安慰,1923 年 7 月 18 日周作人交给他的一封绝交书让他失去了最可贵的亲情。鲁迅在 1925 年 3 月 11 日致许广平的信中也谈到他的苦痛,"苦痛是总与人生联带的,但也有离开的时候,就是当熟睡之际。醒的时候要免去若干苦痛,中国的老法子是'骄傲'与'玩世不恭',我觉得我自己就有这毛病,不大好。"①可是在这诸多的打击之后,鲁迅对无序的社会失去了信心,甚至丧失了启蒙者独有的"骄傲"和清醒,一度感到空虚,如王晓明所言:"这虚无感不同于启蒙者的悲观。你想驱除黑暗,却发现不能成功,那黑暗或竟会长存于人间:这是悲观。它会使人丧失信心,却不一定会使人停止行动,即便没有胜利的可能,你也可以作自杀式的冲锋,可以当肩住闸门的牺牲,这种冲锋和牺牲本身,便可以确立你的价值,是否胜利,其实倒不重要了。虚无感却不同,它虽然包含对战胜黑暗的悲观,但它同时又怀疑在黑暗之外还有其他的价值,倘若天地之间只有黑暗是'实有',这黑暗也就不再是黑暗了。因此,你一旦陷入这样的虚无感,就会迅速失去行动的热情,牺牲也罢,反对也罢,都没有意义,人生只剩下一个词:无聊。"②这种虚无、黑暗、悲观、无聊让鲁迅彻底地对现有社会秩序产生绝望,以为不管是天神还是魔鬼,他们的战斗并非争夺天国,而只是在争夺地狱的统治权,所以无论谁胜,地狱照样还是恐怖的地狱。这地狱般的社会秩序让鲁迅感到周身的寒冷,甚至在不是遗嘱的遗言《死》③中写到:

---

① 鲁迅:《一九二五年三月十一日致许广平信》,《两地书》,第 14 页。
② 王晓明:《无法直面的人生——鲁迅传》,上海文艺出版社 1993 年版,第 135 页。
③ 鲁迅:《死》,《且介亭杂文末编》,第 120 页。

一、不得因为丧事,收受任何人的一文钱。但老朋友的,不在此例。

二、赶快收敛,埋掉,拉倒。

三、不要做任何关于纪念的事情。

四、忘记我,管自己生活。——倘不,那就真是、糊涂虫。

五、孩子长大,倘无才能,可寻点小事情过活。万不可去做空头文学家或美术家。

六、别人应许给你的事物,不可当真。

七、损着别人的牙眼,却反对报复,主张宽容的人,万勿和他接近。

仅仅七条,却透着彻骨的冰冷、绝望、空幻。那世间世道、那人间冷暖和那人生价值在鲁迅这里被拆解得一无所剩,让人感到鲁迅与这地狱彻底决绝的勇气和决心,而较之"苦闷的象征"时期所言[①]:

我们就不得不朝朝暮暮,经验由这两种力的冲突而生的苦闷和懊恼。换句话说,即无非说是'活着'这事,就是反复着这战斗的苦恼。我们的生活愈不肤浅,愈深,便比照着这深,生命力愈盛,便比照着这盛,这苦恼也不得不愈加其烈。在伏在心的深处的内底生活,即无意识心理的底里,是蓄积着极痛烈而且深刻的许多伤害的。一面经历着这样的苦闷,一面参与这悲惨的战斗,向人生的道路进行的时候,我们就或呻,或叫,或怨嗟,或号泣,而同时也常有自己陶醉在奏凯的欢乐和赞美里的事。这发出来的声音,就是文艺。对于人生,有着极强的爱慕和执着,至于虽然负了重伤,流着血,苦闷着,悲哀着,然而放不下,忘不掉的时候,在这时候,人类所发出来的诅咒、愤激、赞叹、企慕、欢呼的声音,不就是文艺么?在这样的意义上,文艺就是朝着真善美的理想,追赶向上一路的生命的进行曲,也是进军的喇叭。响亮的宏远的那声音,有着贯天地动百世的伟力的所以就在此。

这时期虽然苦闷、悲哀甚至受伤,但是心里仍然潜藏着震天动地的伟力,执着地对现世存在的社会、政治、文化、文学甚至包括精神、思想等等方

[①] 《鲁迅全集》第13卷,第43~44页。

面不合理的秩序进行抗击,显示出生活的深刻和生命力的旺盛。因而他以各种苦闷的象征向一切不合理的秩序宣战,参与那悲惨的战斗之中。社会赋予他的启蒙的使命,使他倔强地站立着,怒视着,坚守着……然而他只不过是穿着启蒙者的盔甲笨拙地蠕动,每走一步都感到压抑和窒息,以经营苦闷的象征为立身之本的文学在这无序的时代中显得那么苍白无力,"文学文学,是最不中用的,没有力量的人讲的;有实力的人并不开口,就杀人"①。这杀人的社会,这表面上泛滥着新思想、新文化、新文学、骨子里却是极端腐朽僵化的秩序,这绝望的无知的世道却把希望寄予在鲁迅身上,"也许命运之神已经看中了他,要选他充任宣告民族和文化衰亡的伟大先知,要请他著作现代中国人历史悲剧的伟大的启示录"②。可启示了他者,却拯救不了自己,这沉重的使命让他彻底的孤寂,空前的悲哀。而且他自身承续了一个民族几千年以来一直在重复的民族想象和记忆,这预示着他永远不可能走出一种框架和秩序,但他没有回避和退缩,一次又一次地直面无法直面的人生和社会,虽苦闷、孤独、绝望,却让人们在他的逼人的冷气中彻底清醒过来,彻底地意识到民族和文化的衰亡,让更多的人懂得如何向死而生。

鲁迅的苦闷也是这一时期中国新兴文人的彷徨。他们面对新时代一浪高过一浪的文化运动,在奋起直追的同时却难以摆脱传统文人精神气质的魅影,他们可以不穿长衫,不写文言,却怎么也抠不掉在他们心里烙下的传统文化心理的印记;面对民主科学、自由平等的新气候,他们极力地追求知识分子的独立性和思想的自由,却最终因被体制化的秩序所遗弃而重返中心,重新加入限制他们的独立身份和自由思想的秩序;面对风起云涌、朝夕相龃的社会革新,他们对未来充满了希望,用手中的笔墨描绘出了一副副美好前景,却发现那希望只不过是用来欺骗自己和他人的乌托邦,最终又陷入了绝望和虚无之中。

他们在矛盾、彷徨和苦闷中无法排遣心中的忧郁,于是纷纷在文学上寻找着一种别样的表现方式。象征主义就是在这种情形之下被中国新兴文人所借用并形成一股潮流,而并不仅仅是学习鲁迅所译的《苦闷的象征》。他们的苦闷与鲁迅一样,是与生俱来的,幻想着冲破旧秩序建构新秩序,却始终难以逃脱自身命运的局限。他们所作的文学也与鲁迅一样,本

---

① 鲁迅:《革命时代的文学》,《而已集》,第 10 页。
② 王晓明:《无法直面的人生——鲁迅传》,上海文艺出版社 1993 年版,第 215 页。

质上是苍白无力的,是难以摆脱因中国古老文化浸润所产生的传统文人气质,而这种气质又构成了一种难以逾越的秩序和心理壁障。他们每一次对这秩序的冲撞就是一次心理的碰壁,他们偶尔会带着受伤的心灵逃出这秩序,却发现秩序之外的世界让自己更加迷茫,他们是"那样害怕作社会的旁观者和边缘人,一旦发现自己被挤到了旁观席上,就不自觉地想要重返中心"①。而就在他们冲撞、逃离和重返之后,又因为新的苦闷和彷徨而开始了新的冲撞、逃离和重返,如此不断反复,虽然每次反复的内容和形式稍有改观,但实质上在这种不断反复的过程中已经潜在地形成了新的秩序,它不同于古代文人因坚守孔孟之道而形成的稳固的封闭的传统文化秩序,也不同于新中国时期因马克思主义思想的相对统一和主导而形成的红色秩序。在这一层面上讲,这种新秩序既是指向过去的,也是指向未来的,更是着眼于冲突的苦闷的现在,因此文学既有怀旧的,也有乐观地憧憬新生活的,更多的却还是苦闷的象征。文学正是在这种并存的多样的变动着的秩序中体现出了一种不同于古代和当代的现代性。

然而在大革命之后,鲁迅却又一反苦闷的象征艺术,把目光转向苏联无产阶级文艺理论。1929年鲁迅与冯雪峰主编了"科学的艺术论丛书"(共12本),分别由上海光华和水沫两个书店出版,而鲁迅翻译了其中的蒲力汗诺夫《艺术论》、卢那卡尔斯基《艺术论》、卢那卡尔斯基《文艺与批评》、卢那卡尔斯基《霍善斯坦因论》,另外还编译了《苏俄的文艺政策》。1930年还发起并组织成立中国左翼作家联盟,对革命和文学都寄予了厚望,在这一时期还撰写《革命时代的文学》《革命文学》《"醉眼"中的朦胧》《文艺与政治的歧途》《文艺与革命》《文学的阶级性》《现今的新文学的概观》《对于左翼作家联盟的意见》《中国无产阶级革命文学和前驱的血》《上海文艺之一瞥》等等探讨革命形势与文艺之间关系的文章。他在《现在新兴文学的诸问题》的小引中说:"新潮之进中国,往往只有几个名词,主张者以为可以咒死敌人,敌对者也以为将被咒死,喧嚷一年半载,终于火灭烟消。如什么罗曼主义,自然主义,表现主义,未来主义……仿佛都已过去了,其实又何尝出现。现在借这一篇,看看理论和事实,知道势所必至,平平常常,空嚷力禁,两皆无用,必先使外国的新兴文学在中国脱离的'符咒'气味,而跟着

---

① 王晓明:《无法直面的人生——鲁迅传》,上海文艺出版社1993年版,第214页。

的中国文学才有新兴的希望——如此而已。"①可见他翻译和宣传一种新兴的无产阶级文艺理论,并非仅仅是以外来的新理论冲击中国传统的旧势力,而是希望不必再以各种"主义"来掀起一些文学新风之后又"火灭烟消",而骨子里却仍然是传统的一套,新兴文学必须审时度势,与革命形势一起建构一种新兴的文学秩序,彻底根除"符咒"气味。甚至还认为"一切文艺,是宣传,只要你一给人看。即使个人主义的作品,一写出,就有宣传的可能,除非你不作文,不开口。那么,用于革命,作为工具的一种,自然也可以的"②,明显地与苦闷的象征时期存在着巨大的差异,他抗拒着秩序的压抑,却又不得不一次又一次地陷入新的秩序之中,他想逃离,却永远在那框架中、秩序中回旋,正如王晓明指出的:"一九三〇年,他更从孤寂的自由知识分子的立场,逃向与共产党结盟的激进反抗者的营垒。……无论怎样睿智的人,恐怕都难以否定自己大半生的努力,而一旦习惯了特定的社会角色所规定的人生轨道,再要脱离出来,也绝非容易的事。看到鲁迅那样发着烧,躺在病床上,还愿意公开表明与共产党的联盟态度,我就不禁要推断,倘若他再多活几年,大概多半是又要推开命运的启示,再作一次艰苦的逃离吧。"③可是在那样的社会文化氛围中,鲁迅的每一次逃离只不过是从一个旋涡中解脱出来,又马上陷入另一个更大的旋涡,那旋涡看似激烈地旋转着甚至螺旋地上升着,给人以无限的希望,而当那旋涡散开了、平息了,水面依然是那么的平静,水中的人们依然是难以动弹地被禁锢在那流动得却又吹不起半点涟漪的死水般的秩序之中。

如闻一多《死水》中所言:"这是一沟绝望的死水,清风吹不起半点漪沦。不如多扔些破铜烂铁,爽性泼你的剩菜残羹。也许铜的要绿成翡翠,铁罐上绣出几瓣桃花;再让油腻织一层罗绮,霉菌给他蒸出些云霞。"

这是鲁迅及"五四"之后中国文人和知识分子对旧秩序的绝望之言辞,但同时又对新秩序寄予无限的希望,梦想着破铜绿成翡翠、烂铁锈成桃花、油腻织成罗绮、霉菌蒸成云霞,为着这梦想,他们不断地挣扎,冲撞,试图逃离这绝望的死水,逃离之后却又被浑浊的死水淹没着,重返死水之域。这是中国现代社会的秩序,也是现代中国的文学秩序。他们注定了逃不出这秩序。

---

① 鲁迅:《现代新兴文学的诸问题·小引》,《鲁迅全集》第 17 卷,人民文学出版社 1973 年版,第 186 页。
② 鲁迅:《文艺与革命》,选自《魏晋风度及其他》,上海古籍出版社 2000 年版,第 287 页。
③ 王晓明:《无法直面的人生——鲁迅传》,上海文艺出版社 1993 年版,第 213 页。

第四节　在现代性秩序的边缘徘徊

在探讨文学秩序的建构时,作为对某一时期文学发展的回顾和总结——"文学概论"所起的作用不容小视。通常,"文学概论"会对当时的文学发展状态作出理论的归纳和阐释,主要从文学的本体论、文体论、方法论等方面来总结文学秩序,同时这种总结也进一步强化了文学秩序的建构。而作为对现代中国的文学秩序的总结,这一时期的"文学概论"著作无疑对象征主义等现代主义文学思潮的兴起、宣传和引导有十分重要的意义。象征主义作为新兴的文学思潮,在现代文坛上引起极大的争论,而"文学概论"中如何给予其合理定位,如何看待它在整个文学秩序谱系中的坐标和作用,将直接影响其发展状态和发展前景。

1923年孙俍工首次在其《新文艺评论》一书中评述了文坛上盛行的各种"主义",还通过末路的英雄与凋落的樱花之间的象征意义来对"象征"进行细致的解释:"就是比喻的度数越近,主客轻重的差别越小了。到了最后的极致,就进到作比喻的东西和被比喻的东西完全不能认出差别的一境,在这一境,就是象征底诞生地。"[①]但他这里只是从文学的表现方法角度来阐释象征的涵义,并没有真正接触象征主义的实质,更没有把象征主义纳入新的文学秩序之中。1925年潘梓年正式提出"文学与主义"的问题,认为"主义是笼罩着一时代的潮流的全体的,什么都要受其支配。用一种主义的理论来处理当时的文学,不是不可能的事"[②],已经从文学秩序及其支配作用的角度重视"主义"的作用,第一次把"主义"提上了文学发展史和理论史研究的日程,并开始给予其合理定位。他说:"一种主义里所表白的那个社会法则,在一般人或学者们还是茫然无所感悟的时候,文学者早就感知到的了;他们的感知,虽不能做出一个明确的理论或者观念,但那趋势的全姿态,却由他直觉地吸取而艺术地表现出了。等学者相互告语,提出讨论,蔚为主义时,它已成为重大的世界大势了。再说,文学的作用,根本就在引起读者共鸣;所谓共鸣,还不就是扇动、宣传等工作所期望得到的结果吗?说文学不是宣传,实不啻根本取消了文学的意义。文学如何有别于宣

[①]　孙俍工:《新文艺评论》,上海民智书局1923年11月版,第25页。
[②]　潘梓年:《文学概论》,上海北新书局1925年11月版,第82页。

传,至多只有从方法上说,说文学具象的描写,宣传是观念地注入。"①他显然已经意识到了"主义"所蕴含的是一种社会法则,文学创作中虽然没有明确的理论系统,但是一旦蔚为"主义",就会蔓延成为世界大势,而这社会法则或世界大势本质上也就是一种秩序,这种秩序对人类文化的影响方式就是广义的宣传。虽然他在规定文学的价值上有所偏差,但是对于"主义"与文学秩序的关系作出的论述是相当深刻的。最后他还论及西方文坛上出现的古典主义、浪漫主义、现实主义、新浪漫主义、印象主义、象征主义、表现主义等,"大战以后德人受创深痛,沉思冥想,主观上的要求远胜于客观所许,于是表现主义蔓延及文艺,以反抗描写外物的印象主义,而以呼出灵魂的呻吟为文艺最高目的。最近,社会革命狂风骤起,在文坛上,无产阶级文学的呼声又甚嚣尘上了"。② 可见潘梓年此时已经敏感地意识到文学秩序的变化,并开始关注文学秩序背后广阔的社会背景和深层的文化积淀。

1930年代的"文学概论"中已经开始普遍关注并积极地介绍包括象征主义在内的各种"主义",使之成为文学谱系图中必不可少的章节。1930年章克标与方光焘合著《文学入门》,全书共18章,单辟"象征主义"和"梅特林克与新浪漫的戏曲家"两章来全面论述象征主义。他们首先考证了象征主义在法国的发生及发展情况,列举了包括法国的魏伦、德国的霍普特曼、比利时的梅特林克、奥地利的霍甫曼斯太尔、意大利的邓纳超、俄国的梅来其可夫斯基等等象征主义代表作家,可见其影响之广泛。他们认为"照象征二字的原意,是要从日常所见的卑近事物而暗示出眼目不能见的高深的东西。但这也不是同向来的象征二字作为譬喻的意义相同,而须要在象征的与被象征的之间不容留分毫间隙,即是须形式与内容的一致。形式即意味着内容,内容即表现于外形,换言之,近代的象征主义,即在于灵肉的合致。借眼目所见的物质来直接表现某种精神"。③ 他们还把象征分为本来的象征、高级象征和情绪象征:本来的象征是"用有形的(具象的)事物来表现无形无象的事象的方法,所以内容的意义很多,而外形不过是一种符号";高级象征"在外形里面,已经表示出相当的意味,所以在表现人生一般问题的时候,应用这种刺激性的外形象征,可得到更深刻的效果";情绪象征则"直接用情绪——以敏锐的神经及官能为基础的情调——来象

---

① 潘梓年:《文学概论》,上海北新书局1925年11月版,第83页。
② 潘梓年:《文学概论》,上海北新书局1925年11月版,第100页。
③ 章克标、方光焘:《文学入门》,上海开明书局1930年6月版,第62~63页。

征",以波德莱尔为代表的颓废派的象征主义就是属于这种类型,他们的神经"已经敏锐得和普通的思想感情不同,所以他们自有他们幽玄神秘的世界。在这种世界里面,普通用惯了的露骨的语言文字,已经不能适用于内的生活的表示,所以他们势非借助暗示不可。他们先用官能的手段,刺激人们的神经,因为这种刺激而产生的情调,便可以暗示出非官能的事象。换言之,作家心弦上所生出的震动(情绪),直接地传给读者,而使读者心里也生出一种同样的共鸣。这种方法,就是象征派的技巧。"①他们以这三个层级来阐释象征主义的手法,这在文学发展史和理论史是第一次,而这种层级的理论也具有一定独创性,这也是中国现代文学理论史上象征主义本土化阐释的典型。最后他们还借用厨川白村的话来辨析各种主义之别:"我们假定,一个爱人在很远的地方不意地死了。拿了这个题目来悲歌深切的苦难的,是浪漫派,他们往往夸大感情,用以表示自己的思想。将恋人死去前后的事情,以及接到报告当时的情况,毫不遗漏地精密地描写出来的,这是自然派。但是象征派的诗人们,却绝不取这种手段,他们为着要再现出这种情调,往往描写出一种和恋人之死毫不相关的事实,而使读者也产生近似的情绪。"②

在此之后,胡行之延续潘梓年的话题,围绕"文学与主义的关系"和"文学是不是宣传品"问题展开,认同潘梓年对"主义"的阐述,但是反对把文学直接当作宣传品,认为"文学是预言,对于未来有宣传的意味的,虽在当时看来并不是宣传品"③,其他方面并无甚创见。张希之的《文学概论》(1933年)全书共十二章,独辟"西欧文艺思潮发达的过程"一章来阐述文艺复兴之前的文艺思潮,文艺复兴之后的古典主义、浪漫主义、自然主义、新浪漫主义和普罗主义,其中新浪漫主义又包括神秘主义、象征主义、享乐主义、新理想主义,对各种现代主义文学思潮作了简短的概述,只承认其存在,并未足够地重视。夏炎德在其《文艺通论》(1933年)中也谈到文艺思潮问题,并分"文艺复兴的前后与古典主义""浪漫主义""现实主义""现代文艺上的新浪漫主义及其他"等小节来概述,但他从艺术与生活的关系入手,对包括象征主义在内的新浪漫主义(现代主义)思潮并未作出深入分析。上海光华书局刊印的四卷本《文艺创作讲话》(1931年6月—1933年6月),

---

① 章克标、方光焘:《文学入门》,上海开明书局1930年6月版,第64~65页。
② 章克标、方光焘:《文学入门》,上海开明书局1930年6月版,第66页。
③ 胡行之:《文学概论》,上海乐华图书公司1933年3月版,第39页。

每卷都有张资平的"文艺思潮"一节,分别对各种文艺思潮进行概述和评价,另在第一卷和第二卷中都有穆木天的"十九世纪法国抒情诗讲话",对法国的象征主义诗歌作了比较详尽的阐述。许钦文在《文学概论》(1936年)的总论部分用"具象性""暗示""共鸣"三节来论述文学特性,其基本思想与象征主义的"通感""契合"和"暗示"的理论不谋而合。并设"文学的派别"来论述各种主义,虽然没有直接提到象征主义,但在"暗示"一节中论及"创造文学的动机,既然由于苦闷,总是因为不满意现状。那么所表现的,有意无意的,总要暴露到一般人的丑态"①,与厨川白村《苦闷的象征》异曲同工。

1933年孙俍工再次编著《文学概论》,全书共七章,其中用两章的篇幅阐述"文学的思潮的界说及其功用"和"文学派别及其转变"。他引述梁启超在《清代学术概论》中所言:"凡文化发达之国,其国民于一时期中,因环境之变迁,夫与心理之感召,不期而思想之进路,同趋一方面,于是相与呼应汹涌,如潮然;始焉其势甚微,几莫之觉,寝假而涨——涨——涨,而达于满度;过时焉则落,以渐至于衰熄。凡'思'非皆能成'潮',能成潮者,则其必有相当之价值,而又适合于其时代之要求者也。凡时代皆有思潮,有思潮之时代,必文化昂进之时代也。"②认为文学思潮是与社会、经济、政治等思潮紧密联系的,是"反映社会的意识和其发达的过程";它有助于认识文学的精神和价值,有助于作家转变文学观念,只有当他们的作品"有时代的精神,有独创的风格和文体"③,才能作出有新价值的新文学;有助于构建文学理论,领受时代思潮。他还以较大篇幅论述了文学思潮的功用和特质,赞同用泰纳的种族、环境和时代三元素来分析,并加入第四个因素"个性"。并引述丹麦文学史家勃兰兑斯在《十九世纪欧洲文学主潮》中所用的"审美"和"历史"的观点来评价文学思潮,认为文学思潮不仅具有审美意义,还具有社会价值和历史意义。种族、环境和时代就是以"历史"的观点来评述的,而"个性"则是着眼于"审美"的角度,是指"文学生长的要质"和作家"智的特质"。④

这个时期,文学思潮已经被理论家充分地重视并展开深入的研究,而

---

① 许钦文:《文学概论》,上海北新书局1936年4月版,第42页。
② 梁启超:《清代学术概论》,上海古籍出版社1998年版,第1页。
③ 孙俍工:《文学概论》,上海广益书局1933年3月版,第22~23页。
④ 孙俍工:《文学概论》,上海广益书局1933年3月版,第36~37页。

象征主义等现代主义思潮已经不再只是昙花一现的文学口号,它不仅仅在文学创作上显示了其巨大的魅力,在理论上也已开始占据一席之地。一些理论家甚至认为文学思潮的研究是建构理论批评的必经之路,"因为许多的文学理论,观点,都建筑在历史上面的,一种文学上的集团或派别常常产生一种文学上的理论,因此我们对于文学的集团派别,和他们各人的主张都能了解,然后我们鉴赏文学才有意义,才有根据。"① 可见这时期的象征主义等现代主义文学思潮不再像1920年代的一样只是被作为一种文学表现方式来对待,也不仅仅只是意识到这些文学上的"主义"对文学秩序有一定影响却又不能给予其合理的定位,而是已经把包括象征主义在内的各种"主义"纳入了新的文学秩序,文学的思潮和派别问题已经取得了与文学的起源、定义、特质、要素以及文学与人生、道德、社会的关系等等问题同等的地位,已经是建构新的文学秩序必不可少的因素。如果说1920年代以影响最为深远的象征主义为代表的现代主义思潮只处于一种边缘的位置,进入了主流文学秩序的视野却又没能得到足够的重视,那么1930年代则开始逐渐向中心移动,以章克标和方光焘合著的《文学入门》和孙俍工《文学概论》为代表的文学理论框架已经把象征主义等现代主义思潮提高了前所未有的高度,而且这时期其他影响较大的"文学概论"几乎都把"主义""思潮"和"派别"等问题独辟一章予以论述。这种从边缘到中心的移动,并不只是说明现代中国文学深受西方影响而产生了巨大变化,更重要的是预示了中国文学从此开始跳出古典文化的大框架,逐渐走向独立,开始注重文学自身的发展规律以及文学与大文化背景之间的关系。具体而言,晚清之后的中国文学一直追随着文化运动、社会变革及国内政治形势,一切外在的秩序直接主导着文学的发展,而文学失去了或者说从来没有产生过自身的秩序,这是中国传统的"文以载道"式的文学发展模式和秩序。而象征主义等文艺思潮在"文学概论"上逐渐由边缘转向中心,表明了文学自身的发展规律已经开始崛起并呈蔓延趋势,这种趋势的发展壮大将会促使现代文学秩序的建构。

  如果说中国古代文学有一个从自发到自觉的过程,那么这个时期的中国文学则是走向自立。"文学概论"就是中国文学自立门户时所订立的家法原则和约定俗成的家庭内部规范,象征主义就像堂屋中的一块匾额,不

---

① 孙俍工:《文学概论》,上海广益书局1933年3月版,第24页。

久之后也许它仍然被挂在墙上显眼的位置,也许它会在被放入偏房甚至彻底取下来换上新的牌匾,但不论它将来是否风光,至少它在文学殿堂中存在过,只要你进入这殿堂,你就会见到它或者回忆起它。它的存在或者曾经存在并不是极其重要的,但它的存在能让我们清楚地意识到文学已经自立门户了,而且从这块匾额中可以映射出这文学之家有哪些家具,它们是如何摆放,哪些摆放得不到位,哪些应该换掉,等等。这就是中国文学走向现代的秩序的变化。

但是这个过程却在1930年代末到1940年代出现了断裂,刚刚走向自立的中国文学遭受了劫难。这劫难是从中国社会饱受侵略和战争之苦开始的,文学殿堂中应该摆放的物什大多被搬走了,它们都被用来动员民众、鼓舞人心和支援战争,文学殿堂中一时又显得空空荡荡的,刚刚建起来的家又七零八落,刚刚建构起来的秩序又杂乱无章。这一时期"文学概论"中仅有王秋莹《文学概论》和巴人《文学读本》及续编提到过象征主义等文学"主义"问题。王秋莹单列一章"文学上的主义",分十节分别论述了古典主义、浪漫主义、自然主义、写实主义、世纪末的文学思潮、新浪漫主义、象征主义、表现主义、未来主义、超现实主义,囊括了当时中外文坛上各种主义。巴人《文学读本》中认为印象主义包括梅特林克的象征主义和波德莱尔的颓废主义,还总结出三大特征:感觉的凌乱结合,描写现实的消极情绪和表现凌乱的色彩和音乐性。① 虽然对象征主义作出了阐释,但他主要的目的只是在阐述古典主义、浪漫主义、现实主义与自然主义、印象主义的基础上,最后花了较大篇幅论证了社会主义的现实主义的合理性,而且明确强调:"社会主义现实主义一方面是和以形式为自足的要求相对立,这种要求,便是仅注意形式的洗练,绝对美的规范,以形式当作了内容。另一方面,现实主义又和从幻想中求题材,或从客观现实中求神秘的观念的真实,这一种倾向相对立。"②至此,象征主义又被彻底边缘化了。

在秩序的边缘徘徊,这是李金发、鲁迅的命运,也是象征派、象征主义的命运,更是中国现代文学的命运。旧有秩序开始瓦解了,崩溃了,李金发在微雨中回国了,鲁迅在咒骂中出现了,象征主义登陆了,象征派也产生

---

① 巴人:《文学初步》,新文艺出版社1950年1月版,第271～275页。巴人在1939年至1940年写成《文学读本》及《文学读本续编》,由上海珠林书店分别于1940年5月和11月出版,1949年后两书合成一本再版,即《文学初步》。

② 巴人:《文学初步》,新文艺出版社1950年1月版,第278页。

了,但是他们却只能在秩序的边缘徘徊,永远与中心无缘。秩序一直在从旧的向新的方向发展,甚至一度呈现燎原之势,但最终还是被终止了。刚刚自立门户的现代文学之家又被剥夺了权力,国家和民族的大历史掩盖甚至取代了现代文学之家的小历史,以国家和民族的现代化取代了现代文学之家的个性——现代性。

  现代性,一项未完成的使命,埋藏在地底深处近半个世纪之后被重新挖掘出来,却又因时势空气的污浊,瞬间灰飞烟灭,留下一个永远的遗憾。

第四章　文学历史观秩序:以钱基博文学史例

第一节　文学史的知识权力结构

20世纪初期以来中国文化的现代化进程中,在传统文化的问题上一直争论不休,传统到底要不要延续?能不能延续?如何延续?这些问题一直困扰着夹在古今文化之间、中西文化之间的现代知识分子。在革新意识和西化思潮风起云涌之际,关于民族国家的历史记忆逐渐远离甚至消失,而且康有为、梁启超、胡适及五四新文化运动的弄潮儿几乎都是少年得志,他们期盼的是新文学、新文化和新秩序,他们在心底逐渐升腾起一种历史的断裂感,即使是在美国留学多年的梅光迪,回国之后也更加感受到民族文化失去了根基,那种"无根"的感觉使他迫切地意识到必须"昌明国粹",找回使个体精神得以栖息的历史记忆寓所。如果说民族国家的现代化以强硬的权力规定了文学史的建构,那么追寻历史记忆的自觉意识则是转型时期的知识分子在寻找自身得以存在的时空的权力。葛兆光在考察了这一转型时期的思想史之后,也深刻地意识到:"一个有相当长历史的民族,在面临内忧外患的危机时,有一些人常常会考虑,如何在所谓的'现代'中保存'传统',因为这里所说的传统,不仅仅是一些历史的痕迹、一些民间的习俗、一些民族的观念,而且意味着这个历史悠久的民族存在的基石,它虽然是一些象征、一些记忆、一些语言符号,但是正是在这里储存着大量的'记忆',当这些记忆被呼唤出来的时候,拥有共同记忆的人就会互相认同。"[①]关于中国文学的历史记忆主要在于诗与文,而诗与文却在转型社会中已逐渐远离他们,而在当时的世界文学史上小说、戏剧等文学类型的地位逐渐凸显,中国文学史家开始寻找关于小说和戏剧的历史记忆。这种模式实质上是以知识延续权力,以权力巩固知识。

在这个层面上,刘禾甚至直言现代文学就是一种民族国家文学,"在民

---

① 葛兆光:《中国思想史》第二卷,复旦大学出版社2000年版,第687页。

族国家这样一个论述空间里,'现代文学'这概念还必须把作家和文本之外的全部文学实践纳入视野,尤其是现代文学批评、文学理论和文学史的建设及其运作。这些实践直接或间接地控制着文本的生产、接受、监督和历史评价,支配或企图支配人们的鉴赏活动,使其服从于民族国家的意志。在这个意义上,现代文学一方面不能不是民族国家的产物,另一方面,又不能不是替民族国家生产主导意识形态的重要基地"[1]。那么在现代文学语境中产生的文学史,必然与民族国家有同构关系,既在服从民族意志的基础上为民族国家在现实中的建构生产意识形态,同时它也是意识形态的一部分,促使民族国家在想象空间的构筑。它所指认的文学事实必然存在偏向性,提出的文学命题必然在民族国家的想象空间之内,而其评价文学事实和规范文学秩序的价值判断原则也必然指向民族国家的现代化方向。

因此在文学的现代学制中,如何进行文学教育,以及确立中国文学史的学科位置应是首要解决的问题。陈平原指出"文学教育的重心,由技能训练的'词章之学',转为知识积累的'文学史',并不取决于个别文人学者的审美趣味,而是整个中国现代化进程的有机组成部分。'文学史'作为一种知识体系,在表达民族意识、凝聚民族精神,以及吸取异文化、融入'世界文学'进程方面,曾发挥巨大作用。至于本国文学精华的表彰以及文学技法的承传,反而不是其最重要的功能。这就难怪,几乎所有国家的第一部本国文学史,都是外国人所撰;而且,早期介入或关注文学史撰述的,不仅仅是术业有专攻的学者,更包括若干重要的思想家和政治家"[2],文学教育在清季民初那种特定的历史时期,其功能主要不在于文学本身,而在以文学构筑民族精神、建构民族国家想象,实质是一种文化政治模式。而"文学史"这种知识模式,它不得不与权力结合,一方面从历史文学事实中提取系统的知识结构,同时也为民族国家想象"提供了丰富的证据和精彩的内容"[3];另一方面它从文学的视角而非严肃历史的视角切入民族文化和历史形象的探寻,承载了科举制废除之后转型时期的现代知识分子眷恋传统文化的心理情结,以及他们在突然面对浩瀚的世界文学而失去自我的文化

---

[1] 刘禾:《文本、批评与民族国家文学》,陈晓明编《二十世纪中国文学史论》上卷,东方出版中心 2003 年版,第 470~471 页。

[2] 陈平原:《"文学"如何"教育"》,《文汇报》2002 年 2 月 23 日"学林"版。陈平原还在《探究"文学史"的形成》(《书生意气》,汉语大词典出版社 1996 年)、《小引》和《"文学史"作为一门学科的建立》(《文学史的形成与建构》,广西教育出版社 1999 年)等文中也谈到这一问题。

[3] 戴燕:《文学史的权力·前言》,北京大学出版社 2002 年版,第 3~5 页。

认同的情形下,不得不从中国文学的历史事实中寻找可以标示中国文学的独特成分,以证实中华民族在想象空间中的存在,并以此实现自身的文化认同、价值认同和精神认同。

在建构文学史框架的同时,由于历史的机缘文学史意外地与文学教育结合在一起,随之出现教育者和受教育者,实质上就是历史陈述者和接受者,而历史陈述者拥有叙述权和话语权,因此知识再次与权力融汇。在这个结构关系中,文学史的陈述者掌握的文学知识比接受者多,双方在知识和权力上都是不平等的,陈述者所传授的文学事实并不是纯粹的知识,它是一种带有权力性质的知识。而它之所以具有权力性质,是因为生命的本质在于欲求权力、知识和真理的意志,知识与权力有本质的、天然的联系,知识中所体现的权力不是只有压制作用,更有生产性和创造性作用,这种权力正是人们的求知意志体制化和机制化的产物①,只要人们接触到作为真理的知识,就必然受到权力的控制和支配,但是这种控制和支配不仅仅是压制作用,更多的是使人们具备了生产和创造的能力。

首先,文学史的权力是不容置疑的,它展示的是曾经发生过的文学事实,并在排列和选取这些文学事实时给予合理的阐释,以证实其所传授的文学知识就是绝对的真理。如刘师培讲述近代文学史时评清代桐城派曰"至谓天下文章,莫大乎桐城"②,而刘经庵则以吴伟业和王士禛等人的诗歌、孔尚任和洪昇等人的戏剧、曹雪芹和李宝嘉等人的小说为清代文学之最③,传授的知识截然不同,但他们在各自的古文学和纯文学的框架中展示出文学事实,而且以陈述者的权力劝服接受者不得不接受并以之为真理。1921年胡适在教育部第三界国语讲习所讲授"国语文学史",之后被作为第四界国语讲习所和南开大学的讲义,还被黎劭西拿去作为北京师范学校的讲义,甚至还被张陈卿、李时、张希贤等人(黎锦熙的学生)作为上海始知文化学社的参考讲义,"国语文学史"不仅得到学界认同,还影响了几代学生,而关于"国语文学"的知识在这种传授和承续过程中逐渐上升为真理,并表现出一种显性的目的和权力。1924年徐嘉端出版其《中古文学概论》之前就请胡适撰写序言,胡适在序言中也明确指出:"古小说的发现与

---

① 福柯:《权力的眼睛——福柯访谈录》,上海人民出版社1997年版,第32页。
② 刘师培:《论近世文学之变迁》(1907),朱维铮编《刘师培辛亥前文选》,三联书店1998年版,第152页。
③ 刘经庵:《中国纯文学史纲》(1935),东方出版社1996年版。

推崇，使我们对于近八百年的平民文学渐渐有点正确的了解。我们现在知道，东坡山谷的诗远不如他们的词能代表时代；姚燧虞集欧阳玄的古文远不如关汉卿马致远的杂剧能代表时代；归有光唐顺之的古文远不如《金瓶梅》《西游记》能代表时代；方苞姚鼐的古文远不如《红楼梦》《儒林外史》能代表时代。于是我们对于文学的见解也就不得不起一种革命了。"①1927年胡适又在此基础上编著《白话文学史》，他在篇首即表明其目的："我为什么要讲白话文学史呢？第一，我要让大家知道白话文学不是这三四年来几个人凭空捏造出来的；我要大家知道白话文学是有历史的，是有很长很光荣的历史的。我要人人都知道国语文学乃是一千几百年历史进化的产儿。……我们要知道，一千八百年前的时候，就有人用白话做书了；一千年前，就有许多诗人用白话做诗做词了；八九百年前，就有人用白话讲学了；七八百年前，就有人用白话做小说了；六百年前，就有白话的戏曲了；《水浒》，《三国演义》，《西游》，《金瓶梅》，是三四百年前的作品；《儒林外史》，《红楼梦》，是一百四五十年前的作品。"②

胡适在此罗列了一大批关于白话文学的历史知识，并按照白话文的发展序列予以排列，从这些文学事实中寻找合理阐释方式，并以之为真理，而且这一真理是以权力的强制方式使接受者无以反抗。如胡适的好友和学生都受到这真理的灌输，甚至后来陆侃如和冯沅君的《中国诗史》(1931)、郑振铎的《中国俗文学史》(1938)、刘大杰《中国文学发展史》(1941)都受之影响，如刘大杰在编写文学史的时候把各朝代的民间文学都挖掘出来，在论述明代文学时分为文学思想、戏曲、小说、散曲和民歌四章，共20节，小说占7节、散曲和民歌占4节，占据了整个明代文学的一半以上，清代文学分为三章，共13节，小说独占7节，而被古文家视为正统的桐城古文运动仅以"清代散文和桐城派运动"为名，占1节③，以如此大的篇幅来论述明清小说及相关的白话文学，自是受了胡适"国语文学"和《白话文学史》影响。可见文学事实不仅仅是纯粹的知识，它时刻与话语权、陈述权等权力紧密联系，最终结成一个严密的知识/权力网络结构，只要人们还存在于这个网络之中，就必然受这一话语秩序的支配和影响。

---

① 徐嘉瑞：《中古文学概论·序》，上海亚东图书馆1924年版，第3~4页。
② 胡适：《白话文学史》(1928)，上海古籍出版社1999年版，第1页。
③ 刘大杰：《中国文学发展史》下册(1943)，百花文艺出版社1999年版。

其次,文学史的知识系统除了其本身与权力结合之外,还在结合之后形成文学史的过程中必然有一种历史观念在起着主导作用,它也必然具有一种意识形态性。如刘师培仍以眷恋古文及其文化传统的立场行使着知识的权力,显然是在寻找历史记忆,其历史观念大致也逃不出民族主义和文化保守主义。而刘经庵以所谓的纯文学为各时代文学之最,则是在传授一种在历史进化论影响下的中国现代文学观念。刘介白在给刘经庵《中国纯文学史纲》所作的序中更清楚地指出:"只罗列经史子集不能算作文学史,只备载文学家的传记不能算作文学史,只以爱情为去取而选录文学作品,也不能算作文学史,任取欧西浪漫、古典、自然等新名词以批评文学作品,尤不能用于编著中国文学史,惟有说明历代文学的变迁,使人得到历代文学变迁的清楚概念,方可值得称为文学史。"① 可见只有文学事实并不是真正的文学史,即使与新话语权相结合也难以立论,文学史必须反映历史变迁的过程,如何描述这历史过程?以怎样的历史观来主导这一描述?无疑是文学史得以建构的核心问题。

在 20 世纪前期的文学史撰写中,其历史观大概可以分为几类:进化论、唯物史观、循环论、实证观、民间立场等。一、持进化论的文学史著作主要有胡适的《白话文学史》、郑振铎的《插图本中国文学史》、谭正璧的《中国文学进化史》、刘大杰的《中国文学发展史》等等。胡适早在 1917 年就提出"一时代有一时代之文学"②,后又在《文学进化观念与戏剧改良》中对之作出详细阐释,1921 年的"国语文学史"讲义和 1928 年的《白话文学史》应算作这种文学进化观念的具体实践。如果说胡适由文学进化观念所产生的白话文学史观是一种极端的进化甚至反叛,那么谭正璧和刘大杰相对而言则比较理性和温和,谭氏认为"文学史所叙述的文学是进化的文学,所指示的途径是向进化的途径"③,刘氏则认为"文学史者的任务,就在叙述这种进化的过程与实质,形式的演变以及作品中所表现的思想与感情"④,还是承接了文学的基本范畴,只是添加了进化的思想观念而已。郑振铎则直接承继了丹纳的观点,认为"文学史的主要目的,便在于将这个人类最崇高的创造物文学在某一个环境、时代、人种之下的一切变异与进展表示出来;并

---

① 刘经庵:《中国纯文学史纲》(1935),东方出版社 1996 年版,第 1 页。
② 胡适:《历史的文学观念》,《新青年》三卷三号,1917 年 5 月 1 日。
③ 谭正璧:《中国文学进化史》,光明书局 1929 年版。
④ 刘大杰:《中国文学发展史》,中华书局 1941 年版。

表示出:人类最崇高的精神与情绪的表现,原是无古今中外的隔膜的"[1]。总体而言,虽然在进化论观念指导之下建构文学史的框架,但是其根底上仍然难以实现中国文学事实与西方理论的完美融合,这种建构文学史的实践大多是在世界文学及文化对中国文学冲击的情形之下采取的仓皇应对措施,而且胡适等人大多是接受了进化论中"物竞天择,适者生存"的观念,而文学作为一种需要传承的思想文化,以此观念来建构文学史也并非明智之举,难怪遭到"学衡派"主将梅光迪的猛烈攻击:"至于教育哲理文学美术,则原于其历史民性者尤深且远,窥之益难,采之益宜慎。……吾国文学,汉魏六朝则骈体盛行,至唐宋古文大昌,宋元以来,又有白话体之小说戏曲。彼等乃谓文学随时代而变迁,以为今人当兴文学革命,废文学而用白话。夫革命者,以新代旧,以此易彼之谓。若古文白话之递兴,乃文学体裁之增加,实非完全变迁,尤非革命也。诚如彼等所云,则古文之后,当无骈体,白话之后,当无古文,而何以唐宋以来,文学正宗,与专门名家,皆作古文或骈体之人?此吾国文学史上事实,岂可否认,以圆其私说者乎?盖文学体裁不同,而各有所长,不可更代混淆;而有独立并存之价值,岂可尽弃他种体裁而独尊白话乎?"[2]虽然梅氏在白话与文言之争中或许没有得到后来文学史之确认,但是他对文学史及文化进化的评价是相当中肯的,文学并非要以新代旧的进化,而应该是由旧到新的演化,胡适等人试图以现代化的文学史建构能够树立民族信念和走向世界文学的现代性的文学秩序,并以此与古文学和世界文学争夺话语权,这是值得肯定的,但梅光迪等人指出的问题亦是其进化论的症结之所在,所以终因进化论及其他西方理论的匮乏和难于应用导致文学事实与历史观念之间的断裂而失败。

二、持唯物史观的代表性著作主要是谭丕模的《中国文学史纲》。他认为"学习中国文学史的目的,就是要用辩证唯物论和历史唯物论的观点、立场、方法,研究中国文学发展过程中一切现象变动的因果关系,来阐明中国文学的发展规律性"[3],还把中国文学进程划分为原始封建制度时代的文学,封建制度时代的文学,新封建化时代的文学,民族资产阶级意识萌芽时期的文学,劳苦大众觉醒时期的文学等阶段。谭氏在此之前还出版了《新

---

[1] 郑振铎:《插图本中国文学史》,北平朴社1932年初版,人民文学出版社1957再版时补写了四章,北京出版社1999年版,第5页。

[2] 梅光迪:《评提倡新文化者》,《学衡》第1期,1922年1月。

[3] 谭丕模:《中国文学史纲》,上海北新书局1933年版,第7页。

兴文学概论》,基本上是以马克思主义唯物史观为理论出发点,他认为文学的两大理论是唯心论和唯物论,而正确的理论应是唯物论,因此他在反对当时极为流行的"文学是苦闷的象征说""文学是性欲的升华说"和"文学是游戏的冲动说"的基础上,提出唯物主义的文学观:"文学的本质,就是把社会的现实生活的反映所构成的情感社会化的手段,同时又由它而组织生活,其最原始的形式就是诗,而小说戏曲乃是后来进化的文学形式。"①1954年中央人民政府高等教育部教材编审处又修订重版了谭氏的《中国文学史纲》,在这一版本里面,谭氏几乎完全根据唯物主义历史教材来编写,把文学史分为奴隶时代(殷商)的文学、地方分权的封建制时代(西周、东周、春秋、战国)的文学、中央集权的封建制创始时代(西汉)的文学、中央集权的封建制衰弱时代(三国南北朝)的文学、中央集权的封建制再建立与再衰落(隋唐五代)的文学等多个时期来撰写;同时加强对今天中国文学方向的认识、正确接受文学遗产和了解历代人民生活的真实面貌,并以发掘作品内的人民性、强调劳动人民的斗争性、探求作者所属的阶级性等为学习文学史的目的②。把这一观点同1949年后国内大多数教材相比较就会发现,谭丕模唯物主义的文学观和文学史观后来在中国延续了近三十年,连陆侃如等并非一开始就持唯物史观的学者也纷纷转向,陆氏甚至认为新中国的社会主义现实主义的人民文学在中国共产党和毛主席的指示下日益繁荣起来,那么中国文学史就应该"总结我们祖先在文艺领域内的劳动成就,寻求文学发展的规律,寻求文学和社会生活与阶级斗争联系的规律,给重要作家与重要作品以适当的估价,把过去只有少数人能接触到的宝藏交到广大的人民手里,使它能够在祖国社会主义建设中发挥应有的作用"③。其政治倾向性非常明显,而且文学史几乎被社会发展史所涵盖。因此在某种意义上可以说,这种文学史观已经与权力和政权合一了,其产生的知识、权力结构是极其稳定的,直到20世纪后期在解放思想和外国各种思潮涌入之后才逐渐解体。

三、持民间立场主要有郑振铎的《插图本中国文学史》和《中国俗文学史》、徐嘉瑞的《中古文学概论》、曹聚仁的《中国平民文学概论》以及胡适的《白话文学史》,他们都反对把文学史的视野仅仅局限于中国古代士大夫阶

---

① 谭丕模:《新兴文学概论》,北平文化学社1932年版,第16页。
② 谭丕模:《中国文学史纲》,商务印书馆1954年版,第2~6页。
③ 陆侃如、冯沅君:《中国文学史简编》,作家出版社1957年版,第1页。

层的文学,主张关注下层平民的文学。如郑氏在《插图本中国文学史》自序就质疑主流文学史家的文学史观:"难道中国文学的园地,便永远被一般喊着'主上圣明、臣罪当诛'的奴性的士大夫们占领着么?难道几篇无灵魂的随意写作的诗与散文,不妨涂抹了文学史上的好几十页的白纸,而那许多曾经打动了无数平民的内心,使之歌、使之泣、使之称心的笑乐的真实名著,反不得与之争数十行的篇页么?这是我发愿要写一部比较的足以表现出中国文学整个真实的面目与进展的历史的重要原因"①,在此思想的指导下,他把除了诗与散文之外的小说、戏曲、变文、弹词等重要文体都归入俗文学,虽然这种文学史观并非正途,而且很难被主流文学史家所接受,但是对于文学的发展却不无裨益,这种俗文学的模式甚至在客观上为后来的赵树理等作家的作品作了理论上辩护和文学史上的定位。徐嘉瑞则认为中国文学分贵族文学和平民文学,贵族文学是取材于书本和宫廷的,是崇拜君权的,是古典的、堆砌的,因此"不能协音律(不可歌,歌亦不能听),与音乐无关系(雅颂大予乐等,皆人为音律,非自然音律)",其作者群体是知识阶级、官僚和有名望之人;而平民文学是取材于社会和民间的,是摹写人生的,是写实的、生动的,因此"可协之音律(老妪能听,有井水处能唱),文学史与音乐史发达之路径相同",其作者群体是非知识阶级、非官僚和非有名望之人。② 这种平民意识本意只是挖掘民间文学的资源来丰富中国文学史的建构,以此与传统的贵族文学史观形成对照从而反映出中国文学史的全貌,但是与此同时,这种主张却意外地与中国社会历史的发展结合,尤其是与毛泽东在1942年确立的纲领性文件《在延安文艺座谈会上的讲话》中文艺为工农兵服务、文艺为政治服务等等文艺政策相契合。而胡适虽然为此书作序并对其民间立场予以称赞,而且在《白话文学史》中极力挖掘民间文学要素,民间立场也与白话文学、文学随时代变迁论、文学革命论一起并称为其文学史观的四大理论支柱,但是在根底上,胡适的学术倾向并非如此,其白话文学及文学革命论等诚然开了一时代之风气,但是他的学术研究及其贡献主要还在于古典的哲学、考据学等方面,其立场仍然限于现代知识分子和精英集团的框架之中,还是难以脱离中国传统的士大夫心理。事实上,此时期持民间文学立场的文学史家都陷入这种尴尬境地,一方面努力地挖掘民间文学的资源,以此促进新文学和新文化的发展,促使

---

① 郑振铎:《插图本中国文学史》(1932),北京出版社1999年版,第2页。
② 徐嘉瑞:《中古文学概论》,上海亚东图书馆1924年,第3~4页。

现代性的文学和文化秩序及早建构,而与此同时又难以摆脱古文和传统文化的魅影,尤其是科举制废除之前士大夫以知识获得权力的模式仍然深深地吸引着他们,因此在新文学和新文化秩序仍然试图以知识和权力的同构来获取其学术权力,而这种企图显然与其民间立场相龃龉,所以在一定程度上甚至可以说这种知识+权力的学术权力模式是古代以知识获取权力模式的延续。

四、实证的文学史观主要有梁启超的《中国之美文及其历史》、刘师培的《中国中古文学史》等,他们的撰写方式大多是选本加评注,辑录作家作品直观地展示文学史的全貌,在行文过程中偶加评注以引导读者对文学史的整体把握,其观念和建构文学史的模式并无创意,只是古代文选学的延续而已,因此其影响较小。而持循环论历史观的主要是周作人的《中国新文学的源流》和容肇祖的《中国文学史大纲》。周作人认为中国文学可分为"言志派"和"载道派",历代中国文学就是在两派之间循环往复的,"中国的文学,在过去所走的并不是一条直路,而是像一道弯曲的河流,从甲处流到乙处,又从乙处流到甲处。遇到一次抵抗,其方向即发生一次转变"①。显然他是受了西方浪漫主义和现实主义文学思潮的影响,并在中国文学历史中寻找可以支撑这种理论的文学事实,这种方式虽然能解释局部问题,但对于整个中国文学史来讲,其偏颇之处不言自明。

此外需要释疑的是,文学史作为一种知识/权力系统,它必须以某种历史观念作为指导来描述这一历史过程,但并非意味着文学史直接就是历史,绝不能以历史观念取代文学观念,这是保持文学史的学科性质的关键问题。早期的谢无量以广义文学观确立其文学史框架,并认为"今世文学史,其评论精切,或不能逮于古,然实奄有以上诸体以为书,且远溯文章所起,暨于近世,述其源流,明其盛衰,其事诚尤繁博而难齐也,以属于历史之一部,故分为上古、中古、近古、近世四期"②,可见最早的文学史观念仍未脱离大历史观,之后的顾实认为文学史应集历史、传记、批评于一体③。穆济波则确立了文学史"以历史的研究为主,而以传记的研究为宾"的原则④。同在1932年出版文学史的周作人和钱基博也都表述了同样的倾

---

① 周作人:《中国新文学的源流》(1932),华东师范大学1995年版,第6页。
② 谢无量:《中国大文学史》,中华书局1918年版,第43页。
③ 顾实:《中国文学史大纲》,商务印书馆1926年版。
④ 穆济波《中国文学史》上册,上海群乐书店1930年版,第3页。

向,周氏以为"既然文学史所研究的为各时代的文学情况,那便和社会进化史,政治经济思想史等同为文化史的一部分,因而这门课程便应以治历史的态度去研究",这与他所确立的"文学史则是以时代的先后为序而研究文学的演变或研究其作家作品"的原则明显相悖①。而钱氏则曰:"文学之职志,在抒情达意。而文学史之职志,则在纪实传信。文学史之异于文学者,文学史乃纪述之事,论证之事。"②可见文学史被历史所涵盖,这样的文学史不能体现文学史的独特价值,它只是作为历史的附庸而存在,胡云翼对此极力批评"在最初期的几个文学史家,他们不幸都缺乏明确的文学观念,都误认文学的范畴可以概括一切学术,故他们竟把经学、文字学、诸子哲学、史学、理学等,都罗列在文学史里面"③,还以厘定文学的概念来矫正这一偏差,认为诗歌、辞赋、词曲、小说和美文游记才算纯粹的文学。之后刘经庵在1935年出版的《中国纯文学史纲》即以诗歌、词、戏曲和小说为纯文学来阐述文学的历史,而这种文学史观事实上早在朱希祖在北大担任"中国文学要略"课程的教授时就已经确认,朱氏认为文学史应该"述文学中之思想及艺术之变迁"④,后来发生偏离的原因在于文学史这种知识/权力结构出现偏误,文学史应该首先是一种关于文学的知识,其次才显示出一种话语权且与各种权力系统相关并结合成知识/权力结构,但是当权力盖过知识时,文学史就会发生变异,甚至被当作纯粹的意识形态,结果导致文学史成为了工具而失去了其本体,这在胡适的《白话文学史》中有所体现,在1949年之后的唯物主义文学史观中也有很多的教训。

  然而文学史也绝不能脱离理性的历史观,如戴燕所言:"在文学史里,作家、作品会依次从时间隧道的那一端走出来,陆续登上长长的历史剧舞台,在一幕幕戏中扮演角色,时间的流程决定了他们的前后源流关系。"⑤文学史家就像站在历史剧舞台旁的场记兼导演,角色的分配、时间的流程和剧情的发展,都必须客观地记录下来,但在纪录的同时,又得给下一幕戏提供可靠的经验,这种经验将对下一幕剧情的发展起着十分关键的作用。诚然,剧情的发展是不能脱离现实的逻辑,不论文学史家持何种历史观,他们都难以脱离清季民初以降现代化的语境,因而不得不以走向世界和与世

---

① 周作人:《中国新文学的源流》(1932),华东师范大学1995年版,第6页。
② 钱基博:《现代中国文学史》(1932),岳麓出版社1986年版,第4页。
③ 胡云翼:《新著中国文学史》,上海北新书局1932年版,第5页。
④ 朱希祖:《中国文学史要略》,北京大学国文系讲义,1920年线装本。
⑤ 戴燕:《文学史的权力》,北京大学出版社2002年版,第25~26页。

界文学史接轨的观念为指导,但同时也得寻找中华民族的文学事实和历史记忆以承接传统与现代,现代性的文学秩序也正是在这样的观念与实践及知识权力结构才能得以确立的。

最后,因20世纪前期这样一个独特时期所产生的"启蒙"与"救亡"的历史使命导致了在文学史的陈述者与接受者之间似乎也存在一种启蒙意识,这种意识甚至被陈国球讥为"嘉惠后学的自慰心理"①。启蒙者是占有知识和拥有传授知识的权力的,因此也是高高在上的,接受者似乎就是天生的蒙昧者,而事实上他们之间的关系并不是命定的。胡适在《白话文学史》中称"这几百年来,中国社会里销行最广,势力最大的书籍,并不是《四书》《五经》,也不是程朱语录,也不是韩柳文章,乃是那些'言之不文,行之最远'的白话小说!"②既然销行最广的是白话小说,那不是已经证实了被称为接受者和蒙昧者的大众在事实上先行确认了白话文学的地位,只是这种确认是民间的,是没有载入文学史的,是不具备文学史的知识/权力特征的,但是我们却可以从中看出作为陈述者的文学史家实质上落后于作为接受者的蒙昧大众,这种启蒙关系也难以成立。

福柯在考察了这种易位的启蒙关系之后说:"知识分子发现,群众不需要他们来获取知识;群众完全清楚地掌握了知识,甚至比他们掌握得更好;而且群众能很好地表达自己。但是,存在着一种阻碍、禁止和取消这种言论和知识的权力制度。权力不仅存在于上级法院的审查中,而且深深地、巧妙地渗透在整个社会网络中。知识分子本身是权力制度的一部分,那种关于知识分子是'意识'和言论的代理人的观念也是这种制度的一部分。知识分子不再为了道出大众'沉默的真理'而'向前站或靠后站';而更多的是同那种把他们既当作控制对象又当作工具的权力形式作斗争,即反对'知识''真理''意识''话语'的秩序。"③这就意味着,文学史家(知识分子)与文学及文学史的接受者(群众)同处于一个文学秩序之中,启蒙只不过是他们的共同任务,并不是指文学史家对接受者蒙昧状态的去蔽,启蒙是他们共同批判旧的文学秩序和关于言论与知识的权力制度。20世纪前期在理论上颠覆旧文学秩序的包括文学史家和文学理论家,前者以《中国文学史》予以确认,后者以《文学概论》予以确认。《中国文学史》在世纪初就已

---

① 陈国球:《文学史书写形态与文化政治》,北京大学出版社2004年版,第319页。
② 胡适:《白话文学史》(1928),上海古籍出版社1999年版,第2页。
③ 福柯:《知识分子与权力》,杜小真编选《福柯集》,上海远东出版社1998年版,第205～206页。

表现出巨人优势并引起广泛关注,而《文学概论》在1920年代之后才兴起,所以文学秩序最初的建构任务主要是由文学史和文学史家承担的。文学史家在理论上冲击着原有的权力制度和知识/权力网络,而接受者则以具体的文学接受活动打破旧的文学秩序,尤其是20世纪初期,在文学市场形成并逐渐成熟之后,文学史家的话语权和接受者在文学生产/消费系统中的权力逐渐强化,两者所产生的合力越来越大,颠覆旧的文学秩序显得更加容易和频繁,因此非常强调文学秩序的现代性,而这种现代性在20世纪初期主要表现为文学史建构过程中对知识/权力结构的更新,从这个意义上讲,现代性的文学秩序应是文学史家与文学及文学史接受者共同建构和维系的。

第二节 文学史观之反思

文学史观作为文学研究和文学史建构的核心理念,新时期以来在"20世纪中国文学史""重写文学史"等学术大讨论中受到严峻考验,而近年来开展的"中国文学史分期问题讨论"和"新世纪文学"研究等学术讨论对文学史观提出了新的挑战。为了总结经验和教训,从而应对文学史观的危机及文学史研究面对的新问题,《中国社会科学》刊发了朱晓进教授《二十世纪中国文学史观的反思》一文[①],对20世纪前期文学史研究与文学史观之关系予以剖析,在对胡适、鲁迅和周作人进行比较的基础上推导出史观、史识与史路的统一性。笔者详研此文,发现有颇多商榷之处。

一是朱教授认为中国最早为文学作"史",是接受了进化论的历史观,因而把进化论文学史观作为20世纪前期唯一合法之文学史观予以阐述。此论只及一点,不及其余。进化论在19世纪后期引入中国之后,对中国的文学史研究影响颇大,尤其是胡适、谭正璧和郑振铎等人都在文学史研究中予以阐释和发挥,但是其反响巨大的原因很大程度上是依赖当时的文化运动和政治变革的需求。而且最早的文学史并非出现于20世纪初期,历朝历代正史之《艺文志》《文苑传》《文学传》以及《文选》《文粹》《文鉴》等都是中国文学史之雏形,而早在刘勰《文心雕龙·时序》中就形成了文学史之体例,《时序》以一千余字的篇幅论述自唐虞至南朝宋齐等十代文学之兴衰

---

① 朱晓进:《二十世纪中国文学史观的反思》,《中国社会科学》2006年第1期。

变迁,体现"文变染乎世情,兴废系乎时序"之文学史观①,其文学史纲之成形与文学史观之建构无不体现中国文学史的初期编纂体例,甚至被一些学者认为是最早的中国文学史(或文学史纲)②。虽然早期国外汉学家和国人所著文学史③,如俄国瓦西里耶夫《中国文学史纲要》(1880年)、日本末松谦澄《中国古文学略史》(1882年)和古城贞吉《支那文学史》(1897年)、英国翟理思的《中国文学史》(1897年)、德国顾鲁柏《中国文学史》(1902年)等均采取西方历史观和方法论,而国内诸如林传甲《中国文学史》(1904年)、黄人《中国文学史》(1904年至1909年撰写)和窦警凡《历朝文学史》(1897年撰写、1906年油印)也部分地受到进化论等西方历史观的影响,但是中国文学史的最初形态仍然承接经史子集之学术传统,对刘勰的时序文学史观和历代文学史之雏形颇多借鉴,多以传统文学观念和学术立场为基点,其内容包含了经史子集各部,亦仿照历代正史之《文苑传》。如林传甲《中国文学史》甚至就是一部国学讲义,所论除经史子集之外,还有音韵、训诂、金石和书法等,而谢无量《中国大文学史》(1918年)则把文学分为"无句读文"和"有句读文","有句读文"又分为"有韵文"和"无韵文",其文学观和文学史观均建立在中国几千年的文学选集、文学传略及学术传统的基础上,根基颇深,也最具有学术生命力。而诸如进化论文学史观、阶级论文学史观,虽一时契合社会文化运动和革命宣传之需要,但进化论、阶级论等仅仅只是外来的历史观和方法论,这种外因必须通过内因起作用,而真正的内因则在于中国传统的文学观、文学史观和学术史观,如若一味迷信西方、追新逐异,终究在文学史的重写中被抹去其历史痕迹。

二是关于现代文学史的设立问题,朱教授认为:"新中国刚成立便提出了把'新文学(现代文学)'从古代文学史中分离出来成为独立学科的要求,这一方面是顺应当时'厚今薄古'的时代需要,另一方面是出于更明确的革命功利主义的目的:通过对历史的重新描述,论证新的革命政权及其革命意识形态的历史合法性,并为新政权制定的新文艺政策提供历史的根据。"④这种观点看似与某些时期的文学发展颇为契合,但正是这种政治文

---

① 刘勰:《文心雕龙·时序》。
② 黄维梁:"最早的中国文学史:《文心雕龙·时序》",中国文学史百年研究国际研讨会,2004年,苏州。
③ 陈玉堂:《中国文学史书目提要》,黄山书社1986年版,第3页。董乃斌、陈伯海、刘扬忠主编《中国文学史学史》第一卷,河北人民出版社2003年版,第5页。
④ 朱晓进:《二十世纪中国文学史观的反思》。

化思想在作怪,才使得中国文学史长期处于政治文化的笼罩之中而无法自拔。1949年后对现代文学史的重构,确实有意识形态的需要,也有如朱教授所言的政治心理、政治意识和政治价值在起作用,政统得到充分伸展,但是并不能因此抹杀学统之存在,更不能以政统代学统,甚至更改学统、政统与道统之关系,如朱教授所主张的从政治文化的角度研究20世纪中国文学①,如此一来,其文心不正,何来文学之正史。

三是朱教授仍然赞同重建文学史的思路,认为新时期以来的文学史面临着学科的重建,在中国文学史研究上也存在着由"苏联模式"转向"英美模式"的倾向,文学史研究与文学史观也存在着钟摆现象,从而提出史观、史识与史路的问题。朱教授是80年代以来"重写文学史"的倡导者之一,其《非文学的世纪:20世纪中国文学与政治文化关系史论》②就是重写的成果之一,如果如他所言——20世纪是非文学的世纪,那么何时才是文学的世纪,魏晋南北朝才是文学的世纪么?君不见刘勰所论:"观夫后汉才林,可参西京;晋世文苑,足俪邺都。然而魏时话言,必以元封为称首;宋来美谈,亦以建安为口实。何也?岂非崇文之盛世,招才之嘉会哉!嗟夫,此古人所以贵乎时也!"③歌功颂德之政治文化倾向昭然,甚至皇帝也直接参与文学、干预文学,而且此时期战祸连年、朝代更迭频繁,却被刘勰称之为"崇文之盛世",为何20世纪倒成了非文学的世纪呢?至于中国文学史之"苏联模式"和"英美模式",也是政治文化不断施压和解压的回环往复,更是深陷西方艰深晦涩的理论而不能自拔的恶果;而对中国古典文学史观和学术研究的传统弃之不顾,实属不明智之举。朱教授认为中国文学史研究与文学史观之间存在着两难境地:"不提文学史观,文学研究难以成'史';但过分强调某种文学史观而又处理不好史观与文学史具体研究的关系时,又容易导致文学史研究和文学史的描述对某种史观的现成结论的依赖,容易造成对文学历史具体的真实状况的背离,或者造成文学史写作的模式化。"④这种两难境地其实并不存在,朱教授之所以认为两难,是因为他只关注被贴上某种文学史观的标签的文学史研究,而无视其他大量真正有学术含量的文学史研究。事实上,从刘勰的《文心雕龙·时序》到20世纪初期文学

---

① 朱晓进:《从政治文化角度研究中国二十世纪文学》,《文学评论》2001年第5期。
② 朱晓进:《非文学的世纪:20世纪中国文学与政治文化关系史论》,南京师范大学出版社2004年版。
③ 刘勰:《文心雕龙·时序》。
④ 朱晓进:《二十世纪中国文学史观的反思》。

史的大兴,以至今日之文学史,都有一种相对恒定的文学史观,只是有些文学史研究的文学史观是潜在的,隐藏在文学史的叙述之中,而非现代性的线性模式或二元模式。因而两难境地的前提是不成立的,由此推导出来的所谓史观、史识与史路之统一,似乎也难以取信。我们倒是应该回过头去重新研读刘知几《史通》和章学诚《文史通义》等中国传统史学著作,或许能洞窥史才、史学、史识与史德之合一才是文学史观的上上品格。

因此,我认为文学史观之反思,其核心在于走出现代性。现代性文学史观的线性模式和二元模式自"五四"至今,走过了近百年历程,走出现代性是当务之急,而走出现代性,则必须回到现代性之初,回到"五四",从现代性文学史观建构之初的文学史形态中思索如何走出现代性。

在研习钱先生之文学史著作之后,深感其文学史观及文学史建构对于我们进行现代性之反思颇多裨益,因此尝试在考辨钱先生的文学史观过程中窥寻走出现代性之途。

钱基博(1887—1957),江苏无锡人,近代著名的国学大师,在经、史、子、集、小学及校雠目录学等方面造诣颇深,著述数十种,尤擅治集部之学,被尊为古文家或文学史家。钱基博在其长达 40 余年的国文教学生涯中,共撰写了三部影响深远的文学史著作:(1)《现代中国文学史》,上海世界书局 1933 年初版。(2)《明代文学》,商务印书馆 1933 年初版。(3)《中国文学史》,中华书局 1993 年版。

作为 20 世纪 30 年代四大国学家之一①,钱基博为往圣继绝学的国学立场和学术姿态非同一般,自然也影响到他的文学观和文学史观。因此,他在厘定文学涵义之前先明辨"文"之含义,认为"文"之含义有三:复杂,组织,美丽。综合而言,"所谓文者,盖复杂而有组织,美丽而适娱悦者也。复杂,乃言之有物。组织,斯言之有序。然言之无文,行之不远,故美丽为文之止境焉。"②这种明辨之功是一种学识考究之法,是探求文学知识系统之真理、原理,正如梁启超所言:"学也者,观察事物而发明其真理者也;术也者,取所发明之真理而致诸用者也。"③刘师培也指出:"学也者,指事物之原理言也;术也者,指事物之作用言也。学为术之体,术为学之用。"④钱基

---

① 20 世纪 30 年代中国四位国学大师:太仓唐文治,余杭章炳麟,吴江金松岑,无锡钱基博。
② 钱基博:《现代中国文学史》,中国人民大学出版社 2004 年版(根据上海世界书局 1936 年版点校),第 3 页。
③ 梁启超:《学与术》,《国风报》1911 年 6 月第 2 卷第 15 期。
④ 刘师培:《刘申叔先生遗书·国学发微》,宁武南氏排印本,1936 年。

博不仅溯"文"之源,还究"文学"之本,从《易》之"物相杂故曰文"到《说文》之"文错画,象交文",从孔门四科之"文学"到《汉书·艺文志》"述作之总称","文"与"文学"之本义方明,此为文学史之真理、原理,亦即文学学问之本体;而文学史中所包含的狭义或广义之文学乃"文学"之术,是取所有古典文献中之"文学"而用于文学研究和文学史之建构。此处体与用合而为一,方为文学之学术。王国维在其所撰《国学丛刊序》(1911年)中宣称世界学术大抵包括科学、史学和文学三大类,"凡记述事物,而求其原因,定其理法者,谓之科学;求事物变迁之迹,而明其因果者,谓之史学;至出入二者间,而兼有玩物适情之效者,谓之文学。……若夫知识、道理之不能表以议论,而但可表以情感者,与夫不能求诸实地,而但可求诸想象者,此则文学之所有事。"①虽然此处文学也涉及情感、想象,但其本质仍然是学术,是探究"文学"之本原与流变的学问。

钱基博在此问题上与梁启超、刘师培和王国维等人并无二致,坚守其学术化文学观,认为一切文学来源于学术,文学研究亦类同于学术研究。他对文学的定位与定义也是为了建构其文学史、研究文学之兴衰与变迁,因此把文学分为狭义文学和广义文学。狭义文学专指美的文学,即"论内容,则情感丰富,而或不必合义理;论形式,则音韵铿锵,而或出于整比;可以初弦诵,可以动欣赏。"②梁昭明太子萧统编选《文选》时指出:"若其赞论之综辑辞采,序述之错比文华,事出于沉思,义归乎翰藻,故与夫篇什,杂而集之,远自周室,迄于圣代,都为三十卷,名曰文选云尔。"③钱基博并不赞同这一原则,认为"所谓'篇什'者(《诗》雅颂十篇为一什,后世因称诗卷曰篇什),由《萧序》上文观之,则赋耳,诗耳,骚耳,颂钻耳,箴铭耳,哀诔耳,皆韵文也。然则经(姬公之籍,孔父之书)非文学也,子(老庄之作,管孟之流)非文学也,史(记事之文,击年之书)非文学也"④,文学仅为集之部分,后由梁元帝、刘勰等人延续这一文学观,且总结出无韵为笔,有韵为文,钱基博反驳曰:"持此以衡,虽李、杜、韩、柳、欧、苏、曾、王八家之文,亦不得以厕于文学之林;以事虽出于沉思,而义不归于翰藻;盖以立意为宗,不以能文为

---

① 王国维:《王国维论学集·国学丛刊序》,中国社会科学出版社1997年版,第404页。
② 钱基博:《现代中国文学史》,第3页。
③ 萧统:《文选序》,郭绍虞主编《中国历代文论选》一卷本,上海古籍出版社1979年版,第330页。
④ 钱基博:《现代中国文学史》,第4页。

本者也。"①他指出六朝之后的文学专指韵文,过于狭隘,如若求文学之平民化,则必须舍狭义文学而取广义文学;六朝之前的文学意为著述之总称,即广义的文学,这里采取的是一种文艺复兴式的策略,以一种尊崇古论的复古姿态来阐述其广义文学观。但是他并不直接赞同这种广义文学观,而是以严谨的学术考证来驳斥文学即韵文的狭义文学观和文学即著述之总称的广义文学观,以广阔之思维作狭义之定论:"今之所谓文学者,既不同于述作之总称,亦异于以韵文为文。所谓文学者,用以会通众心,互纳群想,而兼发智情;其中有重于发智者如论辩、序跋、传记等是也,而智中含情;有重于抒情者,如诗歌、戏曲、小说等是也。大抵智在启悟,情主感兴。"②此种文学观既不拘泥于有韵无韵之别,也给文学漫无边界的述作之总称的学术体系予以定位,在集部之内把学问进一步细致化、系统化,从而完善其学术化文学观。

钱基博的文学史著作即是以学术化文学观为理念,在学术史与文学史的交叉同构中建立起来的。一方面,他认为文学之学术必须以史观为根基。他坚持的历史原则是"不偏不党而能持以中正",而由此也确立了撰写中国文学史的原则:"不苟同于时贤,亦无矜其立异;树义必衷诸古,取材务考其信。"③他认为历史应该为忠实之客观的记载,不能有过多的主观情绪,而在忠实记载的同时又能言人所未言而成一家之言,因此尤其推崇章学诚,撰写专著《〈文史通义〉解题及其读法》(中山书局1933年)予以阐释,尤为赞同章学诚所言:"史之大原,本乎《春秋》。《春秋》之义,昭乎笔削。笔削之义,不仅事具始末,文成规矩已也。以夫子义则窃取之旨观之,固将纲纪天人,推明大道,所以通古今之变,而成一家之言者。"④他认为历史除了忠实记载之外,还须详人之所略,异人之所同,重人之所轻,而忽人之所谨,不拘泥既定历史标准、体例,而后方能独断于心,通古今变迁之大道,而成一家之言。周振甫在评价其师钱基博的《中国文学史》时指出⑤,虽然这部文学史是按照传统文学观念来编纂的,是一部以诗文为主、包括赋和词的文学史。但这并不妨害此部《中国文学史》之根底,并不因此而显得狭隘,相反倒成就了其"通古今之变,成一家之言"的学术地位。

---

① 钱基博:《现代中国文学史》,第2页。
② 钱基博:《中国文学史》上册,中华书局1993年版,第3页。
③ 钱基博:《中国文学史》上册,第10页。
④ 章学诚:《文史通义》内篇四《答客问上》。
⑤ 周振甫:《对钱子泉师〈中国文学史〉的审读意见》,《中国出版》1987年第1期。

另一方面,钱基博认为文学史是学术而非文学。文学主要在于抒情达意,而文学史则在于纪实传信,"文学史者,纪吾人之文学作业者"①,主要手段是记述和论证,是一种科学的学术建构;但他的学术建构并不同于学术史中的文学传记或文学选集,那些仅仅是治史部和集部之学,文学史是新兴学术活动,与传统的经史子集存在很大差异。他在分析了历朝历代之《文苑传》或《文学传》之后发现,这些仅仅在于铺叙文学家之履历,而且其标准仅在于其学术需要,导致一些重要的文学家不能入选《文苑传》或《文学传》;此外,诸如《文章流别集》《文选》《唐文粹》《宋文鉴》等文学总集,仅以人为纲或以文体为纲,难以窥见不同时代的文学之发展演变。因此,钱基博认为这些文学传记或文学选集仅仅是文学史编纂所需的材料而已,而文学史的主要任务则在于"综贯百家,博通古今文学之嬗变,洞流索源",并在此基础上提出文学史之三要:事、文、义。事来源于诸史的《文苑传》或《文学传》,文来源于诸家之文集,而义则遵循《周易》之原则,在于"见历代文学之动,而通其变,观其会通者也"。三者合一,其核心则在于"知人论世,详次著述;约其归趣,详略其品;抑扬咏叹,义不拘墟;在人即为列传,在书即为叙录。"②这种知人论世的文学史观使他在文学史的撰写中往往采取拾文人轶事、立作家志传等研究方法,甚至有些内容无法被文学史包容而不得不另立名目,如唐代文学之韩愈,在文学史之外还编纂《韩愈文读》和《韩愈志》。

除此之外,钱基博还非常重视目录学和版本学,甚至在编《国学文选类纂》时把国学分为六部,在传统的经史子集的基础上分化出小学和校雠目录学,他的《版本通义》《古籍举要》和《经学通志》等著作对其文学史的编纂有重要作用。正如戴燕在《文学史的权力》中指出的:"《四库全书总目提要》等传统目录对于文学史的影响,大约可以分出两个方面来讲:一方面是它的类例之分,影响到文学史的边界划分和文学史史料的选择确认;另一方面,是贯穿在它的编辑体例中的对于学术源流的考辨,既影响到文学史的整体学术判断,也影响到它的一些局部结论。"③正因为目录学和版本学的学术意识在起作用,钱基博在划分文学史的边界、选择文学史史料和考辨学术源流等方面独具慧眼,如在编纂《现代中国文学史》时把当时被新文

---

① 钱基博:《中国文学史》上册,第5页。
② 钱基博:《中国文学史》上册,第5页。
③ 戴燕:《文学史的权力》,北京大学出版社2002年版,第16页。

化和新文学界贬低的王闿运作为现代文学中古文学第一人,虽然并不被新文学论者所认可,但是这种选择和考辨,对现代文学之肇始有莫大意义:没有晚清,何来五四;文学断代并非截断文学历史,而应在文学观、学术传统的继承中开创历史。

第三节 文学观、文学史观与学术史观之合一

著名文学史家王瑶先生在总结治学心得时也指出:"文学史既是一门文艺科学,也是一门历史科学,它是以文学领域的历史发展为对象的学科。因此一部中国文学史作为反映人民生活的文学的特点,也要体现作为历史科学、即作为发展过程来考察的学科的特点。"[①]他强调的文学史观也是三个方面:文学、历史和科学。这种文学史观在本质上与钱基博先生不谋而合,实质上就是文学史的建构要注重文学观、文学史观和学术史观三者的统一。

但是20世纪30年代以来,中国文学史的研究虽然进一步深入且影响深远,但是并未真正实现文学观、文学史观和学术史观的完美结合与统一。其中具有代表性的文学史观主要有郑振铎的文学通史观、杨义的图志文学史观、张炯的新通史观、刘大杰的文学发展史观、章培恒的人性论文学史观、游国恩的朝代文学史观和袁行霈的三古七段双视角文学史观等。

(1)郑振铎的文学通史观、杨义的图志文学史观和张炯的新通史观。郑振铎在《插图本中国文学史》(1932年)中将中国文学分为古代(从远古到西晋)、中世(从东晋到明代中叶)、近代(从明嘉靖到五四运动)和现代(五四运动以来),1958年又在此基础上发展为上古、中代、中世、近代和现代五个时期,并根据社会性质把近代文学定位为1840年至1949年,现代文学则是1949年之后的文学。[②] 此种通史观把文学观、文学史观和学术史观都抛开了,而以社会政治史取代了文学史,有明显缺憾;但是插图本的文学史体例却是独一无二。1996年杨义首次回应了这种文学史体例,与人合作出版了《中国新文学图志》,把大量手稿、书信、书影等图片放入书中从而反映文学的发展变迁过程,开创图志文学史之先声。10年之后,他又

---

① 王瑶:《关于中国现代文学研究工作的随想》,《中国现代文学研究丛刊》1980年第4期。
② 郑振铎:《插图本中国文学史》,北平朴社1932年版;《中国文学史的分期问题》,《文学研究》1958年第1期。

完成了《中国古典文学图志》第一卷。此次他不仅要实践"以史带图,由图说史,图史互动"的文学史观,更重要的是他走出了从古代的杂文学观到现代的纯文学观的局限,选择了兼容民族学、地理学、文化学、考古学等多重视角的"大文学观"①,甚至在此基础上形成了文学图志学的学术体系。虽然图志这个角度对于文学史研究并不一定完全合理,但是当文学观、文学史观和学术史观三者统一于图志这个核心视角的时候,这种文学史就显示出了巨大的学术价值。张炯等人主编的《中华文学通史》(十卷本,1997年),分为古代文学(按照朝代分为四卷)、近代文学、现代文学和当代文学(按照文学体裁分为三卷)②,从学科需要和学术史研究之便利的原则来看,这种文学通史观无疑是一大进步;随后张炯又主编了《中华文学发展史》(三卷本,2003年),坚持唯物史观,分为上世(先秦到唐五代)、中世(宋代至清代)和近世(鸦片战争至今),以"文学背景的社会形态与思潮特点和文学本身的发展特色结合"的视角来进行文学分期。③ 这种文学史观与文学史分期和钱基博虽然有较大区别,但是在文学观、文学史观与学术史观的统一方面与钱基博有相通之处。

(2)刘大杰的文学发展史观和章培恒的人性论文学史观。刘大杰的《中国文学发展史》主要以中国文学的发展和流变为基本论述点,从文学历史发展的角度确认了中国古代文学的模式,自此之后文学经典作品与作家得到合法性论证;同时他描绘的是人类情感和思想的历史,以相对较为纯正的文学观和学术史观获得了其学术地位。但是在文学史观的问题上仍然存在部分偏误:过分表彰古代文学中的浪漫气质、自由精神、个体意识、叛逆思想,而偏离了不偏不党而持以中正的文学史之史学原则。章培恒主编的《中国文学史》是最有特色的一部文学史,其文学观和文学史观都比较独特且贴近文学本真。他认为文学乃是以语言为工具的、以感情来打动人的社会生活的形象反映,从而强调了从文学与人性的关系出发,对经济基础、社会性质、政治文化、阶级等问题予以淡化,而以人类情感和社会生活为主线;而文学史则应该显示文学的简明而具体的历程:"它是在怎样地朝人性指引的方向前进,有过怎样的曲折,在各个发展阶段之间通过怎样的扬弃而衔接起来并使文学越来越走向丰富和深入,在艺术上怎样创新和更

---

① 杨义:《换一个角度写文学史》,《人民日报》2006年6月4日。
② 张炯、邓绍基、樊骏主编《中华文学通史》第一卷,华艺出版社1997年版,第3—8页。
③ 张炯主编:《中华文学发展史》"上世史",长江文艺出版社2003年版,第14页。

选,怎样从其他民族的文艺乃至文化的其他领域吸取养料,在不同地区的文学之间有何异同并怎样互相影响。"① 这种人性论的文学观和文学史观一方面能够把握文学的本质,把握人类的情感与人性及文学发展的契合点,把握文学史中最适合"人类本性"、有助于"每个人的全面而自由的发展"的精神内核,把握"历史地发生了变化的人的本性"以及与之交辉呼应的文学,从人类自身的发展中寻求文学发展的历史变迁。但是另一方面,人性论文学史观却与学术史的建构相违背,它只是选择性地还原部分历史而有意掩盖与之不符的史实,甚至直接以再造历史来取代还原历史,这种把文学史观与历史观和学术史观对立起来的做法虽然显示了文学研究的独特性,但却偏离了科学的文学史研究方向。

(3)游国恩的朝代文学史观和袁行霈的三古七段双视角文学史观。游国恩主编的《中国文学史》把从上古到"五四"时期的文学作为中国古典文学的学科范畴,前八编按照封建朝代来划分,第九编则按照社会形态分为资产阶级启蒙时期文学、资产阶级改良主义时期文学和资产阶级民主革命时期文学,这种分期方式是编者所采取的无奈之举:"尽管以主要封建王朝作为分期标志,不是严格的科学划分,但它也有助于我们掌握我国文学的发展,我们还是采取了这种办法。"② 这种朝代文学史观虽然在文学观和文学史观上并不一定合理,但却十分有益于中国文学史的学科建设,承接了学术传统并在学术史观的观照下建构文学史体系,正因为如此,这部文学史沿用了40多年且仍然具有很高的学术价值。袁行霈主编的新版《中国文学史》则立足于文学之本位,以史学之思维考察文学自身的发展及演变历程,而将社会制度的变化、王朝的更替等仅仅视为文学发展变化的背景,从而把中国古代文学分为三古、七段③:上古期,即公元3世纪以前,分为先秦和秦汉两段;中古期,即公元3世纪到16世纪,分为魏晋至唐中叶(天宝末)、唐中叶至南宋末、元初至明中叶三段;近古期,即16世纪到20世纪初期,分为明嘉靖初至鸦片战争、鸦片战争至"五四"运动两段。这部文学史坚持三古七段论和朝代论两个基本视角,既打破了朝代分期中制度文化的局限,回归到文学本身,使文学史的学术研究更科学、更精细;同时又部分地沿用了朝代文学史观带来的便利,保留了一定的学术传统。两个视角

---

① 章培恒主编:《中国文学史》上册,复旦大学出版社1996年版,第61页。
② 游国恩主编:《中国文学史》第一卷,人民文学出版社2002年第2版,第2页。
③ 袁行霈主编:《中国文学史》第一卷,高等教育出版社1999年版,第12页。

合一,以达到文学史观与学术史观的统一。终因参编人员过多,在学术体例和文学史构架方面虽然较为统一,但在文学观、文学史观方面很难达到完全统一,因而略显庞杂。

与上述几种文学史观相比而言,钱基博所持的传统文学观念和国学式的研究方法有明显不足,但是通过以上对钱基博文学史观的考辨,至少有两点值得借鉴。一是他以文学观、文学史观和学术史观统一的宏大视角把中国文学分为五个时期:上古、中古、近古、近代和现代。上古自唐虞至战国,中古自两京至南北朝,近古自唐至元,近代为明清两朝,现代则为民国之后。中古相对于上古有四变:由歧趋一,由复趋简,由散趋整,由奥趋显。近古相对于中古有三变:由骈趋散,由华反质;由情入理,由奥趋显;由辞尚气,由敛趋肆。钱基博把古代文学分为三个时期,并且以比较纯粹的、文学自身演变的进程为基本分期标准,剖析了文学史与学术史交叉融合。近代文学和现代文学的划分更是钱基博文学史观的亮点。他认为近代文学应当自明代文学开始,并在《明代文学·自序》中云:"自来论文章者,多侈谈汉魏唐宋,而罕及明代,独会稽李慈铭极言明人诗文,超绝宋元恒蹊,而未有勘发。自我观之:中国文学之有明,其如欧洲中世纪之有文艺复兴乎?……然则明文学者,实宋元文学之极王而汉魏盛唐之拔戟翻复振;弹古调以洗俗响,厌庸肤而求奥衍,体制尽别,归趣无殊。此则仆师心自得,而《明史》序《文苑传》者之所未及知也。"[①]以如今纯文学观观之,钱基博对明代文学的总结并不一定切合实际,但是他把明代文学喻为中国文学之文艺复兴,已经明确意识到中国文学自此发生的巨大变革,这种近代文学观与当前通行的 1840 年至 1919 年的近代文学观有极大不同,他是从文学自身发展出发来审视整个文学历史,而把社会性质和社会形态作为次要考察因素。此外,他把现代文学的起点定在 19 世纪末 20 世纪初,这在 20 世纪 80 年代以来的"20 世纪中国文学"和"中国文学史分期问题讨论"等论争中逐渐得到确认,并产生了一些新的文学史建构[②]。由此也可以看出,钱基博

---

① 钱基博:《明代文学》,商务印书馆 1933 年版,第 1 页。
② 乔福生、谢洪杰主编《二十世纪中国文学》,杭州大学出版社 1992 年版。苏光文、胡国强主编《20 世纪中国文学发展史》,西南师范大学出版社 1996 年版。王晓明编选《20 世纪中国文学史论》,东方出版中心 1997 年版。孔范今主编《20 世纪中国文学史》,山东文艺出版社 1997 年版。黄修己主编《20 世纪中国文学史》,中山大学出版社 1998 年版。黄悦、宋长宏《20 世纪中国文学史纲》,北京语言大学出版社 2003 年版。唐金海、周斌主编《20 世纪中国文学通史》,东方出版中心 2003 年版。

认为中国文学史经历了文学的自发、自觉、鼎盛、复兴和现代化等五个阶段,这种建构在学术化文学观基础之上的文学史分期方式,无疑值得当今文学史家的参考和借鉴。

二是在学术史观的视野下以文学观为基础建构的文学史观,以及以史为纲、以学为论的论从史出的文学史研究方法,也是值得我们深思的。钱基博坚守传统学术史观,以"辨章学术、考镜源流"为使命研究文学史,因此必然以史为纲、以学为论,明文学历史之变,辨文学学术之论,坚持文学史家的历史原则和学术原则。然而20世纪的中国文学史研究却往往以论为纲、以论带史或以论代史,以先验之论取代客观之史,以批判的激烈程度来彰显其文学史的先进性,这是19世纪后期在内外交困中逐渐形成的狼性文化对中国文学乃至中国文化传统的吞噬。新时期以来,虽然在人性、文学和文化方面进行全面反思,但是在文学史研究方面并没有完全改变以论带史的倾向,只是从进化论、阶级论、启蒙论发展到人性论,在"论"上有一个大的进步,但是以论带史的文学史观并无改观。此外,文学史家往往容易陷入一个疑古逐新的怪圈,害怕被人扣上复古、陈旧的学术罪名,但是正如钱基博所言:"史不稽古,岂曰我思。然史体藏往,其用知来;执古御今,柱下史称;生今反古,谥以'愚贱'。文学为史,其义无殊;信而好古,只以明因;阐变方今,厥乃用神;顺应为用,史道光焉。"① 文学史家如若不以史为纲、以学为论,而是史未作而论先行,以政统或道统之论取代学统之史,将会丧失知识分子安身立命之本。

中国古代的士大夫向近现代知识分子的转变是从晚清开始的,但是这种转变并不意味着知识分子必须摒弃一切士大夫之秉性,知识分子仍然需要寻找一种安身立命之本,只是这个立命之本发生了变化而已。19世纪末20世纪初,众多转型时期的士大夫或知识分子不论是保守的、还是激进的,即使是海外留学归来的新兴知识分子,绝大多数都是少年时代学习过四书五经,这种文化根性并没有发生改变。《大学》第一章曰:"大学之道,在明明德,在亲民,在止于至善。……古之欲明明德于天下者,先治其国;欲治其国者,先齐其家;欲齐其家者,先修其身;欲修其身者,先正其心;欲正其心者,先诚其意;欲诚其意者,先致其知;致知在格物。"② 此所谓朱熹所言的"三纲领、八条目",是知识分子之所以能成为中国式的知识分子所

---

① 钱基博:《现代中国文学史》,第9页。
② 《大学》第一章。

必须深刻理解且终身实践的文化内核。"八条目"中诚意正心修身是道统,齐家治国平天下是政统,格物致知是学统。《左传》亦有云:"太上有立德,其次有立功,其次有立言,虽久不废,此之谓不朽。"①孔颖达疏:"立德,谓创制垂法,博施济众;立功,谓拯厄除难,功济于时;立言,谓言得其要,理足可传。"由此可见,中国古代士大夫以立德为上、立功为中、立言为下,把道统视为灵魂,以此展开政统,而学统仅仅是为前两者服务而已。因此,道统、政统和学统杂糅在一起,既没有形成具有独立伦理精神和价值取向的政统体系,也没有形成为学术而学术的独立学统,甚至在"学而优则仕"的思想支配之下有意放弃学统的独立性。就文学史观而言,道统是指文学的人学本性和道德理性,政统是指现实功利性和政治理性,学统是指相对纯粹文学学术及其学术理性。

20世纪初期以来,中国文学虽然出现与以往两千多年大不相同的新气象,但是文学史家并没有因此而形成新的独立学统,而且改变了古代士大夫以道统为灵魂的立命之本,借鉴异域的文化道统辅佐新的政统之建立,从而开创以政统为核心、道统与学统并进的新局面。从胡适《白话文学史》和《五十年来中国之文学》开始,中国文学史的撰写就已经开始偏离独立的学统,并逐渐形成学统从属于政统、学统从属于道统两条歧路。

学统从属于政统是20世纪中国文学史编纂的主要模式。20世纪中国文学史中的阶级论、"文学为政治服务"、新民主主义文学观等都体现了强烈的政统意识,具体表现为文学及文学史的现实功利性、社会功能性和政治倾向性,这些政统意识长期压制甚至取代学统。新时期以来,关于"近代文学""20世纪中国文学""重写文学史"等问题的讨论虽然走出政统占绝对优势的格局,但是学统仍然从属于政统。近代文学的倡导者以1840年到1919年为近代文学时期,不论他们如何去开掘这一时期的学统,从文学史观角度来看,这显然是社会性质的政治理性压倒了学术理性的做法,只是在文学史建构的细节上努力倾向于学统,但这仍然无济于事。由黄子平、陈平原和钱理群等人发起的"20世纪中国文学"的讨论,看似打破了社会性质等政治理性的限制,实质上仍然以现实功利性为主导,他们建构"20世纪中国文学"史观的初衷是认为20世纪的中国文学是一个现代化的进程,是"一个在东西方文化的大撞击、大交流中从文学方面(与政治、道德等

---

① 《左传·襄公二十四年》。

诸多方面一道)形成现代民族意识(包括审美意识)的进程"①;亦如"重写文学史"论者们所言的,20世纪中国文学是不断融入世界文学格局的进程。由此可见,他们仍然以现代民族意识、世界文学格局和现代化进程等现实功利因素和政治理性来压抑相对纯粹的中国文学学术及其学术理性。

学统从属于道统是文学史观的潜在要求,往往与文学的精神本质纠葛不清。道统似乎是知识分子的永恒追求,但是这种追求只在道统受到阻碍的时候才显示出其永恒价值。就中国文学的发展而言,当人们的情感、人性、审美意识等受到政统的压制,并且在学统沦为政统的帮凶、使道统不再作为灵魂而仅为政统的奴隶的时候,知识分子就成了制造思想、恢复道统的原动力。于是在20世纪中国文学史上,诸如情感论、人性论、审美论等新兴学术理念在内在思想的压抑中和外来文化的刺激下接连产生,甚至产生诸如"审美意识形态"等道统与政统杂糅的理论体系,而对学统的精细考究早已被人们忘却。在这知识分子制造思想并引领时代的思想论争时期,似乎不创造几个新理论、新名词就难以向渴求思想启蒙的民众交代。可是结果正如20世纪90年代中期"人文精神"讨论中所提到的:"当知识分子们发现除了留下一大堆崭新的理念之外,在学术上什么也没有积淀时,便开始重视学统自身的独立性,开始注意承接前人留下的学术传统。一旦意识形态化的道统意识淡化,学统的意义就凸现出来了,而政统也开始世俗化,以责任伦理的方式重新建构。道统意识消解了,但道统的意义反而更纯正了,它不再自命不凡,越界筑路去干预知识或政治,而是严守形而上领域,为这个世俗化的社会提供超越性的精神和道德资源。"②在学统、道统和政统的围栏中转了一圈,文学史研究又回到其自身的学理系统之中,它失去了那个预设的敌人——以政统为核心的文学史观,似乎一时难以适应,但是一种新兴的学术生产机制和学术理性系统已经逐渐形成,学统必然独立。

学统的独立,是文学史观最有价值的转变。有学者认为学统从属于政统、学统从属于道统和学统相对独立是知识分子的三种生存方式,"由于'道统、政统和学统'均在一种文明结构之内,并以相互冲突、相互循环的方式转换,由于文化精神的式微,价值结构的解体,我们就很难说哪一种知识

---

① 黄子平、陈平原、钱理群:《论"二十世纪中国文学"》,《文学评论》1985年第5期。
② 许纪霖、陈思和、蔡翔、郜元宝:《人文精神寻思录之三——道统、学统与政统》,《读书》1994年第5期。

分子的生存方式更具备价值性"①。这种存在即合理的观点是危险的,将会导致文学史观重新回到学统、道统和政统杂糅的状态,甚至为政统成为文学史观的主宰提供了新的合法性。为了避免文学史观的道德化或政治化,最有效的方式就是坚持学统、道统和政统之并行原则。

三者并行,但必须以学统为本。文学史是一种相对纯粹的学术研究,具有历史科学的属性,因此有其自身的学理系统。文学史是还原历史,而不是再造历史,更不是以当前部分学者自造的文学观念为标准来重新梳理伪文学的发展演变;文学史作为一种学术考证和历史描述,必然涉及文字学、文献学、考据学、地理学、民族学、心理学等相关学科,更多表现出来的是学理分析和知识生产。三者并行,走出了三者杂糅的状态,但又要注意到文学史观的独特性,文学是文学史描述的对象,文学是观念的、情感的,能够直接与人的意识和人性等深层心理结构相契合。因此,文学史必然与道统和政统相关,道统对文学的引导与文学对道统的建构、政统对文学的压抑与文学对政统的反拨都反映在文学历史的演变进程之中;文学史也必须与道统和政统相关,否则文学史只是毫无生命力的死学问。三者并行,最终形成以学为思、以思促学的纯粹学术理性,形成独立的价值取向和政治理念,形成完善的伦理道德和人性品格,三者各自独立但又在文化本性和人性上互通,一张一阖方是为学之道。持此学术观和文学史观,文学史才能走出现代性文学史观的线性模式和二元模式,回归文学学术本身,建构合理的文学史学术体系。

第四节　回归中国现代性

周作人最早把 modernity 翻译为"现代性",认为陀思妥耶夫斯基相对于狄更斯来说具有"非常明显的现代性"②。自此之后,现代性就一直伴随着中国的文学革命、左翼文学、抗战文学、延安文学、十七年文学、新时期文学、后新时期文学和 21 世纪文学,产生了晚清现代性、启蒙现代性、左翼现代性、革命现代性、政治现代性、审美现代性、文化现代性等文学现代性的多种维度和形态。但是现代性真正进入中国学术界的视野,却是在 20 世纪 90 年代中期之后。在 90 年代中期的文化转型中,"后现代"的幽灵游离

---

① 吴炫:《知识分子:批判的立场、对象和方法》,《文艺争鸣》1997 年第 6 期。
② 《新青年》第 4 卷第 1 期(1918 年 1 月)。

于各个学科之间,试图解构一切已成定规的学术体系、剥离一切传统的学术理念,让中国学术界感受到前所未有的新鲜和欣喜,可是短暂的欣喜之后又感到强烈的担忧甚至恐惧,于是纷纷以"民族性""中华性"等理念来应对,可是仍然无补于事,最后不得不把目光转向"现代性"。但是当我们从哈贝马斯的"未完成的现代性"、瓦蒂莫的"现代性的终结"、贝克的"现代性的开始"、芬伯格的"可选择的现代性"、詹姆逊的"单一的现代性"、泰勒的"多重的现代性"、鲍曼的"流动的现代性"、拉什的"自反现代性"、吉登斯的"晚期现代性"等眼花缭乱的西方现代性围栏中奔走一圈之后发现:中国现代性无法复制西方现代性;必须走出西方现代性,回归到中国;中国现代性是从中国的历史和文化中延续而来的。

但是此时,中国文学已经跟随西方现代性奔走了大半个世纪,那种"对现代意识的追求、现代性的转化和现代秩序的建构过程中形成的文学特质"[①]已经深深地刻印在中国文学的历史发展之中。这种处于初级阶段的中国文学现代性,众多学者都给予极大的关注[②],基本认同走向世界的趋向、文学的自律性追求、启蒙话语的文学叙述、民族国家的宏大叙事、人本主义的文学建构、审美先锋的自觉意识、普遍主义的知识体系等文学现代性特征。正是由于对文学现代性这些基本特征和20世纪初期以来中国文学现代性多种维度和形态的理论把握和深入研究,现代性文学史观在文学史研究过程中已经扎根,但是也开始逐渐表现出其局限性。

现代性文学史观主要有两种模式:线性模式和二元模式。这两种模式与马克思·韦伯所提出的现代思想的两重理论——现代化理论和批判理论有一种对应关系。线性模式即现代性的现代化理论模式,坚持线性时间观和历史观;二元模式即现代性的批判理论模式,以艺术化的审美现代性批判社会化的启蒙现代性。

线性模式的文学史观认为文学是现代化进程的一部分,必须坚持线性发展的时间观念和历史观念,必须使文学在现代化进程中逐渐融入世界文学格局之中并且成为引导人们积极向上、勇往直前的精神力量,往往以世

---

① 胡鹏林:《文学现代性》,中国社会科学出版社2007年版,第3页。
② 杨义:《关于中国文学现代性的世纪反省》,《文艺研究》1998年第1期。龙泉明:《20世纪中国文学的现代性论析》,《学术月刊》1997年第9期。易竹贤:《中国现代文学的现代品格》,《学术月刊》1998年第8期。吴晓东:《中国现代文学中的审美主义与现代性问题》,《文艺理论研究》1999年第1期。李怡:《"走向世界""现代性"与"全球化"》,《南京大学学报》2004年第3期。王晓初:《中国现代文学之"现代性"思考》,《文艺研究》2005年第12期。

界文学的大视野、改造民族灵魂的启蒙立场和建构民族国家想象的文化观念来研究文学,把文学史看作现代化追求的文学发展变迁史。从进化论文学史观到阶级论文学史观,再到坚持唯物史观的新民主主义文学史观,几乎把文学作为社会发展和进步历程的缩影,是一种极端的线性模式。如戴燕所言:"作为近代文学、科学和思想的产物,'文学史'的重要基础是19世纪以来的民族—国家观念,如果按照安德森的说法,民族国家是一个'想象的共同体',那么,文学史便为这种想象提供了丰富的证据和精彩的内容。"[1]新时期以来,出现了关于"20世纪中国文学"、中国现代文学的近代性与现代性问题、"中国文学史分期问题"等多次论争,但是不论如何讨论,始终都难以走出现代性文学史观的线性模式和既定框架。1985年,黄子平、陈平原和钱理群提出了"20世纪中国文学",即"就是由19世纪末20世纪初开始的、至今仍在继续的一个文学进程,一个由古代中国文学向现代中国文学转变、过渡并最终完成的进程,一个中国文学走向并汇入'世界文学'总体格局的进程,一个在东西方文化的大撞击、大交流中从文学方面(与政治、道德等诸多方面一道)形成现代民族意识(包括审美意识)的进程,一个通过语言的艺术来折射并表现古老的中华民族及其灵魂在新旧嬗替的大时代中获得新生并崛起的进程"。[2] 其理念即在于文学现代化、融入世界文学、现代民族意识、文学进程等核心词汇,而这些都是文学现代性的多重维度,因此他们并没有突破现代性文学史观的线性模式。《中国社会科学》就此文学史观展开过论争[3],已经触及这种文学史观的局限性:要么是以文学性来统摄文学现象的历史堆积,抑或是以文化、社会、政治、经济等非文学性的视角来观照文学的演变[4]。两者对立,两者也都是片面的。1996年,杨春时和宋剑华掀起了中国现代文学性质的讨论,更是直接以线性历史观和文学现代化为标准,认为"20世纪中国文学的本质特征,是完成了由古典形态向现代形态的过渡、转型,它属于世界近代文学的范

---

[1] 戴燕:《文学史的权力》,北京大学出版社2002年版,第2页。
[2] 黄子平、陈平原、钱理群:《论"二十世纪中国文学"》,《文学评论》1985年第5期。
[3] 吴炫:《一个非文学命题——"20世纪中国文学"观局限分析》,《中国社会科学》2000年第5期。《中国社会科学》2001年第4期发表《对文学史观念的再认识——兼评吴炫的文学史观》四篇笔谈,包括谭桂林《原创性的文学与文学史的原创性》、孔范今《绝对化思维无助于文学史的科学建构》、秦弓《体系化:文学史研究的一个弊端》和朱国华《通向文学史的多元路径》。杨春时:《文学性与现代性——〈一个非文学命题〉引发的理论问题》,《学术研究》2001年第11期。
[4] 朱国华:《通向文学史的多元路径》,《中国社会科学》2001年第4期。

围,而不属于世界现代文学的范围;所以它只具有近代性,而不具备现代性"①。他们认为中国现代文学并不具备现代性,而是正在努力获取现代性而已,严格地把握现代性理论的实质,并且套用在文学史研究之中。2001年,章培恒和陈思和提出了"中国文学史分期问题讨论"②,这个讨论实质上是延续"20世纪中国文学"和"重写文学史"的构想。他们首先提出了一个疑问:"二十世纪以来,当我们习惯性地把以先进工业文明为特征的现代西方文化界定为'现代性'、并将之与中国传统文化相对应,欲脱胎换骨(在日本则反映为'脱亚入欧')地追求'现代'时,我们有没有检点一下,我们自己的文学传统中有没有产生出接近于西方'现代性'的进步因素?中国近代社会在资本主义经济萌芽状态中接受了西方资本主义的生产方式,尽管这种接受带有一定的屈辱性和被迫性,它仍然是中国文化传统发展到某种历史阶段的变化形态,那么这种变化形态的'现代性'是否也是中国传统的一部分,或者就是传统本身?进而言之,由此而产生的文学形态是否具有古今演变中的一贯性?"③虽然他们在文学观上颇有创见,但在文学史观上仍然围绕现代性展开,只是把现代性之根底放置于更为广阔和深厚的中国传统文化之中。此次讨论的部分结论(如现代文学的起点应当是19世纪末20世纪初)无疑具有重要价值和文学史意义,但是将文学史看作文学现代化及现代性追求的发展史和演变史,始终没能逃离现代性文学史观的线性模式。

二元模式的文学史观则在传统与现代、民族与世界、政治与审美、文言与白话、精英与通俗等二元范畴中转圈,这种思维模式是舶来之物,几乎都是西方19世纪甚至是更早的启蒙运动时期的理论体系。在西方现代性理论中,现代性的着眼点是指向未来的,它所表示的文化质态是一种现代化的前进序列,因此它必须强调理性化、合理化和秩序化,通过科学精神、进化观念和理性意识分别在自然科学、社会科学和人文科学界确立其现代性地位,使人与自然、人与人以及人与自身的关系进入合理秩序,以此促进现代化和完善现代性。这仅仅是一种启蒙现代性,它同时也是上述线性模式的理论根基;而另一种现代性——审美现代性就伴随着启蒙现代性而产

---

① 杨春时、宋剑华:《论二十世纪中国文学的近代性》,《学术月刊》1996年第12期。
② 2001年至2002年,章培恒和陈思和在《复旦学报》上举办"中国文学史分期问题讨论",共12期。
③ 章培恒、陈思和:《主持人的话》,《复旦学报》2002年第5期。

生,它对启蒙现代性出现的问题的反思和批判,以一种思维向后和意识向前的模式来规范、指引着启蒙现代性的发展,而且总是以一种先锋的面孔、激情的思想和否定的立场出现在现代性理论中。二元模式就是在这种批判理论指引之下形成的,文学史观的二元模式通常既包括现代化理论观照之下的线性模式,更是直接体现了批判理论所显示出的二元对立思维。如1988年王晓明和陈思和等人倡导的"重写文学史",一方面以审美的、文学的、世界的理念来反拨政治的、社会的、古典的标准;另一方面还是认同文学现代化的发展方向,只不过认为现代化的进程出现了断裂,因而实质上既有二元对立思维、又有线性模式的痕迹。此外,当文学现代化的标准取代了新民主主义和社会主义的标准,必然以一元对抗另外一元,现代与传统、世界与民族、审美与政治等二元范畴中的前者均得到张扬,从而批判"源流正变"的传统文学史观、以民族文学对抗世界文学的民粹思想和"文学为政治服务"的政治化文学观等。这种二元思维无疑是成问题的:"为了反拨过去的'政治标准','审美'就有可能被抽离出来,被颁布为另一个大写的标准,这种对抗性的思路决定了'审美'本身的抽象化,其与政治、历史、社会之间的复杂关联,自然被简化或忽略了。"①现代化的历史想象成为现代性文学史观的核心,把文学作民族国家的寓言或想象空间;把现代性仅仅作为一个预设的先验概念,把文学作为论证民族历史合法性和建构民族国家想象的附属品。以政治理念为核心的文学史观逐渐淡化,以审美论和文学现代化为核心的文学史观失去了其预想敌人,这种局面既使文学史研究进入微观而精细的领域并转化为知识生产系统,也使二元模式中原本处于弱势逐渐形成新的强势,逐渐产生新的现代性话语霸权,这也是二元模式最为致命的缺憾。

因此,现代性文学史观之反思,关键在于走出现代性。

其一,走出现代性文学史观的线性模式,回归学术性。文学史的发展有时是曲折的,如汉赋、唐诗、宋词在其各自的时代或许是线性发展的,但是在文学的大历史中却遭遇了种种劫难,有些文学又通过复古而获得了新生,有些文学甚至从此消亡;有时是回环的,如周作人先生所言的文学在"诗言志"和"文以载道"两重模式之间回环转化;有时又是断裂的,如"五四"文学及其精神追求实质上在中国进入抗战状态之后的近半个世纪就被

---

① 温儒敏等:《中国现当代文学学科概要》,北京大学出版社2005年版,第125页。

截断,直至新时期才开始回溯并寻找失去的文化传统和文学精神;……。如果仅仅以文学现代化或以审美论、人性论、情感论等为核心来建构文学的线性历史,而忽视其曲折的、回环的、断裂的部分,那么这种文学史不是真正文学的历史,而是编纂者重新建构的思想史。因此,走出线性模式,必须回归学术性。不是以思想或理论为核心,也不是以线性历史观为指导,而是回到文学学术本身,从文学史料出发来考辨文学学术的知识生产、传播和接受等发展历程。亦如董乃斌所言:"文学史是依据一定的文学观和文学史观,对相应史料进行选择、取舍、辨正和组织而建构起来的一种具有自身逻辑结构的有思想的知识体系。"①不论是对文学史料的选择、取舍、辨正和组织,还是以一定的文学观和文学史观为指导而建构文学史体系,都必须以文学学术为核心,学术史料、学术观念、逻辑结构和知识体系都体现了文学史所应当具备的学术性。钱基博先生在明辨文学史的性质时也深刻地指出:"文学史非文学。何也?盖文学者,文学也。文学史者,科学也。文学之职志,在抒情达意。而文学史之职志,则在纪实传信。文学史之异于文学者,文学史乃纪述之事、论证之事。"②甚至还以"褒弹古今,好为议论,大致主于扬白话而贬文言;成见太深而记载欠翔实"的依据来否认胡适《五十年来中国之文学》并非真正的文学史,从而力主文学史的客观性、科学性及学术性。这种学术思想在 20 世纪中期和后期并未得到重视,政统压制着学统,文学思想取代了学术史观,致使文学史仅仅沦为政治史、社会文化史的附庸。20 世纪末以来出现了袁行霈主编的《中国文学史》、张炯主编的《中华文学通史》和《中华文学发展史》、杨义撰写的《中国新文学图志》和《中国古典文学图志》等优秀文学史著作,均以学术性见长,回归学统,无疑是走出现代性迈出的第一步。

其二,走出现代性文学史观的二元模式,呼唤民族性。二元模式是一个理论预设的问题,传统与现代、世界与民族、政治与审美等二元范畴都是人为设置的理论框架。当西方历史建构的话语方式已经侵蚀并颠覆中国传统文化和文学历史建构的时候,当这种文学历史建构从以古典性为中心的话语系统转向以西方现代性为中心的理论体系的时候,中国文学已经开始失去自我并显得无所适从,并在走向世界的过程中已经无意识地把中国

---

① 董乃斌、程伯海、刘扬忠主编:《中国文学史学史》第三卷,河北人民出版社 2003 年版,第 586 页。

② 钱基博:《现代中国文学史》,第 5 页。

文学变成一个处于边缘位置的他者,中心则在西方及其现代性理论预设。因此,要突破众多二元范畴的框架、走出二元模式,核心在于呼唤民族性。这种民族性绝对不同于蕴涵现代性的民族主义倾向,也不纠缠于现代化与民族化的二元对立;它也不同于20世纪以前的静态民族中心思想,更不会与全球化相悖。正如王一川所指出的,文学现代性可分为现代1和现代2,现代1是"以地球体验取代天下体验,即从天下之中央模式到地球之一国模式";现代2则"以更加富于动感的全球体验取代相对静态的地球体验,即从地球之一国到全球之一地,形成全球地方化体验。这时的中国人不再像现代1那样一味地寻求地球化或世界化,而是在承认地球化的前提下转而努力寻找现代中国人在世界中的独特个性。"[①]呼唤民族性,必须具备俯视之眼界,以天、地、人之合一的思维来把握民族心理、民族情感及民族个性,寻求全球之一地的全球民族化特色。以此视点出发,可以发现中国文学的民族性是由世界性赋予并在世界性中体现其价值,而中国文学的现代性也由传统性延续而来并与传统性一起构成整个中华民族的文化血脉,显示出其巨大的文化价值和历史意义。在这个层面上,传统与现代、世界与民族、政治与审美等二元模式的理论预设就显得毫无意义。而这种文学史建构也将使中国文学在世界文学的总体结构之中追求着深刻的、富有主体精神和创造精神的文化对话[②],从而在文化对话中延续辉煌的文学历史并创造新的文学奇迹。但是与此同时,这种文化对话又面临着一个新的问题:当具有民族性的文学史建构与世界文学史的发展并不同步甚至相悖时,我们是重新建构文学史以融入世界文学发展史还是还原文学史以尽量保持中国文学史的原生态呢?是建构还是还原,这是一个亟待解决的问题。虽然有部分学者[③]仍然坚持文学史的建构性和知识性、坚持知识可靠性与思想启示性相统一的二元思维,但是正如原始森林的开发与保护一样,这是一个生态学问题,或许正是在这个问题当中,中国文学史生态学的理论生发点已经产生,仅待来者开掘。

[①] 王一川:《现代性体验与文学现代性分期》,《河北学刊》2003年第4期。
[②] 杨义:《关于中国文学现代性的世纪反省》,《文艺研究》1998年第1期。
[③] 陶东风:《文学史哲学》,河南人民出版社1994年版,第3页。葛红兵:《文学史本体论反思》,《江海学刊》1995年第2期。洪子诚:《现代文学的观念与叙述》,《文学评论》1999年第1期。董乃斌、程伯海、刘扬忠主编:《中国文学史学史》第三卷,河北人民出版社2003年版,第593页。

第五章 文学理论秩序建构

第一节 晚清文学观念的嬗变

如果说1840年鸦片战争的失败对于天朝清政府而言只是一次意外，而且国人仅仅把失败归罪于没落的封建王朝的话，那么1895年在中日战争中被曾经看似十分弱小的邻国日本打败之后，中国的知识分子彻底从大国迷梦中清醒，彻底与传统决裂，实现现代化的决心也最为强烈，而此时中国文学也正是在这种现代性需求之下实现向现代文学的转化。夏志清先生为此指出："中国文学进入这种现代阶段，其特点在于它的那种感时忧国精神。那种中华民族被精神上的疾病苦苦折磨，因而不能够发愤图强，也不能够改变它自身所具有的种种不人道的社会现实。"① 因此自1895年至新文化运动前夕，中国文学的主流基本上以此"感时忧国精神"为核心，注重于文学内容的改造，而在文学观念上也不再坚持那种纯粹的文学学术把玩和文学道德化的传统观念。李欧梵认为这种"感时忧国精神"主要包括三种变化：一是从道德的角度把中国视为"一个精神上患病的民族"，那么必然就会造成传统与现代性之间的两极对立，"这种病态根植于中国传统之中，而现代性则意味着在本质上是对这种传统的一种反抗和叛逆，同时也是对新的解决方法所怀的一种知识的追求"。二是一旦中国文学具有强烈的反传统立场，那么它的现代性转化就不仅仅是"精神上或艺术上的考虑"，而更多的是"出自对中国社会—政治状况的思考"。三是虽然此时中国文学反映的是一种"对社会—政治产生的极其强烈的痛苦感受"，但并不只是体现出社会性、政治性和客观性，"那种批判观念则具有相当浓厚的主观性。现实是通过作家个人的认识角度而被感知的，这样一来，就同时流露出一种对自我的深切关注"。② 这种由传统与现代性的对立、对社会与

---

① 夏志清：《中国现代小说史》，复旦大学出版社2005年，第478页。
② 李欧梵：《现代性的追求》，三联书店2000年版，第178页。

政治的思考和自我的深切关注组成的"感时忧国精神",是对文学①实现现代性转化的精辟概括,而其观念转化最突出的表现则是王国维的戏曲论和审美论、梁启超的小说论和国民论。

王国维《宋元戏曲考》以其严谨的学术考证和学术威望为戏曲和新戏剧正名,《〈红楼梦〉评论》以西方哲学和美学为理论基础对文学予以审美解析,《人间词话》则回到中国古典的片段式感悟并进而提出境界说。王国维这三方面的作品对中国传统的文学观念既作了一个反思和总结,在戏曲和小说等文体上也作出了重新审视和阐释,又融合了西方美学理论和中国传统文学思维方式发展了现代性的文学观念,甚至在当时被一些学者誉为卓越的新文学家。吴文祺在1927年发表的《文学革命的先驱者——王静庵先生》中指出"我国近年来的文学革命的事业,在表面上看来,好像已告成功了,其实误会的绷带,仍旧很牢固地很普遍地缚在大多数人们的眼上,他们对于白话文,始终没有明确的认识,不视之为统一国语的器械,便视之为晓谕民众的工具",认为白话文学并不只是器械和工具,而是在文学革命事业中代表了文学的主流,也预示了新文学的希望;"不料在二十年前酸化了的中国文坛里,居然有一个独具双眼大声疾呼地以小说戏曲为'文学中之顶点'的人,其见解之卓越,较之现代的新文学家,有过之无不及,其人为谁?就是海宁王静庵先生"②,可见其对王国维评价甚高。他还以《宋元戏曲考》为例,认为王国维十分注重文学的现实价值及其悲剧的力量,文学的目的是给人审美的愉悦,反对格律和用典而提倡文学应以自然为贵。这些文学观念一方面是王国维自身融通中西而阐释出来的远见卓识,另一方面以吴文祺为代表的文学革命派也试图借助王国维的学术地位来宣传其"弃文言、倡白话"的文学主张,以此扩大新文化运动的影响力。

《文学季刊》1934年第1期同时刊发吴文祺"再谈王静庵先生的文学见解"和李长之"王国维批评著作批判"。吴文祺认为"文学,王氏以为应该以真情实感为主,以自然为贵。故他消极的方面,便反对模仿,反对争名谋

---

① "文学"自17世纪被耶酥会的艾儒略把它与 literature 的等同之后,在19世纪又被新教传教士用来翻译现代英文词 literature,并经由日语 bungaku 的双程流传而传播开来。参见刘禾:《跨语际实践——文学,民族文化与被译介的现代性(中国,1900—1937)》,三联书店2000年版,第380页。亦可参见:Masini Federico," The Formation of Modern Chinese Lexicon and Its Evolution Toward a National Language:The Period from 1840 to 1898,"*Project and Linguistic Analysis*,Berkeley:University of California,Berkeley,1993.

② 吴文祺:《文学革命的先驱者——王静庵先生》,《小说月报》1927年17卷号外中国文学研究。

利的餔餟的文学与文绣的文学"①;李长之则坚持马克思主义,从社会存在与文学世界之间关系的角度评价王国维:"境界的观念是王国维的文艺批评见解成熟之后的一个根本点,必须加以仔细的研究。我上面说过,境界即作品中的世界。不错,作品中的世界,和我们所居住的世界不同,但这不同处在什么地方呢?我们看在普通的世界,只是客观的存在而已,在作品的世界,却是客观的存在之处再加上作者的主观,搅在一起,便变作一个混同的有真景物,有真感情的世界。王国维说:'境非独谓景物也,喜怒哀乐亦人心中之一境界。故能写真景物真感情者,谓之有境界,否则谓之无境界。'正是这种意思。"②可见两人对王国维相对保守的文学思想都持批判态度,但是却在有意地误读王国维的过程中强调文学的模仿论、主观与客观的关系论等文学革命论和唯物主义文学观念,同时也没有忽视王国维在"感情""境界"等文学要素上所进行的现代阐释。叶嘉莹作为王国维研究的权威,也认同王国维所言文学的"境界"和"感情"实质上指"作者由外在景物或情事所得的一种发自内心的真切之感受"③,这是文学的核心内涵之一,是王国维在个人性格、西方影响和中国传统等三方面碰撞和融合之后在文学内涵上对文学观念现代性转化作出的突出贡献。

梁启超在文学上所倡导的"革命论"主要根源于其国民论。戊戌变法失败之后,梁启超深刻地意识到自上而下的政治变革并不能使中国摆脱困境,中国静的文明与西方动的文明有显著区别,只有通过文化启蒙和政治革新两种方式的结合才能缔造新兴国民。1898年之后他陆续发表《国民十大元气论》和《论中国人种之将来》(1899年),《中国积弱溯源论》和《十种德性相反相成义》(1901年)《新民说》(1902年)《论中国国民之品格》(1903年),等等。他疾呼:"天下不能独立之人,其别有二:一谓望人之助者,二曰仰人之庇者。望人之助者盖凡民也,犹可言也;仰人之庇者,真奴隶也,不可言也。呜呼!吾一语及此,而不禁太息痛恨于我中国奴隶根性之人何其多也。"④这种奴隶根性主要表现在"奴性""愚昧""为我""好伪""怯懦"和"无动"等劣根性上,还指出这些都是政府"愚其民""柔其民"和"涣其民"三种劣绩和"驯""餂""役""监"四种政术所产生的不良后果⑤。

---

① 吴文祺:《再谈王静庵先生的文学见解》,《文学季刊》1934年第1卷第1期。
② 李长之:《王国维批评著作批判》,《文学季刊》1934年第1卷第1期。
③ 叶嘉莹:《王国维及其文学批评》,河北教育出版社1997年版,第297页。
④ 梁启超:《国民十大元气论》,《梁启超全集》第1册,北京出版社1999年版,第267页。
⑤ 梁启超:《中国积弱溯源论》,《梁启超全集》第1册,北京出版社1999年版,第420—421页。

他还指出,人的十种形质相反而精神相成的德性即"独立与合群""自由与制裁""自信与虚心""利己与爱他""破坏与成立"①,并呼吁人们在这些对立的德性之间保持一种合理而正常的状态。他认为中国国民形成了众多陋习,这些陋习是国民愚昧和民族衰弱的根源,因此在政治变革之外必须加强文化启蒙。

《中国积弱溯源论》从理想、习俗、政术和近事三个方面来剖析中国积弱之根源。习俗、政术和近事之积弱只是枝叶,而爱国之理想的积弱才是根本。他的理想是指"人人胸中所想像,而认为通常至当之理者也"②,实质上就是民族国家之理想。他后来所重视的报纸和小说对于建构民族国家的公共领域和想象空间也有极大价值③。此篇与《新民说》形成前后呼应之关系,其核心思想在于"新民",而且对维新之后的国民定义为"有国家思想能自布政治者"④,并从公德、私德、合群、民气、自由、自治、尚武、国家思想、义务思想和权利思想等多方面对其维新国民论予以阐释。有学者认为从梁启超的新民说可见其倡导新小说的逻辑:"新国,须先新民;新民,须先新风俗、道德;新风尚道德,须先新文学……文化和国民性被置于政治制度变革之先,而文学,又最终担当起改造文化、重塑国民灵魂的具体责任。"⑤这种评价指出了梁启超对文学的清晰认识及重视程度,但是政治制度变革与文化启蒙在梁启超看来并无先后之分。他在《论中国人种之将来》中指出,中国人爱国心缺失和无自存意识的根源是政治与民众的割裂,因此必须加强这种联系,途径则是进行适合于政府和民众的政治改造和对国民进行文化启蒙,其责任分别由报纸和小说来具体承担。报纸可以通过公共舆论形成公共领域,实现和强化对政治制度的改革,小说通过"熏""浸""刺""提"等多种力量达到文化启蒙从而建构民族国家想象空间的目的,两者的地位同样重要,而在某种意义上政治舆论和改革更甚于文化启蒙。在《论小说与群治之关系》的开篇,梁启超就指出:"欲新一国之民,不可不先新一国之小说。故欲新道德,必新小说;欲新宗教,必新小说;欲新政治,必新小说;欲新风俗,必新小说;欲新学艺,必新小说;乃至欲新人心,

---

① 梁启超:《十种德性相反相成义》,《梁启超全集》第1册,北京出版社1999年版,第428页。
② 梁启超:《中国积弱溯源论》,《梁启超全集》第1册,北京出版社1999年版,第413页。
③ 李欧梵:《中国现代文学与现代性十讲》,复旦大学出版社2002年版,第7—9页。
④ 梁启超:《新民说·论国家思想》,《梁启超全集》第1册,北京出版社1999年版,第663页。
⑤ 杨联芬:《晚清至五四:中国文学现代性的发生》,北京大学出版社2003年版,第173页。

欲新人格,必新小说。何以故? 小说有不可思议之力支配人道故。"①可见他强调小说之力在于维新道德、宗教、政治、风俗等,实质上是强调小说的文学想象空间与以政治为主导的公共空间之间相辅相成的社会文化结构,而这种结构所产生的效力则是维新国民,最终达到其政治目的并实现其民族理想。

由此可见,如果说王国维是从文学自身的发展规律角度来重新阐释文学观念,从戏曲论和审美论等内在要素上实现文学观念的现代性转化,那么梁启超则是以文化价值和文学功能角度来定位文学,并把文学观念的革新作为其文化启蒙和政治革新的手段之一,从小说与政治关系论和国民论等外在文化秩序上实现文学观念的现代化改造。如果现代文学循着王国维和梁启超这种"内外兼修"的思路发展下去,或许能缔造一番独特风景,但是由于新文化运动中传统的、革新的和留学归国的等各种文化人士进行了一次大论战,不得不提前总结文学现代转化以来的思想成果。虽然这种成果相对比较稚嫩,但在五四运动和国家内忧外患的形势之下,这些成果被迫以稚嫩的文学及其理论观念担当起开创新文学时代的历史重任,胡适和鲁迅则是在这种开创性时代中产生的先锋和旗帜。

第二节 文学进化观念与革命文学论

胡适和鲁迅是在社会文化转型时期出现的代表两种不同价值取向和文化复兴道路的旗帜,前者试图以西方文化哲学思想来改造中国文化以达到文化复兴之目的,后者则从批判国民劣根性出发、以置之死地而后生的方式来实现文化自救,他们的选择与各自的人生道路和思想源流密切相关。胡适1891年出生于上海,辗转台湾各地之后于1895年入私塾读书直至13岁。其间接触了大量中国古典文献和古典小说,14岁读梁启超的《新民说》和邹容的《革命军》,15岁读严复翻译的《天演论》和《群己权界论》,16岁至19岁就读于中国公学并担任英文教员,20岁赴美国康奈尔大学读农学、哲学和文学,25岁在哥伦比亚大学跟随杜威修习哲学。1917年年仅27岁的胡适成为新文化这种主将并担任北京大学教授,1917—1937年20年间除了在上海担任5年中国公学校长之外,一直留在北京大学担

---

① 梁启超:《论小说与群治之关系》,《梁启超全集》第2册,北京出版社1999年版,第884页。

任教授和中文系主任。从胡适的年谱可见,他的人生道路非常顺利,没有真正从民间了解到中国文化的恶疾。他的命运甚至与中国文化的命运完全相反,而且他的思想源流主要来自中国古典文献及小说和西方现代哲学两方面。虽然接触到中国文化的维新思想和革命思想,但对19世纪到20世纪转型时期的中国社会文化现实及其根本问题并无清晰的认识,因此他一开始就选择了以完全西化的文化思想和社会理念来改造中国文化,同时也注重中国古典文献和文学的考证研究。他的选择之所以能引起广泛关注并成为时代的最强音,很大程度上是因为他的这种思路在一定意义上帮助知识分子走出了维新思想的困境,以一种崭新的文化理论、学术视野和文化复兴理想让人们看到了民族文化的希望。因此表现在文学上,他倡导的"一时代有一时代之文学"的文学进化观念以及强调文学学术的实用主义和考证模式,无疑引领了当时风起云涌的文学界的发展活力点。

与胡适相比,鲁迅的人生波折和坎坷颇多。1881年鲁迅出生于浙江绍兴一个没落的家庭,6岁入私塾,经历妹妹夭折、祖父入狱、父亲病故等苦痛,深感生活艰辛和世态炎凉。16岁考入江南水师学堂后又转至路矿学堂,22岁至28岁留学日本,跟随章太炎修习。回国之后先后在浙江、南京、北京等地担任中学教员、教育部职员,期间还辗转各地。1920年年届不惑的鲁迅才担任北京大学讲师,并兼任多校讲师。1926年辗转厦门、广州、上海等地,先后在厦门大学、中山大学、复旦大学等十多所学校任教。由此可见,鲁迅熟睹世间百态、熟知民间疾苦,深谙民族已处于危亡之紧要关头,因而极尽各种犀利之语言刺激文化界,深刻地剖析中国文化及民众的劣根性。在文学方面,如果说胡适发表《尝试集》开创了现代白话诗歌,那么鲁迅则以《狂人日记》实践了白话小说的理论构想,而且鲁迅以剖析中国文化及民众劣根性的方式彻底地对文学内容进行了革新,这些被视为革命文学观念的核心理念。

胡适的《文学改良刍议》提出文学八事,一是言之有物——情感和思想,二是不摹仿古人——"文学者,随时代而变迁者也。一时代有一时代之文学"[①],此两点对文学观念影响最大且首次提出文学进化观念,开文学革命之风气,然而详细阐释并发挥这些文学观念的却是周作人和陈独秀。

周作人从文学本身出发对之进行理论探讨和完善,强调文学自我意识

---

① 胡适:《文学改良刍议》,选自姜义华编《胡适学术文集·新文学运动》,中华书局1993年版,第20~21页。

的进化,其核心思想则以《人的文学》概括之:"我们现在应该提倡的新文学,简单地说一句,是'人的文学'。应该排斥的,便是反对的非人的文学。""我所说的人道主义,并非世间所谓'悲天悯人'或'博施济众'的慈善主义!乃是一种个人主义的人间本位主义。……用这人道主义为本,对于人生诸问题加以记录的文字,便谓之'人的文学'。"①胡适也赞赏此观点,他们都强调个人本位主义和人道主义,认同文学的独立和个体的自由,文学是从死文学进化到活文学、从非人的文学进化到人的文学。梁启超也早在1903年就指出"文学之进化有一大关键,即由古语之文学,变为俗语之文学是也。各国文学史之开展,靡不循此轨道"②。但是他把文学革命的目标指向"新民"和建构新兴民族国家,把文学作为政治和社会变革的工具,落脚点在于社会和政治的进化和进步,他的文学主张也仅仅体现其政治观念和社会理想而已。针对胡适和周作人等人的文学观念和个体意识的觉醒,有学者认为:"五四一代的文学革命论者并没有区分个体自由主义中的'主义话语倾向'和'个体自由的原则',因此,他们对新文学之精神内容的设计具有一种内在矛盾:一方面,个体自由的原则要求给个体以充分的思想自由,不能对个体思想提出什么要求,不能要求他信奉什么超个体的普遍真理;另一方面,自由主义的启蒙又必要求每个个体信奉自由主义,以自由主义为普遍真理。"③因此在文学观念上,他们既强调形式和内容的自由,主张人的文学并持从文言到白话的文学进化观念,但是同时又把个体思想绝对化、白话文学终极化。

胡适《建设的文学革命论》提出"国语的文学,文学的国语"④之后,就把从文言到白话的进化作为第一位的思想观念和理论基础,并得到周作人、刘半农等人的响应和理论支持,试图以白话语言形式表现新的社会文化思潮,创作新文学作品,以建构一套崭新的话语体系和文学观念体系。这个时期杂文、长篇小说、现代诗歌和话剧等文体的崛起也确实对此种文学观念的建构发挥了重要作用⑤。胡适由此也提出了文学的基本含义:"语言文字都是人类达意表情的工具;达意达的好,表情表的妙,便是文

---

① 周作人:《人的文学》,《新青年》1918年12月第5卷第6号。
② 梁启超:《小说丛话之饮冰语》,《新小说》1903年9月第7号。
③ 余虹:《五四新文学理论的双重现代性追求》,《文艺研究》2000年第1期。
④ 胡适:《建设的文学革命论》,选自姜义华编《胡适学术文集·新文学运动》,第41页。
⑤ 李欧梵:《现代性的追求》具体论述这种发展及其作用,三联书店2000年版,第277~302页。

学。""文学有三个要件:第一要清楚明白,第二要有力能动人,第三要美。"①他的这种界定暗含"弃文言、倡白话"直线式的文学进化观念。一是针对文言文学中的语言晦涩和学术把玩倾向,希望创作一种用白话来清楚地表情达意的作品;二是针对文言文学的"载道"主旨不重视主体的人的因素,认为文学应该能表达人的情感并能感动人,能表现语言文字的美。周作人也指出:"文学是用美妙的形式,将作者独特的思想和感情传达出来,使看到人能因而得到愉快的一种东西。"②他更强调一种美妙的形式,而且认为文学是在诗言志和文以载道两种文学观念上下波动之中逐渐实现其进化历程的。陈平原把这种文学观念概括为"双线文学观念"③,其实这种文学观念的思想根源在于进化论和思想现代哲学——中国传统文化主要是天人合一的思想,是"无平不陂,无往不复"④的循环论思想,"人法地,地法天,天法道,道法自然"⑤的自然和谐论思想——进化论和现代哲学思想中则有相对的传统和现代二元对立性,以及在优胜劣汰原则之下现代必然取代传统之论。胡适秉承这种思想是在进化论和西方现代哲学思想影响下所坚持的直线式文学进化观念。

周作人与此稍有不同,仍然保持了传统文化的影响,他认为诗言志和文以载道两种文学潮流的起伏才构成中国文学史。"中国的文学,在过去所走的并不是一条直路,而是像一条弯曲的河流,从甲处流到乙处,又从乙处流到甲处",显然受到了循环论思想的影响。而对于新文学运动的方向,他也不甚赞同胡适的观点,"胡适之先生在他所著的《白话文学史》中,他以为白话文学是中国文学唯一的目的地,以前的文学也是朝着这个方向走,只因为障碍物太多,直到现在才得走向正轨,而从今以后一定就要这样走下去。这意见我是不大赞同的。照我看来,中国文学始终是两种互相反对的力量起伏着,过去如此,将来也如此"⑥,虽然他的观点不尽然合理,但在当时是一种很有代表性的文学观念,而且与胡适的文学观念互相呼应。

陈独秀则从文化和社会思潮变革的角度使胡适的文学观念及主张发

---

① 胡适:《什么是文学》,选自姜义华编《胡适学术文集·新文学运动》,第87页。
② 周作人:《中国新文学的源流》,华东师范大学出版社1995年版,第2页。
③ 陈平原:《胡适的文学史研究》,选自王瑶主编《中国文学研究现代化进程》,北京大学出版社1996年版,第223页。
④ 《易经·泰卦》。
⑤ 《老子》第25章。
⑥ 周作人:《中国新文学的源流》,华东师范大学出版社1995年版,第17—18页。

展成为一场文学革命运动,强调文学的社会理念的进化。陈独秀的《文学革命论》提出三大主义,突出强调文学与社会的关系,挖掘文学的伦理和政治特质,从而使文学的革新成为一种文学革命运动。正如胡适概括的陈独秀对五四"文学革命"的三大贡献:"一、由我们的玩意儿变成了文学革命,变成三大主义。二、由他才把伦理道德政治的革命与文学合成一个大运动。三、由他一往直前的精神,使得文学革命有了很大的收获。"①如果说周作人从文学内部规律角度丰富和完善了文学进化观念,那么陈独秀则是从外在的文化思潮和社会理念上使文学进化观念形成一种运动,使各种文学观念及理论主张在这一运动中得以实践,并在各种文学观念的争论之中进一步强化了文学进化观念。

胡适"中国新文学大系·建设理论集·导言"指出新文学运动的两大理论:"一个是我们要建立一种'活的文学',一个是我们要建立一种'人的文学'。前一个理论是文字工具的革新,后一种是文学内容的革命。"②这两大理论实质是从形式和内容两方面实现文学的现代化,以文学进化观念为核心建构新文学的话语系统。由此可见,从《文学改良刍议》中提出的"一时代有一时代之文学"的进化观念,在《历史的文学观念论》中得到确认,《文学进化观念与戏剧改良》又分四个层次予以阐释,《中国新文学大系》"建设理论集"的导言最终确立其文学进化观念并使之成为一个时代理论和观念体系的标志。

鲁迅作为左翼作家联盟的象征性符号,作为20世纪30年代文学的杰出代表,当然也是坚持着革命文学观念的,但同时他们作为一个群体也并不排除文学进化观念,甚至直接从文学进化观念中发掘文学与社会进化和革命发展的关系从而完善革命文学观念。茅盾早在1920年就认同"新文学就是进化的文学。进化的文学有三件要素:一是普遍的性质;二是有表现人生指导人生的能力;三是为平民的非为一般特殊阶级的人的"。③成仿吾则指出:"我们的新文学,至少应当有以下的三种使命:一、对于时代的使命;二、对于国语的使命;三、文学本身的使命。"④郭沫若从文学与社会

---

① 胡适:《陈独秀与文学革命》,选自姜义华编《胡适学术文集·新文学运动》,中华书局1993年版,第192页。
② 胡适:《〈中国新文学大系〉第一集导言》,选自姜义华编《胡适学术文集·新文学运动》,第244页。
③ 茅盾:《新旧文学平议之评议》,《小说月报》1920年第11卷第1号。
④ 成仿吾:《新文学的使命》,《创造周报》1923年5月20日第2号。

的关系角度阐释:"文学是社会上的一种产物,它的发展也不能违背社会的进化而发展,所以我们可以说一句,凡是合乎社会的基本的文学方能有存在的价值,而合乎社会进化的文学方能为活的文学,进步的文学。"① 可见其基本思想是坚持历史发展观,认为文学须为平民服务且有时代使命,借助胡适"活的文学"观念而坚持社会进化论思想,强调社会的进化,而社会的进化是通过革命形式推进的,因此在文学观念上坚持文学须为社会和革命形势的革命文学观念。

鲁迅自身的思想及文学观念,也经历了一个发展和蜕变的过程。瞿秋白对鲁迅评价曰:"鲁迅在'五四'前思想,进化论和个性主义还是他的基本。他热烈地希望着青年,他勇猛地袭击着宗法社会的僵尸统治,要求个性的解放。可是,不久他就渐渐地了解到封建的等级制度和中国社会里的层层压榨。……鲁迅从进化论进到阶级论,从绅士阶级的逆子贰臣进到无产阶级和劳动群众的真正的友人,以至于战士,他是经历了辛亥革命以前直到现在的四分之一世纪的战斗,从痛苦的经验和深刻的观察之中,带着宝贵的革命传统到新的阵营里来的。"②这种概括比较契合鲁迅的思想发展,鲁迅的思想较之胡适等人要复杂得多,但是在五四时期,他受到新文化运动以来那种个性主义、自由主义及进化论思想的影响,并且以极大的热情和极冷静的思维方式参与文学的创作和思考,而在他身上更多的是"痛苦的经验和深刻的观察",这也是革命所需的核心思想。瞿秋白还就杂文这一文体的产生及其特征对鲁迅文学思想与文学观念予以分析③:

> 鲁迅的杂感其实是一种"社会论文"——战斗的'阜利通'(feuilleton)。谁要是想一想这将近二十年的情形,他就可以懂得这种文体发生的原因。急遽的剧烈的社会斗争,使作家不能够从容地把他的思想和情感溶铸到创作里去,表现在具体的形象和典型里;同时,残酷的强暴的压力,又不容许作家的言论采取通常的形式。作家的幽默才能,就帮助他用艺术的形式来表现他的政治立场,他的深刻的对于社会的观察,他的热烈的对于民众斗争的同情。不但这样,这里反映着"五四"以来中国的思想斗争的

---

① 郭沫若:《革命与文学》,《创造月刊》1926 年 5 月 16 日第 1 卷第 3 期。
② 瞿秋白:《鲁迅杂感选集·序言》,选自鲁迅《鲁迅杂感选集》,上海青光书局 1933 年版,第 3 页。
③ 同上书,第 4 页。

历史。

他从鲁迅杂文的思想内容与情感及艺术形式等方面分析其革命内涵，敏锐地意识到鲁迅这种文体对文学观念及革命事业的重要意义，甚至给予"中国的思想斗争的历史"的高评价。正如胡风所言："鲁迅生于封建势力支配一切的中国社会，但却抓住了由市民社会发生期到没落期所到达的正确的思想结果。坚决地用这来争取祖国的进步和解放。"[①] 这些都深刻地揭示了鲁迅的革命文学观念，以及以这种观念为核心的文学创作对中国文学及革命斗争的文化价值；同时，他的革命文学观念也体现在其主体意识，他以"绝望的反抗"[②] 为核心、在各种对立的生存本质和生活状态中体味出传统之腐朽虚妄和生命之坚强与希望同在，这或许才是鲁迅的思想价值和魅力之所在。

在鲁迅逝世之后，左翼文学以一种绝对化的革命文学观念为主导，对文学与社会、政治、民众等之间的关系进行重新审视，文学观念往往被其他因素所支配。如刘白羽所指出的："今天考察艺术，首先是看它的立场及反映现实是不是群众的、进步的、利于抗战劝解的，离开这个标准，空谈'艺术'，把'艺术'标准限制留恋在18世纪、19世纪之上，忽略了社会的变迁决定着艺术的标准的改变，那是永远不会产生出真正配称新的时代艺术作品的，新的艺术品依靠群众丰富的创造力，才会达到新的、更高的标准。"[③] 文学观念的核心词汇不再是革命、国语、进化、人的文学等，取而代之以群众、抗战、社会和政治等，新的时代、新的现实、新的文化、新的路线、新的读者……这一切把革命文学观念向前推进了一步，建构了新的文学观念体系和价值标准，从某种意义上来讲，这是《在延安文艺座谈会上的讲话》的酝酿和前奏。

第三节 中西文学观与中国文学理论的建构

20世纪文学理论批评在中国文艺学史上创造了一个奇迹：继承和接受了中国与西方古代文学理论并作出了深入研究，更主要的是融合了西方

---

① 郑家建：《中国文学现代性的起源语境》，上海三联书店2002年版，第127页。
② 汪晖：《鲁迅小说的精神特征与"反抗绝望"的人生哲学》，选自王晓明主编《二十世纪中国文学史论》（上），东方出版中心2003年版，第221页。
③ 刘白羽：《新的艺术，新的群众》，《群众》1944年9月30日第9卷第18期。

近现代哲学思想,从而形成中国20世纪文学理论的哲学化和多元化格局。在这种表象的奇迹背后,包含着建构主体性和本土化的理论批评话语的艰难过程。

话语系统是一个国家、民族或群体建构起来的具有自主性、民族性和理论性的符号系统,是一种权力的象征,也是与其他主体进行交流和对话的资本。理论批评话语则是指处在特定群体中的理论批评家在文学研究过程中所运用的基本概念、角度、层次、方法、语态和语式等,以及相互间的结构关系。因此,文学理论批评话语系统的建构不是随心所欲的,必然受到时代、民族、语境及哲学美学的限制,并随着这些因素的发展而建构新的体系。

从发展阶段上看,中国文学理论批评话语的建构分为四个时期:19世纪末到20世纪初期,德国哲学和马克思主义首先传入中国,王国维、梁启超、鲁迅、成仿吾和冯雪峰等人在传统理论的基础上开始运用西方理论方法,拉开了古典文学理论现代化的序幕;20世纪中期,马克思主义在世界范围内掀起高潮,德法等西方国家哲学理论的研究也进一步深入,中国理论界掀起了以朱光潜、李健吾、胡风与周扬、茅盾为代表的主客观论战,马克思主义与非马克思主义的论战,最终形成马克思主义文学理论批评话语系统的大一统局面;在经过六七十年代的极端政治化之后的80年代,中国文学研究者又接过王国维、朱光潜和茅盾等人的西方哲学和马克思主义旗帜,形式主义、结构主义、现实主义、现代主义及现象学、语言学、符号学等话语系统活跃于中国文学理论批评界,甚至达到狂热的状态;90年代以后,译介和研究西方文学理论走向沉稳,从内部研究转向外部研究,后又转向文化研究,从研究理论思潮的变化到在现有中西理论成果基础上建构主体性和本土化的话语系统,从而实现了与西方和世界真正的交往与对话。与此同时,西方文学理论批评也经历了四次转向:文本论转向、语言论转向、从研究作品转向研究读者、从内部研究转向外部研究。

此外,在20世纪中西文学研究中还出现过两次错位:70年代以前,中国文学理论界把历史方法与美学方法结合起来进行外部研究,而西方则在语言学基础上进行内部研究;70年代之后,西方文学研究者意识到内部研究方法与外部世界的脱离,于是重新回归到外部研究,但是此时的外部研究已与语言学结合,并且在全球化形势下开始了文化研究和对话,而此时中国却狂热地探讨西方传入的各种内部研究方法。在20世纪最后几年里,中国文学理论才逐渐建构起自主性的话语系统,发掘巴赫金对话理论、哈贝马斯的交往理性等理论系统的精神价值和思想意义,在文化研究和文化交流的语境中重新审视全球化和本土化问题。

19世纪末20世纪初,救亡和启蒙成为中国人民的历史使命,这一使命表现在文学理论批评中,就是用西方和苏联的哲学美学思想为中国文学研究注入新鲜的血液,在激活传统文学理论批评的基础上寻求主体性、本土化、现代化的文学理论批评话语系统。

王国维就是促使文学理论批评由古典形态向现代形态转化的第一人。他的《〈红楼梦〉评论》以西方文学理论批评的眼光和方法打破了传统理论批评的思维模式,运用思辨的逻辑的思维方式对《红楼梦》的美学价值和伦理精神进行了总体评价,"破天荒地借用西方批评理论和方法来评价一部中国古典文学杰作,这其实就是现代批评的开篇"①。他从传统的感受印象和材料考证转向以体系化的理论话语分析作品,改变了传统理论批评的朴素经验方式而具有较强的理论思辨力,传统文学理论批评"在他引来的西方理论的渗透刺激下发生化合反应,逐渐酝酿成一种新型的批评"②。他在传播西方哲学和美学方面成就显著,如对亚里士多德、尼采、叔本华等人的哲学美学理论进行研究和传播。因此,王国维的出现是"中西文化思想碰撞影响下的产物",同时也是"中国古代文学理论批评发展的终结和现代文学理论批评发展的开始"③。

与王国维同时代的,还有梁启超、鲁迅、郭沫若、成仿吾、茅盾、朱光潜、冯雪峰、梁实秋和朱自清等人,从他们的文学理论批评中可以看出两种倾向。一是注重研究文本之外的社会政治、历史文化等外部研究。如梁启超把中国古代韵文分为奔迸、洄荡和蕴藉三种表现方法,还把创作方法分为象征、浪漫和写实三种,显然借鉴了西方文学理论批评观点,同时也为近代文学研究作出了卓越贡献,"不仅表现在引进西方新思想新精神,主张文学救国,提倡'诗界革命''文界革命''小说界革命'上,同时还表现在他能运用西方的新思维、新方法来研究中国文学,从而使传统的文学理论发生了质的变化,为现代文学理论批评的发展打开了道路"④。鲁迅在《柔石作

---

① 温儒敏:《中国现代文学批评史教程》,北京大学出版社1993年版,第1页。
② 同上,第2页。
③ 张少康:《中国文学理论批评史教程》,北京大学出版社1999年版,第493页。
④ 同上书,第495页。

《二月》小引》《白莽作〈孩儿塔〉序》等文章中肯定了革命青年的作品,从社会历史角度阐明他们具有摧毁旧制度的意义。二是注重文本和文学性的内部本体研究。如朱自清在俄国形式主义、欧美新批评和语言学等文学理论批评思潮影响下,率先开始了文本的研究,从注重作家作品的社会历史背景,作者的生活经历、思想状态,以及对文学作品的审美感悟等外部研究中走出来,进入了文本和文学性的研究领域。他的深层理论依据来源于西方,也从表象上体现了20世纪西方文学理论的第一个转向:文本论转向。

俄国形式主义是最早转向以语言符号为基础的文本本体研究,它以莫斯科语言学小组和彼得堡诗歌语言理论研究会为主要论坛,以索绪尔的《普通语言学教程》为理论依据,还受到实证主义、新康德主义和现代主义创作的影响,认为文学研究的对象是文本,是"文学性,也就是使一部作品成其为文学作品的东西",而不是"笼统的文学",不能让文学研究"滑入了别的有关学科——哲学史、文化史、心理学史等等"①。文学性是指语言及其构成原则,文本则是由语言按照一定的构成原则组合而成的。由此可见,虽然形式主义部分地割裂了文学与生活、形式与内容的关系,忽略其思想性,但是它毕竟开创了一个新的文学研究领域。欧美的新批评也是从文本着手,是在反对道德批评把文学作为道德表现的工具和社会批评把文学作为社会的附庸品的基础上提出的,认为文本才是文学研究的中心。读者面对文学作品,并不一定能理解作者的意图,而是以自身的审美体验和科学的语言分析来理解作品,因而新批评派运用比喻、反讽、复义、悖论等语义范畴分析文本本体。但是新批评把作者和读者排除在文学研究之外,明显忽视了文学的整体性。法国的结构主义则着眼于叙事作品的最一般的技巧和规律,对叙事学的发展贡献巨大,但是如罗兰·巴尔特在《作者之死》中所述的,作品一旦完成,作者就死了,过分强调了文本本体,而忽视了作者的主体性及文化背景,这也是形式主义、新批评和结构主义共同的弊端。

在西方进行文本研究的同时,中国的文学理论批评在王国维、鲁迅和梁启超等人的带动下取得了长足发展,但还是在传统、西方与现代三个话语体系中徘徊,自主性和民族化的话语系统还未现出雏形。其原因有三:其一,这是由中国的社会历史文化背景决定的。20世纪初的中国,启蒙与

---

① 刘宁、程正民:《俄苏文学批评史》,北京师范大学出版社1992年版,第387页。

救亡是每个公民的历史使命,而文学家一旦参与启蒙救亡运动,文学的社会化、政治化和思想道德化是在所难免的,激进的文学运动虽然是进步的社会思潮,但是在文学历史中却往往是畸形的发展。其二,语言学发展滞后成为文学研究的极大阻碍。文学从根本上讲是语言的艺术,是随语言的发展而发展的,因而语言研究是文学研究的基础。形式主义、新批评和结构主义都是在西方发达的语言学研究的基础上形成和发展的,而中国传统的语言学研究不适应白话文文学研究。西方语言学的传入才刚刚起步,虽然有朱自清及其学生吴世昌研究过西方语言学,但是没有形成具有中国本土特色的理论话语系统,因此先天不足和后天发展滞后的语言研究必然导致文学研究落后于人。其三,现代化的历史使命使中国文学理论批评无暇对来自三方面的理论成果进行综合分析和深入研究,更谈不上建构系统化、理论化的话语体系。王国维、梁启超和鲁迅等人所能做的只是用西方19世纪到20世纪的理论成果作为催化剂,结合中国传统文学理论批评和当代理论家的研究现状,来加快中国文学现代化的进程和完成救亡启蒙的历史使命。

  由此可见,在20世纪前期这个特殊的历史阶段,中国文学理论批评第一次意识到了传统的、西方的和现代的三种话语,并试图融合三者,促使文学研究现代化。与此同时,西方文本本体研究取得了巨大成就,并逐渐与语言学的发展结合,这些领域在当时的中国文学理论批评界没有得到足够重视,直到80年代才在中国重新被发现,这不能不被视为中国文学研究中的重大失误和错位。

  20世纪30年代之后,西欧国家在运用各种政治文化形态不能改变其反动局面的情形下,出现了"左"的倾向,希望马克思主义能挽救一切;而且20世纪中期的中国发生了抗日战争、解放战争和抗美援朝等战争,周边局势严峻,于是学习苏联,在政治制度、意识形态、理论信仰等方面都全盘苏化。文学研究也必然以马克思主义文学理论批评话语为理论基础,特别是40年代后期至60年代中期,意识形态与欧美对立,语言文化交流与对话完全阻断。因而,文学研究一反20世纪初王国维、梁启超、朱自清等人融贯中西的做法,对封建主义和资本主义的一切理论都加以排斥和否定,逐渐形成了马克思主义文学理论批评话语的大一统局面。这种大一统局面的形成还经历了三个阶段:40年代,马克思主义在中国确立了主导地位,而且在延安时期各种交流与对话、争鸣与讨论都激烈地进行着,文学研究呈现良好的发展态势;而在50年代,国家统一后加强政治化,全盘苏化与部分西化在中国文学理论批评史上展开了第一次大规模的争论,但是极左思想逐渐使文学陷入了尴尬境地;60年代,中国与苏联关系破裂,意识形态和上层建筑出现极端政治化,马克思主义大一统形成,并使文学沦为政治的附庸品。这种局面的形成是与马克思主义互相矛盾的。

马克思指出:"物质生活的生产方式制约着整个社会生活、政治生活和精神生活的过程。不是人们的意识决定人们的存在,相反,是社会存在决定了人们的意识。"①毛泽东进一步阐述了文化与社会存在的关系,提出了"一定的文化(当作观念形态的文化)是一定社会的政治和经济的反映,又给予伟大影响和作用于一定社会的政治和经济"②的伟大论断,这是唯物主义及其文学观的理论基础,是历史的、辩证的、科学的。1942年毛泽东《在延安文艺座谈会上的讲话》对文艺与生活、文艺与政治、作家世界观与创作等问题作了科学讨论,为文学研究者确立了方向。由此可见,马克思主义是中国的正确选择,为中国抵制西方意识形态的颠覆、促进中国的发展起到了不可替代的积极作用。然而,文学是语言的审美艺术,有着与政治、经济、宗教等完全不同的发展规律,它涉及主观与客观、历史与审美、艺术性与现实性、内容与形式、语言符号与意义表达、作家作品与读者等各种关系。20世纪中期中国的文学研究政治化,违背了"百花齐放、百家争鸣"的规律。

虽然如此,中国20世纪中期的文学研究还是出现了三种倾向。一是政治化倾向,以苏联为模式打造中国的马克思主义文学理论批评话语体系,而忽视了西方的形式主义、结构主义和语言学的研究,这是当时的主流和正统思想。如周扬作为文学理论批评家和文艺领导者,他的思想体现了党派性和政策性,"其批评话语往往表现为'权利话语'",他也是"一部中国文艺思想斗争史的缩影"③,由此也可反观马克思主义文学理论中国化的曲折过程。周扬发展了社会主义现实主义观点,并逐渐使之成为文学研究的主流。二是非马克思主义倾向,以西方古典哲学和先验唯心主义为理论基础,违背了马克思主义科学文艺观。如胡风的体验现实主义体系,强调一种主观战斗精神,有损于当时马克思主义体系的建构,不过毕竟发出了

---

① 《马克思恩格斯选集》第二卷,人民出版社1995年版,第82页。
② 《毛泽东选集》第二卷,人民出版社1991年版,第624页。
③ 温儒敏:《中国现代文学批评史教程》,北京大学出版社1993年版,第179页

不同的声音,为文学研究增添了新的力量。三是主客观统一的倾向,企图把西方近现代思想和马克思主义融合。如朱光潜既关注了西方文学研究的新成果并积极引入中国,同时在新的历史文化和理论话语环境中发展马克思主义。这三种倾向分别从正统的、非正统的以及主流与非主流统一的方面出发,针对当时文学研究提出了各自的发展道路,都是文艺史上有益的探索。

在中国逐渐阻断与西方交流的同时,西方文学理论批评经历了更深刻的变革和发展。在人本主义和科学主义的指导下,语言学发展逐渐深入,形式主义、新批评、结构主义等各种文学研究与哲学美学、语言学的联系更为密切。德国哲学家哈贝马斯指出:"语言学转向是哲学迄今为止发生的最深刻、最激进的范式转换。由于这一转换,自古希腊时代以来人文科学的基础遭到严重怀疑,人们把握世界的方式发生了根本的变化。"①

索绪尔的《普通语言学教程》创立了现代语言学二元对立的思路和方法,对语言学作出了划时代意义的区分:(1)语言与言语的区分。言语是指日常生活中的说话、写作等具体语言,而语言则是指具体语言之中可以理解、交流的语言法则系统,这为形式主义研究抽象的法则系统而不再局限于具体的言语意义奠定了基础。(2)符号分为能指和所指。语言就是表达观念的符号系统,而语言符号是语符和语义的统一体,符号的意义可以是孤立、静止的,但是语言环境的言语意义却与语符不同,为结构主义提供了理论依据。(3)语言研究方法又分为历时与共时,强调共时研究,注重"同一集体意识感觉到的各项同时存在并构成系统的成分之间的逻辑关系和心理关系"②。根据这一语言研究成果,文学研究者们推导出新的理论话语体系。俄国形式主义和布拉格学派对文学语言(诗歌语言)和生活语言(实用语言)进行了区分,主要研究了文学语言的文学性,还对文学作品的形式和内容进行了二元区分,以此突出修辞技巧。由此可见,西方文学研究的语言学转向具有世界意义,但是在中国发展却极为缓慢,除了吕叔湘的《中国文法要略》(1941年)、王力的《中国现代汉语》(1943年)和《中国语法理论》(1944年)以外,语言学没有更多深入研究的成果,而且对文学的影响也极为有限,直到1980年成立中国语言学会才把语言文学作为一个整体系统来研究。20世纪六七十年代,中国文学理论批评因文化大革命

---

① 哈贝马斯:《后形而上学思想》,译林出版社2001年版,第17页。
② 索绪尔:《普通语言学教程》,商务印书馆1980年版,第143页。

的影响显现出极端政治化状态,此时的西方文学研究却发生了深刻变革。

首先,结构主义丧失了权力话语,后结构主义上升,尤其以解构主义发展为最。对于结构主义研究文本的结构和结构的整体性、转换性和自调性,后结构主义者德里达、福柯、拉康和克里斯蒂娃等人提出了批判西方形而上学的观点,表现出了反结构、取消中心的倾向,甚至结构主义奠基者罗兰·巴尔特也转向了解构主义。其次,新批评逐渐被读者反应论和接受美学所取代。新批评与读者反应论之间的根本分歧在于意义是在文本还是在读者身上去寻找。后者把文学研究的中心从作者文本转向读者接受,以反纯文本主义和纯结构语言运动为指导,在读者的接受和解释中表达出以艺术体验为主的历史的审美经验,如费什的"感情文体学"、普莱的"内在感受说"、卡勒的"文学能力说"以及尧斯的接受美学、伊塞尔的读者反应批评,但是他们与结构主义相似的一点是意义的不确定,无中心,多元化。再次,西方马克思主义重新受到关注,法兰克福派和新马克思主义者发展了社会—历史研究模式,承认了"文学作品是具有一定连续性和完整性的文字结构",不再像20世纪初的马克思主义那样把文学研究变成"与这种整体意义完全无关的东西,并且经常变成有关传记、社会情况、历史背景等的外在知识"①,而是在语言学和结构主义研究成果的基础上发展马克思主义文学理论批评话语。

此时的中国文学研究处在"左"倾激进状态,导致文学与社会、文学与政治的同一化,把主体体验、审美意识等主观研究视为唯心主义和资产阶级自由化,以马克思主义唯物观对之加以完全否定。把文学观点的分歧上升为意识形态的对立和政治的反动,使文学理论批评这一开放性的体系趋于僵化呆滞,中国的马克思主义文学理论批评话语从而也陷入了政治化和同一化的死胡同。

20世纪70年代末之后,中国一方面清算了过激、过时的政治化倾向和各种呆板的文学研究方法,另一方面改革开放之后西方几十年的理论话语一齐涌向中国学术界。先是中国已经接触过的形式主义、新批评和结构主义,后是解构主义、心理分析学和叙事学等,狂热译介的流派未等深入研究,后现代主义、新历史主义和女权主义又掀起了高潮。西方各种文学理论批评话语充斥中国的文学研究领域,于是形成了由注重社会政治、历史

---

① 韦勒克:《批评的概念》,中国美术学院出版社1999年版,第6页。

文化等外部研究转向了以各种流派为主的内部研究的局面,与西方文学研究发生了第二次错位。"所谓错位,主要指双方探讨的问题和兴趣方面,走着正好相反的方向而形成鲜明对照。"①此时西方文学理论批评的重点正处于由内向外的过程,希利斯·米勒指出:"自1979年以来,文学研究的兴趣中心已发生了大规模的转移:对文学作修辞式的'内部'研究,转为研究文学的'外部'联系来确定它在心理学、历史或社会学背景中的位置。换言之,文学研究的兴趣已由解读(即集中注意研究语言本身及其性质和能力)转移到各种形式的阐释学上(即注意语言同上帝、自然、社会、历史等被看作语言之外的事物的关系)。"②

虽然中西文学研究发生了错位,但是对于各自的文学发展来说,都起到了积极的作用。在中国,外部研究已经统治了近半个世纪,对于社会历史和政治等方面的关注远远超过了对文学作品本体的研究,文学理论研究毫无激情,此时西方的形式主义和结构主义等研究方法的传入,激活了中国文学理论思想观念。但是这种流派研究在建构主体性和本土化的理论批评话语系统时却暴露了不可避免的弊端。就文学研究的基础来说,这种狂热的背后潜伏着危机。西方各种流派是在坚实的语言学基础上产生和发展的,与语言符号学和哲学美学紧密联系;而中国在短短的几年时间里就狂热地接受了西方众多学说,既没有哲学美学指导,更谈不上语言学基础,中国传统的文言文语言研究和唯心主义哲学也不可能成为西方众多流派的理论基础。文学研究在深度上也是浅尝辄止,在如此短的时间内译介了十几种西方流派,只能是了解西方文学理论批评发展史,没有时间进行深入研究并转化为自主性的话语,所以这种历史性的概观对于建构主体性和本土化的话语系统是远远不够的。再次,在当时的狂热译介中基本上放弃了中国传统的文学理论批评,出现西化的不良倾向,没能把中国古典传统与西方及现代三种文化资源融合,发挥其巨大潜能。

因此可以说,20世纪80年代中国文学理论批评没有完成历史使命:运用西方学说激活中国文学研究的各个层次,在反思、批判的基础上把西方理论和中国传统结合起来,发扬原创性和独创性精神,建构一套属于我们自己的文学理论批评话语系统,为新的文学发展和全球化背景下的交流

---

① 钱中文:《文学理论:走向交往与对话》,《中国社会科学》2001年第1期。
② 希利斯·米勒:《文学理论在今天的功能》,选自拉尔夫·科恩主编《文学理论的未来》,中国社会科学出版社1993年版,第121页。

与对话作准备。

20世纪80年代的西方文学理论批评已经开始转向文化研究层面。文化是指人类的物质与精神财富的总和,分为物质层次、制度层次和精神层次。文化研究着眼于语言、文化与文学三者之间的内在联系,认为人创造文化,文化借助语言符号得以发展和传播,语言又与文学紧密联系,同时又是人的存在方式,通过对这一系列联系的研究,从而找出文学理论批评发展的规律和新方向。这种研究转向有其深刻的根源,表现在三个方面:(1)人文精神的失落,使人们重新关注人的生存危机和文化危机。自19世纪开始,人的生存就面临着"物"的危机,对"物"的占有与消费成为人们追求的唯一目标,功利主义、享乐主义、拜金主义倾向愈演愈烈,社会灾难不断,宗教信仰失落,伦理道德沦丧,人文精神贬值,人的分裂和文化的分裂最终导致了全面危机。因此,文化哲学的兴起,文化价值的重构,把人文与自然、科学与价值、知识与意义、真与善统一起来,使自然科学、人文精神和形而上学结合为一个有机的文化整体,为人类提供一个更好的生存方式和思维方式。(2)全球化的社会运动和雅俗文化的斗争也把文化研究推向了历史舞台,在全球化形势下,每一种文化都是相对于另一种文化而存在,只有相互沟通和对话才能达成共识和互补;只注重语言、形式、结构等的单一研究方法已经无法适应现实的发展。(3)文学理论批评自身的发展规律也决定了各种单一研究方法和流派的灭亡,它们"既有真理的因子,但每种批评范式又暴露出各自的死角和不足","自诞生之日起就孕育了反自身的种子"[①]。

因此可以说,文化转向是20世纪后期文学研究的基本特征。"如果必须用一句话来概括近二十年来欧美文学、美学研究所经历的巨大变革,那就是从以经典作品为基础的文学文本批评转向以考察各种形式的文化涉意实践为基础的文化研究和文化批判。"[②]而发展到文化转向之前,还经历了四个阶段:首先是自在的原始阶段,发展到自律的理性阶段,之后又由"人是语言的动物"取代了"人是理性的动物",最后才发展到他律的反审美、大众化的文化研究阶段。此外,文化研究还区别于文学研究和外部研究。从广义上说,文化研究包括并涵盖了文学研究,把文学作为一种独特的文化实践去考察,文化研究就是把文学分析的技巧运用到其他文化材料

---

① 王先霈、胡亚敏:《文学批评原理》,华中师范大学出版社1999年版,第24页。
② 蒋孔阳、朱立元主编:《西方美学通史》第7卷,上海文艺出版社1999年版,第652页。

中才得以发展的;反过来说,如果把文学作为某种文化实践加以研究,把文学作品与其他论述联系起来,文学研究就会有很大收获,文学理论批评也会在文化这个广阔的空间中建构更为合理的话语。文化研究包括三个层面,但外部研究只是从文本结构之外的层面中选取研究者认识最为深刻的一个方面而已。由此可见,文化转向以文化哲学和美学为理论指导,体现了现代社会的文学和人在新的理论空间中的价值,是内部研究和外部研究的深化。

20世纪90年代与80年代狂热地译介西方理论并产生轰动效应截然不同,90年代的文学理论批评逐渐显示出冷静地思索、研究和建构话语系统的特点。

(1)视野开阔,自主性更强,走向沉稳的发展态势

20世纪80年代各种"主义"涌入,使研究者相信这种就否定了那种,从这口井跳出又钻进那口井,头顶的蓝天永远只有那么一小块;而90年代却是兼收并蓄,广采博取,对于传统的、现代的、本土化的、全球化的……全部在视阈之内,并积极讨论、融合和创新。如马克思主义文学理论批评研究,中国学者不再把普列汉诺夫、卢卡契等人的理论视为永远不变的正确原则,而是在经典理论的基础上,结合西方马克思主义研究的成果,改进和发展马克思主义,使中国文学理论批评不再总是处于被动接受的局面,而是主动"拿来"并建构自己的体系。此外文学研究者还注重自己独特的研究领域,在自己的领域里创造出新成果,不再西化和面面俱到而导致研究对象的失落。80年代的文学理论批评就像在"沼泽地里的奔跑","看上去抬脚摆手,动作很大,其实经常是一步一陷、东倒西歪,越是急切地想要奔跑,反而越容易踩错地方"[①]。因而冷静地思索、沉稳地研究和建构主体性和本土化的理论话语是90年代的必然选择。

(2)批判地继承和发展三种文化传统和资源

"传统无疑是个十分坚硬的东西,它是我们当今的文化之根",但是我们又不能"仅限于盲目地或胆怯地墨守前一代成功的方法",传统含有历史的意识,而"历史的意识又含有一种领悟,不但要理解过去的过去性,而且还要理解过去的现存性"[②]。朱光潜的"移花接木",移西方文化之花接中

[①] 钱中文:《文学理论:走向交往与对话》,《中国社会科学》2001年第1期。
[②] 艾略特:《传统与个人才能》,选自戴维·洛奇:《二十世纪文学评论选》,上海译文出版社1987年版,第130页。

国传统文化之木;宗白华"东西古今,融会贯通";钱钟书则打通了古代、现代和当代,以及各类艺术、文史哲和中西国界,使之相互阐释。他们对待三个传统的方法,我们必须继承和发扬。首先,中国文学理论批评话语应当建构在本土的传统古典文学理论基础上。古典文学理论中诸如意境、意象、文体发展等理论片断至今仍不失为经典之论,如叶燮在陈述文学表现方式时明确指出:"曰理、曰事、曰情,此三言者足以穷尽万有之变态。"(《原诗·下篇》)其理论沿用至今,但是这些古典理论毕竟是与过去的文学实践相适应的,随着时代的发展,必须对之进行现代化的改造,丰富现代文学理论批评话语,并促进现代文学的发展。其次,对于离我们最近的近现代文学理论批评资源,必须加以合理地利用,它对于现代和将来的文学发展起着至关重要的作用。我们正在创造着将来的文学历史,因而必须时刻反思自己,慎重地、批判地对待正在被创造的理论系统。最后,在"西学东渐"中我们已经取得了巨大成就,在一个多世纪里学习了欧美数千年的文学与文化传统,特别是在 19 世纪末至 20 世纪对西方哲学美学和文学理论批评的借鉴和研究,成果尤为显著。但是我们不能停留在借鉴,仅买来别人的汽车而不去学驾驶,或者干脆只买别人汽车的零部件而不组装为成品,当前的急迫任务是要在语言学、哲学的基础上建构本土化的能在全球化理论舞台上进行交流与对话的话语系统。

(3)自主性、主体性与本土化

要实现交流与对话,必须有自己的民族特色。在科技、经济趋向全球化的同时,民族文化和精神是否也应该趋同与一致,这是当前的课题之一。民族文化必须保持独立自主性并形成一个自足的主体,否则民族就会消亡,如二战时日本侵华,在东北把日文作为国文向中国人民灌输日本文化,就使中国的民族文化独立自主和主体性遭到了极大的破坏。民族文化和文学必须本土化,这样才能在国际交流与对话中占有一席之地并获得说话的权利。别林斯基把文学的民族性界定为:"民族特性的烙印,民族精神和民族生活的标记。"[①]可见独创性和自主性问题在当前理论话语的建构中具有极大的现实意义。

此外,欧美文学理论批评已转向文化研究,面对这种趋势,中国文学理论批评应积极参与交流与对话,同时也必须注重本土化的文化文学研究和

---

① 《别林斯基选集》第一卷,上海译文出版社 1979 年版,第 107 页。

文化哲学、文化人类学等理论基础的研究,积极运用反思性思维,寻求思维与存在统一的规律及其判断标准,在对话中打破中西文化文学的差异限制,使文学和人的生存获得开放性和创造性的空间,也使不同地域和视域内形成的话语和思想发展整合。

由此可见,20世纪的文学研究从外部研究转向内容研究,后来又向外转,最后融入文化研究之中。在文学理论批评的发展及其交流与对话方面,令人欣慰的是,中国文学理论终于以独立自主的主体性和本土化的话语形态参与了国际交流,而不再追随欧美或苏俄,不再淹没在文化研究潮流之中。但是前景仍不容乐观,先天不足的语言学研究、中西哲学、比较文学和流派研究等都起步较晚,发展过快而深入程度不够,不能以雄厚实力为基础由内向外释放理性思维的光辉。而且在交流与对话的背后和深层处,似乎还隐藏着未来文学理论批评发展的两种可能性:一是以物质层面的全球化和精神层面的文化主义为主要特征的新时代开始到来。欧洲历史上文艺复兴预示了一个新时代的产生,两百年后的启蒙运动和理性主义也开创了一个新时代,那么又一个两百年后的21世纪,全球化运动和文化主义同样也能开创一个新的时代。巧合的是每个新时代的人文主义、理性主义和文化主义,都是以人的重新发现和价值返观为思想基础的。这个以全球化和文化主义为特征的新时代,将不仅是欧美的革新,更是东方与西方全面的文化交流,同时也会使文学理论批评话语的建构、传播、交流与对话等方面发生质的飞跃。第二种可能性是全球化和文化转向将与前两百年中的浪漫主义、现实主义、理性与非理性主义以及20世纪的各种流派学说一起,为新的话语系统和人类时代的到来作准备。但是我们可以看出第一种可能更具有可行性和现实性,如果在建构自主的民族的文学理论批评话语体系的同时又开创一个新时代,那将更具有创造性和挑战性。

第六章　文学秩序：艺术对抗与文化圈囿

万物皆有秩序，文学艺术也不例外。秩序本身，就其含义来讲，其实一种让人遵循的规则和束缚，但文学艺术的特殊性和张力却使得其在后来的发展和更新过程中，产生了一种新的生命力，即通过内化的方式，对过去自身所形成的旧秩序进行批判、革新，即否定之否定，再形成新的秩序——这就是秩序与反秩序的张力，并最终通过艺术的感通方式发挥作用。

纵观 19 世纪后期至 20 世纪前期中国文学的现代性秩序，其最典型的特点就是秩序与反秩序。秩序，即中国文学试图建立以现代性为核心的新秩序；反秩序，即对于过往旧的文学传统、文学观念、文学秩序的打破。这种现代性文学秩序既利用了文学艺术的想象力与对抗力，挣脱了传统文化及其古典文学秩序的束缚，促进了近现代中国文学的现代转化；与此同时，这种文学秩序又形成一种新的文化圈囿，使中国文学局限于现代性之中，限制了中国文学的进一步发展。因此，如何在秩序与反秩序的张力结构之中，寻求一种语言魅力、艺术空间和文化精神，建立起具有民族特性的文学话语，这是当下中国学界的当务之急，也将是中国文学的永恒主题之一。

第一节　近代文学秩序与现代文学秩序之异同

根据现当代文论家们对文学史的分期，通常来说在当下学界达成共识的是，将"以 1840 年鸦片战争为开端，到 1919 年'五四'新文化运动兴起为止"①的这一历史时期所产生的文学作品及文学活动定义为"近代文学"时期；"以 1917 年 1 月《新青年》第 2 卷第 5 号发表胡适《文学改良刍议》为开端，而止于 1949 年 7 月第一次全国文学艺术工作者代表大会在北京的召开"②这一时期所产生的文学作品及文学活动定义为"现代文学"时期。这两个文学历史时期，正值中国社会发展急剧变革，是中国从近两千年的封建社会逐步迈向资本主义的特殊时期，文学作品和文学活动也经历了从古

---

① 袁行霈主编：《中国文学史·第四卷》，高等教育出版社 1999 年版，第 421 页。
② 钱理群、温儒敏、吴福辉著：《中国代现代文学三十年》，北京大学出版社 1998 年版，前言 1。

代向现代的转型,因此在中国文学发展史上具有非同一般的意义,尤其是以"现代性"为话题的文学理论研究转型。也正是在这样的特殊历史时期,近现代文学的秩序悄然形成。

现代文学秩序自近代文学秩序延续变化而来,却又因其社会历史发展的特殊性和"现代性"而具有其独特性。笔者在前面的论述中从五大方面分析了中国文学独特"现代性"文学秩序的形成,包括文学教育与文学学科、文学生产与文学传播、文学家与文学创作、文学史与文学史观、文学观念与文学理论等。从分析中可以看出,清季民初是近、现代文学秩序的承接点和转折点,也是现代性文学秩序的逐步形成时期。现代文学自近代文学承续发展而来,二者在文学秩序上是有着诸多相似之处的,主要表现在:

一、文学作为一个独立学科开始形成。晚清时期,设立同文馆(1862)、京师大学堂(1898)和各省书院等办学机构的目的,虽然是为了维护统治,但从客观方面而言,京师同文馆和晚清书院教育已经开始接受西化教育模式和西来观念并逐渐形成了新文化政治的雏形,为文学进入现代性的秩序奠定了坚实的基础。近代以前,文学从来没有作为一个独立的学科存在过,且地位低下。除了孔子在《论语·先进》中将其排在最后,魏晋南北朝时期文学自发向自觉状态转化之后,经过一千多年的发展,虽然在唐诗、宋词、元曲和明清小说等方面取得了长足的发展,但文学的地位仍然没有得到提升,更别提其作为学科而独立存在了。但1862年设立的同文馆对语言文字的重视,以及各地纷纷开办的各式书院,则在承续经史文化及理学传统的同时,为中国语言文学的自立蓄积了力量。至京师大学堂的三大章程的提出,则促使了文学正式立科并形成现代学制,这是文学一科走向独立的重要标志。而以由京师大学堂发展而来的北京大学为代表的近现代语言文学教育,以及其教员教授的谱系传承,更是成为推动文学形成现代形态和文学研究走向自立的重要动力机制,现代文学的学科独立及其文学秩序的建立正是在此基础上得以形成并发展。从这个意义上可以说,如果没有近代文学发展中文学作为独立一科的提出,现代文学秩序就无从形成。

二、文学社会团体及报刊、杂志在文学的生产及传播中开始占据主导地位。明清以来,文学团体涌现,又以晚清时期最为突出,最著名、也对现代文学产生了重要影响的要数以姚鼐为代表的桐城派及其中坚力量和弟子们,尤以使桐城派古文中兴的第一大将曾国藩及其弟子最为突出。1909

年京师大学堂设立分科大学,最初开设的两科为经学科和文学科,聘请了16位专职教员,他们中大多数就是晚清桐城派的"殿军",如吴汝纶、林纾、严复等。这种文学团体在清季民初的文学发展中产生了非常重要的影响,虽然他们关于文学的看法不尽相同,但在当时影响了文坛的风向发展,这是晚清文学秩序中的一大特色。另外,晚清时期,还有一些其他的社团在文学传播方面也起到了不可小觑的作用,据桑兵统计①,晚清覆亡之前的十年间,社团总数达到两千多个,虽然大多为商会、教育会、农会、学生团体、妇女团体等,其主体是士绅、学生和城镇新兴阶层,主要目的也是为了兴学育才、创办报刊出版业、集会演说、借助戏剧音乐等传播新思想、兴办实业和发展近代科学等,仅有少量的戏剧改良会和音乐研究会之类的艺术团体,但其在传播新思想、新文化方向所起的作用却不容小视,并且,文学借助这种传播方式也愈发普及起来,开始走向普通大众。晚清政府出台《大清印刷物专律》,此律例虽然极力压制攻讦朝廷之作,却放宽了对一些闲情逸致作品的查禁,甚至还准许这种小说刊登和出版,导致清季民初此类小说达到2215种,有113家杂志和49家报纸刊登其作品②,其传播速度和规模可谓是空前的。

在"五四"新文化运动之后的现代文学发展中,纯文学团体开始大量出现,如雨后春笋般爆发,涌现出了一大批文学社团,相应刊物也激增,"据统计,1921年到1923年,全国出现大小文学社团40余个,文艺刊物50多种。而到1925年,文学社团和相应刊物激增到100多个"③,最著名的有文学研究会、创造社、新月社等。这些文学团体借助其刊物推广新文学,在现代文学发展中占据了主导地位,并合力营造了当时的文学主流思潮及其发展方向。因此,就某种程度来说,文学团体及新兴的传播方式——报刊、杂志等,在近、现代文学的发展中起作了关键性的作用,对现代文学秩序的形成有着极大的影响。

三、文学史及文学理论观念在继承中发展。虽然文学史及文学理论概念的明确提出是近、现代才有的事,但中国古代其实不乏关于文学史及文学理论研究的相关著作,它们可以称之为现代文学史及文学理论的雏形,如历朝历代正史之《艺文志》《文苑传》《文学传》以及《文选》《文粹》《文鉴》

---

① 桑兵:《清末新知识界的社团与活动》,三联书店1995年版,第274页。
② 李欧梵:《现代性的追求》,三联书店2000年版,第190页。
③ 钱理群、温儒敏、吴福辉著:《中国代现文学三十年》,北京大学出版社1998年版,第16页。

等,而刘勰的《文心雕龙·时序》,更是早就呈现出了文学史之体例。到近现代时,受国外文学史、文学理论著作的影响,文史、文论学者们往往采用了进化论及唯物史观的文学发展观点进行编撰、评选,值得欣慰的是,在外来思想、思潮蜂拥而入的时候,文史、文论学者们仍然部分地延续和保持了传统文史、文论的思想和方法。如晚清时,林传甲《中国文学史》(1904年)、黄人《中国文学史》(1904年至1909年撰写)和窦警凡《历朝文学史》(1897年撰写、1906年油印)就受到了当时进化论等西方历史观的影响,但仍以传统文学观念和学术立场为基点,在继承中又有发扬。钱基博《现代中国文学史》(1933)、《明代文学》(1933)、《中国文学史》(1933)等虽是按照传统文学观念来编纂的,但其将文学分为广义及狭义,以及学术化的文学史观,又能明显见出随时代发展的进步文学观念。周作人是新文化运动的先驱,但仍然保持了传统文化的影响,如《中国新文学的源流》中认为诗言志和文以载道两种文学潮流的起伏才构成了中国文学史。国学大师王国维《〈红楼梦〉评论》以西方哲学和美学为理论基础对文学予以审美解析,《人间词话》则回到中国古典的片段式感悟并进而提出境界说。梁启超、鲁迅、朱自清等人在理论著作中也都采用了融贯中西的做法。可以说,在继承传统文史论的基础上,运用西方现代理论思维进行编撰、评选,是近、现代文学秩序在特殊历史中形成的一大特色,也是当代文史论构建自己"民族性"话语的先期实践和基础。

当然,在从近代转向现代文学的发展过程中,其文学秩序也在发生着相应的变化,尤其是自晚清时期中国的政治格局发生了翻天覆地的变化,对文学思想及其创作的冲击更是剧烈的,因此,近、现代文学秩序也存在着明显的相异之处,主要体现为在现代文学秩序中:

一、作家开始作为一个职业出现,文学文章不再作为通往官场的工具而存在。中国古代自隋唐科举制度兴起,文章、诗赋作为文学活动中的一种,便成为通往官场的工具,并且只被少数人掌握,白话小说则作为不入流的文学体裁一般只在平民底层中流通。也因此,一千多年以来,文学作品的创作主体大多存在于"士大夫"这一阶层,他们是"官员"型的作家群体,文学作品只是作为他们通过官场的工具和业余消遣之用,没有现代意义上写作的独立性。虽然明清以来,许多当时的文化人开始"弃儒就贾",更有部分著名哲学家、文学家开始从事商业性创作活动,如王阳明、李梦阳开始给商人写墓志铭①,但文学作为商业活动始终没有成为一项独立的事业。这一现象直到清季民初随着科举制度的废黜,迫使传统知识分子不得不开始寻求其他出路,并且在这个时期"也出现了一批求变求新的儒家知识分子,他们在西方的价值和观念方面作出了明确的选择"②,加上当时报刊、杂志的大量出现为他们提供了可观的报酬,得以生存下来,于是以写作为生的中国职业作家群体开始出现。比如胡适作为新文化运动的代表人物,曾被商务印书馆欲以"每月薪金5000元"的高薪聘请③,陈明远先生曾在《文化人的经济生活》一书中谈到几位颇具代表性的现代作家,包括鲁迅、田汉、夏衍、阳翰笙、沈从文、柔石等,将其经济收入作了一个简要的整理,发现其收入的大部分都来源于稿费、翻译费、版税和编辑费等与文学活动相关的经济收入④。这充分说明,与近代创作主体相比,现代文学创作的主体已由非职业化走向职业化,文学作品的功用也已由工具性为主走向了自由、启蒙、商业化为主。

二、文学思想和创作的自由化程度前所未有。文学思想及创作需要一定的土壤与时机,自由、开放的社会和政治氛围将在很大程度上为作家提供良好的创作环境。清末以来,中国社会政治进入了急剧变化的时代,一方面,科举制的废除斩断了士人"学而优则仕"的光辉大道,使整个群体突然失却了价值认同模式和实现方式;另一方面,社会的转型使得社会局势和社会精神出现断裂和空位,这使得刚刚失却价值认同模式的知识阶层,正好利用这一时机表现出强烈的使命感和爱国精神,以启蒙者的姿态展望新的社会和理想的未来,寄托着强国梦想和全面自由发展的精神文化,并通过文学创作的方式来建构一种民族想象空间,为自己寻找一个精神家园。加上这一时期,各种外来新思想、新思潮的译介和传入,给知识分子们带来了精神上的冲击和洗刷,"在'五四'后短短的几年内,可以说西方文艺复兴以来各种各样文学思潮及相关的哲学思潮都先后涌入中国,如现实主义、自然主义、浪漫主义、唯美主义、象征主义……,以及人道主义、进化论、实证主义……马克思主义等等,都有人介绍并有人宣传、试验、信仰"⑤。

---

① 余英时:《士与中国文化》,上海人民出版社2003年版,第512~513页。
② 余英时:《士与中国文化》,上海人民出版社2003年版,第527页。
③ 张丹斧:《胡老板登台记》,《商报》1921年7月20日。《胡适的日记》上册,中华书局1985年版,第147页。
④ 陈明远:《文化人的经济生活》,文汇出版社2005年版。
⑤ 钱理群、温儒敏、吴福辉著:《中国现代文学三十年》,北京大学出版社1998年版,第14页。

受这些外来思想、思潮的影响,现代文学家们的创作风格和个性化得到了充分释放,加之当时社会政治环境的相对宽松,这一时期的文学创作达到了空前的自由、开放,可谓是真正的"百家争鸣、百花齐放"。从某种程度上说,现代文学的三十年,是中国文学创作和发展的黄金三十年。

三、文学的政治、革命属性空前。虽然中国文学尤其是诗文,几乎从其诞生起,就被赋予了教化和"载道"的功能,如孔子"诗三百,一言以蔽之,曰'思无邪'"(《论语·为政》);战国时,荀子在其《解蔽》《儒效》《正名》等篇中要求"文以明道";三国时曹丕在《典论·论文》中也有"文以载道"的观念;刘勰《文心雕龙》中更有《原道》《征圣》《宗经》等篇集中论述"文以明道";韩愈、柳宗元更是"文以明道"的倡导者……。但在现代文学发生之前,文学的"载道"功能主要是为统治阶级服务的,并且局限于诗文等少部分文学体裁中。而到了现代,小说、散文、戏剧等文学体裁的地位得到了空前提高,并且承担起了政治、革命性的功用。事实上,新文化运动自其伊始,便是与政治、革命紧密联系在一起的,其本质上就是"企求中国现代化的思想启蒙运动"①。在西方现代思潮的影响下,先进的知识分子们总结了晚清以来历次社会变革的经验教训,意识到中国社会变革的关键必须从意识形态尤其是价值观领域彻底颠覆方可成功,于是新一代的知识精英们开始把思想启蒙作为自己的主要使命,而新文学,则是他们革命的主要利器。

从梁启超的新民说可见其倡导新小说的逻辑为:"新国,须先新民;新民,须先新风俗、道德;新风尚道德,须先新文学……文化和国民性被置于政治制度变革之先,而文学,又最终担当起改造文化、重塑国民灵魂的具体责任",②文学尤其是小说的地位可谓是被空前拔高了,并被赋予政治、革命性的功用。1917 年 2 月,陈独秀在《新青年》上发表《文学革命论》,表明了坚定的文学革命立场,主张以"革新文学"作为革新政治、改造社会之途。1918 年 4 月,胡适发表《建设的文学革命论》,以"国语的文学,文学的国语"来概括文学革命的宗旨,"意在将文学革命与国语运动结合起来,扩大文学革命的影响"③。还有周作人、陈独秀、李大钊、傅斯年等人也都致力于白话文学,翻译和介绍西方文艺思潮,使文学革命的影响越来越大。甚至鲁迅也从早先苦闷、彷徨转向苏联无产阶级文艺理论,不仅译介了许多

---

① 钱理群、温儒敏、吴福辉著:《中国代现文学三十年》,北京大学出版社 1998 年版,第 5 页。
② 杨联芬:《晚清至五四:中国文学现代性的发生》,北京大学出版社 2003 年版,第 173 页。
③ 钱理群、温儒敏、吴福辉著:《中国代现文学三十年》,北京大学出版社 1998 年版,第 8 页。

国外文艺革命专著,1930年还发起并组织成立中国左翼作家联盟,对革命和文学都寄予了厚望,在这一时期还撰写《革命时代的文学》《革命文学》《文艺与政治的歧途》《文艺与革命》《文学的阶级性》等探讨革命形势与文艺之间关系的文章。可以说,由于历史的原因和社会现实的需求,现代文学在政治、革命中扮演了极其重要的角色和功用,充满着觉醒的时代精神。

第二节 现代性:近现代文学的精神内核

关于"现代性"的阐述和研究,是20世纪以来中国以至世界文学理论界的热门研究词汇。西方关于现代性的研究和理论阐述开始得比较早,并且相对中国来说,理论研究和体系也较为完善和深入,如哈贝马斯的"未完成的现代性"、瓦蒂莫的"现代性的终结"、贝克的"现代性的开始"、芬伯格的"可选择的现代性"、詹姆逊的"单一的现代性"、泰勒的"多重的现代性"、鲍曼的"流动的现代性"、拉什的"自反现代性"、吉登斯的"晚期现代性"等。现代性真正进入中国学术界的视野,是在20世纪90年代中期之后。在90年代中期的文化转型中,"后现代"的幽灵游离于各个学科之间,试图解构一切已成定规的学术体系、剥离一切传统的学术理念,中国学术界既备感新奇,又深感忧虑甚至恐惧,担心中国文学在此过程中迷失了方向,失却了"民族性"的根基,于是纷纷转头研究现代性,并且认识到西方现代性无法复制,必须从中国文学的自身发展规律和特征中寻找现代性。

然而,中国对现代性的研究虽起步较晚,但事实上,现代性一直贯穿于近、现代文学之中,是其重要的精神内核。"现代性"一词最早出现在中国文学史上,是源于周作人,他首次将modernity翻译为"现代性",认为陀思妥耶夫斯基相对于狄更斯来说具有"非常明显的现代性"[①]。自此之后,现代性就一直伴随着中国的文学革命、左翼文学、抗战文学、延安文学、十七年文学、新时期文学、后新时期文学和21世纪文学,产生了晚清现代性、启蒙现代性、左翼现代性、革命现代性、政治现代性、审美现代性、文化现代性等文学现代性的多种维度和形态。

"现代性"这个概念,颇具模糊性和争议性,但有一点可以肯定的是,它的出现是伴随着"现代化"这个概念出现的。通常认为,我们现在所说的

---

① 《新青年》第4卷第1期(1918年1月)。

"现代性"主要是指17世纪西方科学技术产生之后带来的"现代化"进程中所获得的一系列经济的、政治的、社会的、文化的等变革所具有的性质或特征。而社会的"现代化"必然会带来精神发展状况的"现代性",所以,西方的现代性准确说来,应该是科学精神、民主政治和艺术自由的三位一体,以至于"它的东渐,一度被中国人喻为德先生和赛先生的双喜临门"①。更具体一点来说,现代性是"那种主要特征与传统文化特征相对立的文化状态"②。也就是说,现代性的对立面是旧、传统、过去等特征,与现代化相对的核心词汇是封建、落后等等。

"现代性"观念在中国的传播,其实从清末就开始了,一个重要的例证就是进化论观念在中国的传播,严复翻译的《天演论》,实际上就是用中国话语解释的"进化论"观念,而"进化论"无疑就是属于"现代性"范畴的一个重要因素,"不过它的别称却是'新'这类概念"③。"现代性"在中国文学中的发展,也是自晚清开始的。当时的中国社会不得不面临着与传统的决裂,时势把中国知识分子逼到了清醒的边缘。1840年鸦片战争的失败,1895年中日甲午战争被曾经看似十分弱小的邻国日本打败,清政府屡屡遭外国列强侵犯,祖国疆土被割裂……这些都使得中国的知识分子彻底从大国迷梦中清醒,产生了彻底与传统决裂、实现现代化的决心,"中国是在外患与内忧、启蒙与救亡重重矛盾下艰难探索现代化道路的过程中遭遇此一现代性问题的"④,而中国文学此时正是在这种现代性需求之下实现了向现代文学的转化——承担起了启蒙这个重要任务。因此自1895年至新文化运动前夕,中国文学的主流基本上都是以"感时忧国精神"为核心,注重于文学内容的改造,在文学观念上也不再坚持那种纯粹的文学学术把玩和文学道德化的传统观念,而是把启蒙、救亡等作为文学的主题。诚如笔者在前面引用李欧梵对这种"感时忧国精神"中主要包含的三种变化的阐述,这一时期的现代性特征主要表现在:一是从道德的角度把中国视为"一个精神上患病的民族",而这种病态根植于中国传统之中,因此必然产生对这种传统的反抗和叛逆,造成传统与现代性之间的对立;二是在这种反传统的立场基础上,现代性转化就不仅仅是"精神上或艺术上的考虑",而更

---

① 赵一凡:《从胡塞尔到德里达——西方文论讲稿》,三联书店2007年版,第14页。
② 陈玲玲:《简述中国现当代文学中的"现代性"》,江西科技师范学院学报,2009年第6期。
③ 黄念然:《中国古文论研究的现代转型》,中国社会科学出版社2006年版,第6页。
④ 黄念然:《中国古文论研究的现代转型》,中国社会科学出版社2006年版,第2页。

多的是"出自对中国社会—政治状况的思考";二是"那种批判观念则具有相当浓厚的主观性。现实是通过作家个人的认识角度而被感知的,这样一来,就同时流露出一种对自我的深切关注"。① 这种由传统与现代性的对立、对社会与政治的思考和自我的深切关注组成的"感时忧国精神",是对文学实现现代性转化的精辟概括,而其观念转化最突出的表现则是笔者在前面提到的王国维的戏曲论和审美论、梁启超的小说论和国民论等。

也正是因为这样一批有识之士,在目睹了中国社会当时的落后、屈辱,以及西方的先进文明及思想后,决定用"现代性"来救国,唤醒国人的意识,以期达到启蒙和救国救民的目的,并影响了当时和后来的一大批知识分子。以鲁迅的文学作品为例,其早期作品中充满着浓厚的对封建文化和专制制度的批判精神,揭露和批判国民的劣根性,希图塑造民族新性格,呼唤人的解放。"五四"新文化运动更是这种现代性的直接体现,它的直接目的就是要与传统相决裂,以白话文运动为引子,以大众的、平民的文学对抗过去只被少数人掌握和把玩的精英文学;以具有启蒙和革命性的文学内容替代过去为封建阶级服务和"载道"的工具性文学。

当然,以上所述的仅仅是着眼于启蒙的现代性,事实上,还存在着另外一种现代性,即审美现代性,它是伴随着启蒙现代性产生的,是对启蒙现代性出现的问题的反思和批判,并以一种思维向后和意识向前的模式来规范、指引着启蒙现代性的发展,而且总是以一种先锋的面孔、激情的思想和否定的立场出现在现代性理论中,纠正着过度政治化、革命化的文学发展倾向。比如与"文学研究会"鼓吹艺术要"为人生"和写实,极力主张文学应从唯美的"象牙塔"中走出来不同,"创造社"成员"所树立的是浪漫主义的旗帜,而其批评主张,且纯然是持着唯美派的一种见解的"②。除创造社外,还有"弥洒社"和"浅草社",他们都是"为艺术而艺术"的作家团体。但对审美的追求并不是说这些作家们就不关心时事,沉浸在"象牙塔"中不关心人生。实际上,伴随着当时的国情,许多新文学家们很大程度上都是有着"忧国忧民"思想的。比如创造社成员之一的郭沫若,其代表作《女神》,就被郑振铎评价其"反抗精神是充分表现着的"③。因此,他们的浪漫主义

---

① 李欧梵:《现代性的追求》,三联书店 2000 年版,第 178 页。
② 郑振铎:《中国新文学大系(1917—1927)导言集——〈文学论争集〉导言》,香港文学研究社 1986 年版,第 59 页。
③ 同上。

其实始终是富于反抗的精神和破坏的情绪的,"用新式的术语,这是革命的浪漫主义"①,并且,都是"有所为"的②。

虽然有些学者否认了近、现代文学中的现代性,认为中国近、现代文学中并不具备严格理论意义上的西方那种现代性,如杨春时、宋剑华认为 20 世纪的中国文学"只具有近代性,而不具备现代性"③,章培恒、陈思和则对此提出了一个疑问:"二十世纪以来,当我们习惯性地把以先进工业文明为特征的现代西方文化界定为'现代性',并将之与中国传统文化相对应,欲脱胎换骨(在日本则反映为'脱亚入欧')地追求'现代'时,我们有没有检点一下,我们自己的文学传统中有没有产生出接近于西方'现代性'的进步因素?"④笔者认为,根据现代性一词本身所含的一些特征,如相对于"旧"的"新"、相对于"传统"的"现代"、相对于"落后"的"进步"、相对于"过去"的"未来"、相对于"蒙昧"的"启蒙"等,中国的近、现代文学是具有相当程度的现代性意味和精神内核的。如果一味地按照西方模式来要求中国文学,忽略中国文学自身发展的民族特性和根植土壤,将会得不偿失。

第三节　秩序与反秩序:近现代文学的张力结构

文学作为人们掌握和了解、建构世界的一种方式,它应该具有相对的独立性,具有自身的发展脉络,并且具有一定的秩序性。但就中国文学而言,自魏晋南北朝逐渐由自发向自觉状态转化之后,虽然在唐诗、宋词、元曲和明清小说等方面取得了长足的发展,但文学及其研究在文化史和学术史上的地位却一直处于文化秩序的边缘,直到晚清才逐渐走上自立之路。

就近、现代文学而言,伴随着特殊政治、历史的发展和"现代性"的出现,中国文学逐渐走出了之前作为"工具性"和被少部分精英人士把控的束缚,而开始建立起自己独有的文学秩序,包括文学逐渐向大众普及、文学开始作为一个独立的学科出现,产生了"新文学"秩序;主体人的要素开始凸显,如现代知识阶层的形成、作者与读者群体分离、文学教授的设立等,以

---

①　郑伯奇:《中国新文学大系(1917—1927)导言集——〈小说三集〉导言》,香港文学研究社 1986 年版,第 157 页。

②　鲁迅:《中国新文学大系(1917—1927)导言集——〈小说二集〉导言》,香港文学研究社 1986 年版,第 124 页。

③　杨春时、宋剑华:《论二十世纪中国文学的近代性》,《学术月刊》1996 年第 12 期。

④　章培恒、陈思和:《主持人的话》,《复旦学报》2002 年第 5 期。

及现代性的文学传播秩序开始形成:学校、社团、报刊和知识阶层等;以写作为生的职业作家群体大量涌现,建构起了一种特殊的文学话语秩序;在西方文学史及文学史观的影响下,探索和建立起基于传统文学史观、融汇西方先进思想的文学史学观;以及从各个角度对文学功用进行定位,并在西方理论思潮的影响下试图建构起现代性的文学理论体系,等等。

但近、现代文学秩序的形成,并不是一个线性的顺利发展,相反,它是在反秩序的过程中得以形成的,也就是说近、现代文学中的现代性新秩序是在与过往旧的文学传统、文学观念、文学秩序的打破、批判中逐步建立起来的,是一种秩序和反秩序的张力结构。主要表现为:

一、学术秩序和文化秩序的"破"和"立"。这种"破"指的是,对旧有文学创作秩序和地位的彻底改变。文学在过去能登大雅之堂的只有诗赋及文章,并且还是被少部分人作为通往官场和被统治阶级作为"载道"的工具存在。晚清时期设立同文馆、京师大学堂和各省书院等办学机构的目的虽然是为了维护统治,但从客观方面而言,京师同文馆和晚清书院教育已经开始接受西化教育模式和西来观念并逐渐形成了新文化政治的雏形,并使得教育开始普及至普通百姓和大众,为文学进入现代性的秩序奠定了坚实的基础。而京师大学堂的三大章程促使文学正式立科并形成现代学制,以由京师大学堂发展而来的北京大学为代表的近现代语言文学教育,又是"文学"作为一门独立的学科开始出现的重要标志,是推动文学形成现代形态和文学研究走向自立的重要动力机制。正是在这种破"旧"的基础上,"新"的秩序开始形成并确立。

二、文学生产和传播在压制和夹缝中发展、成熟。中国文学在现代秩序建构之前,其生产属性是模糊的,现代生产模式也尚未形成。随着晚清之后现代生产体制的逐渐明晰,文学生产开始在小说创作领域中呈现出现代生产的雏形,然而在"政统"与"道统"夹击之下,文学生产仍然难以形成现代模式。晚清之后,由于现代知识阶层的形成,主体人的意识开始觉醒,加上思想、文学环境、文化氛围、社会秩序与制度等多方面要素的共同作用,文学生产的现代性秩序才开始逐渐形成,并在"五四"前后最终建构渐渐走向成熟。但值得注意的是,文学生产在这种现代性追求的支配下显得不能自主,更多的是被思想转型、历史语境、文化氛围、社会秩序与制度等多方面要素所操控,在各种理性因素的主导之下表现出可操作性和可设计性,甚至直接把文学推向预定的理想轨道从而建构了文学生产的特殊现代性秩序。而文学传播一方面因民族国家的国家力量在内外交困而导致的薄弱局势之下产生了一种"民间的狂欢",在学校师生、文学社团、报纸杂志和现代出版业的共同支撑下显示出了众声喧哗之态;另一方面却也因这一历史时期独特的战争政治和政党政治的舆论要求而遭到压制,甚至颁布几十种出版法规对文学秩序予以严酷控制,但这种控制却意外地使文学秩序逐渐成熟和规范化。从以上分析可以看出,近、现代的文学秩序的建立更多表现为在压制和夹缝中求生存,它并未因革命与启蒙、权力与市场、文学与政治的对立而湮灭,相反地却在这种"文学—权力—市场"模式中得以保全和发展,从另一个层面来看,这其实就是一种秩序和反秩序的张力性结构。

三、在秩序边缘徘徊的近现代作家们。近、现代文学与中国古代文学相比最大的特色,除了文学学科的独立,白话文、小说、戏剧等过去难登大雅之堂的文学体裁大放异彩之外,应该就属受西方文艺理论思潮的大量被引介、翻译而掀起的文学启蒙、文学革命了。时局的乱象让新兴知识阶层从过去的梦中醒来,有良心、有责任的知识分子纷纷自觉扛起了"启蒙"这面大旗,打破传统文学秩序,建立现代性的新文学秩序势在必行。但这一时期的知识分子又是从传统中来的,他们身上不可避免地还是会带有,或者说难以舍弃传统中的某些东西。比如这一时期最具有代表性的象征主义,虽然这个词汇是舶来品,但其实是中国传统文学中本来就存在的文学因素,如鲁迅的《狂人日记》《野草》、闻一多《死水》以及徐志摩、沈从文、钱钟书等人的作品都或多或少带有一些象征主义的印迹,这可以说是在传统审美意识和精神内质的基础上进行象征主义的本土创作。这一时期的作家们既从传统中来,却又想极力打破传统的束缚;既是新文学秩序的建构者,又是某些传统秩序的继承者和维护者。但舶来的象征主义等文学思潮在中国近现代文学中的影响和地位又是不容忽视的,它们既是辟开传统文学形式外衣的利剑,又是建构新文学秩序的手段和工具。比如李金发的象征主义文学创作,在当时可谓是掀起了一阵飓风,并在某种程度上极大地贴合了新文学的发展需求。这些文学思潮已经被理论家充分地重视并展开深入的研究,它们不再只是昙花一现的文学口号,不仅仅在文学创作上显示了其巨大的魅力,在理论上也已开始占据一席之地。在此种形势下,秩序一直在从旧的向新的方向发展,甚至一度呈现燎原之势,但遗憾的是,这个过程却在1930年代末到1940年代出现了断裂,刚刚走向自立的中国文学遭受了劫难。这劫难是从中国社会饱受侵略和战争之苦开始的,象征主义等被彻底地边缘化,文学殿堂中刚刚建构起来的秩序又杂乱无章。刚刚自立门户的现代文学之家又被剥夺了权力,国家和民族的大历史掩盖甚至取代了现代文学之家的小历史,以国家和民族的现代化取代了现代文学之家的个性——现代性,作家们新建立的秩序被打断、打乱,因此只能在秩序的边缘徘徊,这是李金发、鲁迅的命运,也是象征派、象征主义的命运,更是中国现代文学的命运。

四、文学史观的颠覆与重构。在中国文学的现代化进程中,关于传统文化的问题一直争论不休,传统到底要不要延续?能不能延续?如何延续?这些问题一直困扰着夹在古今文化之间、中西文化之间的现代知识分子。中国古代也有一些文学史的雏形存在,比如历朝历代正史之《艺文志》《文苑传》《文学传》以及《文选》《文粹》《文鉴》等,而刘勰的《文心雕龙·时序》,更是早就呈现出了文学史之体例,但文学秩序最初的建构任务主要是由文学史和文学史家承担的,文学史家的个人主观意愿比较强烈。20世纪前期中国文学界,希望通过重新诠释文学史,确保小说、戏剧等文学处于并拥有绝对强势的话语权。文学史家以这种方式在理论上冲击着原有的权力制度和知识/权力网络、秩序,而接受者则以具体的文学接受活动打破旧的文学秩序。可以说,这是文学秩序上的一种颠覆与重构。尤其是20世纪初期,在文学市场形成并逐渐成熟之后,文学史家的话语权和接受者在文学生产/消费系统中的权力逐渐强化,两者所产生的合力越来越大,颠覆旧的文学秩序显得更加容易和频繁,因此非常强调文学秩序的现代性。尤其是在西方进化论及唯物史观的影响下,中国文学史的研究和发展逐渐打破了原有单一的线性发展思维模式,形成了以进化论、唯物史观、循环论、实证观、民间立场等为代表的文学史观,这可以说是文学史研究中的一大进步了。当然,任何事物的发展都不能脱离其现实的逻辑,不论文学史家持何种历史观,他们都难以脱离清季民初以降现代化的语境,因而不得不以走向世界和与世界文学史接轨的观念为指导,但同时也得寻找中华民族的文学事实和历史记忆以承接传统与现代,现代性的文学秩序也正是在这样的观念与实践及知识权力结构中才能得以确立。

五、批判与转化,文学观念和理论的探索与确立。中国文学在清季民初之前,一直主要是作为通过官场和统治阶级用以"载道"的工具存在的,且只为少部分人掌握。而晚清以来,政治格局的巨大变化和更迭,使得一大批新知识阶层意识到了文学在其审美意识之外，还具有重要的政治功用性，它能够被用来通过知识的传播和普及而起到启蒙和革命的作用。于是，旧有的文学观念被批判、打破，新的文学观念被确立起来，最有代表性的是王国维、梁启超、胡适、鲁迅等人的文学观念。王国维从文学自身的发展规律角度来重新阐释文学观念，从戏曲论和审美论等内在要素上实现文学观念的现代性转化。梁启超从文化价值和文学功能角度来定位文学，并把文学观念的革新作为其文化启蒙和政治革新的手段之一，从小说与政治关系论和国民论等外在文化秩序上实现文学观念的现代化改造。胡适和鲁迅是在社会文化转型时期出现的代表两种不同价值取向和文化复兴道路的旗帜，前者试图以西方文化哲学思想来改造中国文化以达到文化复兴之目的，后者则从批判国民劣根性出发、以置之死地而后生的方式来实现文化自救。而在文学理论研究方面，19世纪末20世纪初，救亡和启蒙成为中国人民的历史使命，这一使命表现在文学理论批评中，就是用西方和苏联的哲学美学思想为中国文学研究注入新鲜的血液，在激活传统文学理论批评的基础上寻求主体性、本土化、现代化的文学理论批评话语系统。王国维就是促使文学理论批评由古典形态向现代形态转化的第一人。他的《〈红楼梦〉评论》以西方文学理论批评的眼光和方法打破了传统理论批评的思维模式，运用思辨的逻辑的思维方式对《红楼梦》的美学价值和伦理精神进行了总体评价。与王国维同时代的，还有梁启超、鲁迅、郭沫若、成仿吾、茅盾、朱光潜、冯雪峰、梁实秋和朱自清等人，从他们的文学理论批评中可以看出两种倾向：一是开始注重研究文本之外的社会政治、历史文化等外部因素的影响，"使传统的文学理论发生了质的变化"[①]；二是注重文本和文学性的内部本体研究。虽然他们的研究还处于在传统、西方与现代三个话语体系中徘徊，还未出现自主性和民族化的话语系统，但是其对传统文学观念和理论的批判，并在学习西方现代思潮和理论的基础上进行了转化实践，探索和建立起了一套特殊的文学话语秩序，这无疑是值得肯定的。

第四节　秩序的力量：艺术的感通与文化的内化

"秩序"的原意，是指有条理、不混乱的情况，是"无序"的相对面，也就

[①]　张少康：《中国文学理论批评史教程》，北京大学出版社1999年版，第495页。

是说,是制定和形成一定的规则、制度,并让人去遵守、执行,人既是秩序的建立者也是秩序的维护者和遵从者。世界万事万物,在其建立和发展的过程中,总是会存在和形成一定的秩序,可以说,万物皆有秩序。而文学艺术,在其产生和发展的过程中,也难免会形成相应的秩序。秩序本身,就其含义来讲,其实是一种让人遵循的规则和束缚,但文学艺术的特殊性和张力却使得其在后来的发展和更新过程中,产生了一种新的生命力,即通过内化的方式,对过去自身所形成的旧秩序进行批判、革新,再形成新的秩序——这就是秩序与反秩序的张力,并在最终,这种力量通过艺术的感通方式发挥作用。

"感通"一词,最早出自《周易》,《周易·系辞上传》说:"《易》无思也,无为也,寂然不动,感而遂通天下之故。"这里的"感通"观念,指的是阴阳交感与万物汇通的活动或机制。一般来说,在中国哲学中,"感通观念用以表示人、物、理、事等发生某种勾连活动及其呈现状态"①。在中国的儒家哲学系统中,感通概念多用在表达主体情感活动的语境中,根据王阳明等人的阐述,感通与人的本心、心灵活动相关。而文学艺术,正是一种主观性极强、与心灵相关的活动。因此,文学艺术中所谓的"感通","对于主体(或者创作者)而言,是指以感情或感性形式使他者内心感动、畅通或豁然贯通,进而产生强烈的共鸣;对于接受者(或欣赏者)而言,是指在心灵上(或在内在感受上)充分理解、豁然贯通,真切地感受到另一生命的情感意趣、生存境界(让另一生命鲜活、完满、无碍地生活于自心之中),进而产生强烈的共通感(或与主体处于同一心境)。"②纵观近现代的文学创作及活动,可以看到,文学秩序正是在这样的"感通"方式下通过"自反"的力量建立起了自己独有的秩序。

具体说来,文学在其发展过程中,因其主体自身的主观因素、生产及传播方式、社会历史环境、时代赋予文学的内涵及责任等一系列因素,而形成了自身独有的一种秩序。这种秩序的形成,既有主观因素,也有客观因素。但是这种秩序的形成,并不是一成不变或先天赋予的,而是在一种秩序与反秩序的张力间形成的,这种张力可以视为以一种内化的方式来实现的。秩序本身是一种束缚,是对文学艺术的困挪,因此文学艺术的内生力通常

---

① 杨虎:《论观心与感通——哲学感通论发微》,北京理工大学学报·社会哲学版,2020年第3期。

② 汪余礼:《审美感通学批评:内涵、特质与旨趣》,中国文艺评论,2019年第7期。

是反秩序的,希图打破文学固有的秩序而获得新的生命力。而这种新的生命力,又往往会通过文化内化的方式,即内部演变、吸收与消化,最后变成推动文学艺术发展的、正面的力量,从这个层面来说,这种"反秩序"的行为并不仅仅是反抗的、反向的力量,相反,可被视为一种新生力量和新秩序的形成。如近现代新文学秩序的形成,就是在对一系列旧有秩序的批判和破坏中形成的。乔纳森·卡勒在谈到文学理论时也重点提到了理论自身的这种自反性:"理论是对常识的批评,是对被认定为自然的观念的批评。理论具有反射性,是关于思维的思维,我们用它向文学和其他话语实践中创造意义的范畴提出质疑"①,这种反射性和质疑,很明显就是一种反秩序的力量。

  在这个过程中,艺术的感通方式,又是促使这种力量最终发挥作用的重要机制。"感通"是在主、客体之间的创作与接受中形成的,也即是说,文学须借助一定的方式、路径,并具有一定的目标性,最后以一种强化的方式达到主客融通。文化的内生力量虽然具有一定的反秩序性,但它却是在旧有秩序的基础上发展而来的,这种秩序和反秩序活动的主体都是具有强烈主观因素的"人",正是因为这个特点,"感通"的方式便显得尤为重要。"感通"的本质是与人的本心、心灵活动相关,一切文学活动,都是由人来操纵和进行的,文学活动的主、客体一起建构起了文学秩序,却又在发展过程中,对原有秩序进行破坏和批判,并在此基础上建立起新的秩序,这个过程,充满了很多人为主观操作因素,换一种角度来看,它甚至可以被视为一种权力话语体系和秩序向另一种被建构起来的权力话语体系和秩序的解构和宣战。有学者在谈到文学理论的更新时,便说道:"当新式'理论'力图更正旧式理论的'知识暴力'倾向,感官在'理论'中的地位被重新承认,同时'感官'的所有格形式也得以恢复,于是,不变的'理论'就成为过时的知识幻影"。近现代文学中对传统文学功用的重新阐释和定位,将其原本为统治阶级服务的功能变化为对普通大众的启蒙和普及,这一过程便是通过一批极具影响力的知识分子的权利话语实现的。他们热爱文学,却又对旧有文学的功用和定位极度不满,于是凭借自己的社会影响力,将文学与政治、革命联系起来,使文学通过与接受者的"感通"方式而达到其创作和宣传的目标。

---

① 乔纳森·卡勒:《当代学术入门:文学理论》(李平译),辽宁教育出版社1998年版,第16页。

秩序之于文学,具有强烈的否定价值,它使得文学创作有一定的规律可循,有一定的规则可守,却又并不是一成不变地死守,而是在其内部所天然具有的反秩序力量推动下,通过艺术感通的方式,朝着新的秩序发展和前进。正是在这一意义上,我们可以说,文学秩序的建构和形成,秩序与反秩序,是文学自身张力结构的外在显现。

参考文献

一、国内主要参考文献

[1] 钱穆:《国史新论》,三联书店2001年版。

[2] 程颢、程颐:《二程集》,中华书局1981年版。

[3] 康有为:《康有为全集》,中国人民大学出版社2007年版。

[4] 郑观应:《郑观应集》,中华书局2014年版。

[5] 姚奠中、董国炎编《章太炎学术年谱》,山西古籍出版社1996年版。

[6] 陈国球:《文学史书写形态与文化政治》,北京大学出版社2004年版。

[7] 高时良:《中国近代教育史资料汇编·洋务运动时期教育》,上海教育出版社1992年版。

[8] 顾明远主编:《中国教育大系·历代教育制度考(二)》,湖北教育出版社2004年版。

[9] 姜义华主编《胡适学术文集·新文学运动》,中华书局1993年版。

[10] 梁启超:《饮冰室合集》,中华书局1989年影印。

[11] 《戊戌变法文献资料系日》,上海书店1998年版。

[12] 璩鑫圭、唐良炎主编《中国近代教育史资料汇编》,上海教育出版社1991年版。

[13] 舒新城主编《中国近代教育史资料》,人民教育出版社1961年版。

[14] 姚永朴:《文学研究法》,商务印书馆1933年版。

[15] 胡云翼:《新著中国文学史》,上海北新书局1932年版。

[16] 林传甲:《中国文学史》,广州存真阁1914年。

[17] 罗志田:《国家与学术:清季民初关于"国学"的思想论争》,三联书店2003年版。

[18] 王学珍:《北京大学史料》,北京大学出版社1993年版。

[19] 陈万雄:《五四新文化的源流》,三联书店1997年版。

[20] 陈平原、夏晓虹编:《北大旧事》,三联书店1998年版。

[21] 曾国藩:《曾国藩诗文集·文集》,上海启智书局1934年版。

[22] 曾国藩:《曾国藩全集·诗文》,岳麓书社1994年版。

[23] 周作人:《中国新文学的源流》,华东师范大学出版社1995年版。

[24] 梁启超:《清代学术概论》,上海古籍出版社2000年版。

[25] 洪治纲编:《章太炎经典文存》,上海大学出版社2003年版。

[26] 章念驰编《章太炎生平与学术》,三联书店1988年版。

[27] 章太炎:《訄汉三言·訄汉微言》,辽宁教育出版社2000年版。

[28] 章太炎:《章太炎的白话文·文学论略》,辽宁教育出版社2003年版。

[29] 张新颖:《20世纪上半期中国文学的现代意识》,三联书店2001年版。

[30] 姜义华:《章炳麟评传》,南京大学出版社2002年版。

[31] 姜义华:《章太炎思想研究》,上海人民出版社1985年版。

[32] 梁启超:《饮冰室合集·文集》,中华书局1989年影印版。

[33] 梁启超:《饮冰室合集·专集》,中华书局1989年影印版。

[34]《中国新文学大系·建设理论集》,上海文艺出版社1981年影印版。

[35] 陈平原:《二十世纪中国小说史》(第一卷,1897—1916),北京大学出版社1989年版。

[36] 殷国明:《20世纪中西文艺理论交流史》,华东师范大学出版社1999年版。

[37] 谭彼岸:《晚清的白话文运动》,湖北人民出版社1956年版。

[38] 陈万雄:《五四新文化的源流》,三联书店1997年版。

[39]《中国新文学大系(1917—1927)导言集》,香港文学研究社1986年版。

[40]《清德宗实录》卷五四八,光绪三十一年八月甲辰。

[41] 罗志田:《乱世潜流:民族主义与民国政治》,上海古籍出版社2001年版。

[42] 王德昭:《清代科举制度研究》,中华书局1984年版。

[43] 李欧梵:《中国现代文学与现代十讲》,复旦大学出版社2002年版。

［44］鲁迅:《魏晋风度及其他》,上海古籍出版社2000年版。

［45］鲁迅:《鲁迅杂感选集》,上海青光书局1933年版。

［46］郑家建:《中国文学现代性的起源语境》,上海三联书店2002年版。

［47］陈平原:《中国现代学术之建立》,北京大学出版社1998年版。

［48］余英时:《士与中国文化》,上海人民出版社2003年版。

［49］王学珍:《北京大学史料》第2卷,北京大学出版社2000年版。

［50］旷新年:《中国20世纪文艺学学术史》第二卷下册,上海文艺出版社2001年。

［51］伦达如:《文学概论》,广东高等师范学校贸易部1921年初版。

［52］李喜所:《近代中国的留学生》,人民出版社1987年版。

［53］张灏:《张灏自选集》,上海教育出版社2002年版。

［54］章开沅:《比较的审视:中国早期现代化研究》,浙江人民出版社1993年版。

［55］王先明:《近代绅士——一个封建阶层的历史命运》,天津人民出版社1997年版。

［56］林毓生:《中国传统的创造性转化》,三联书店1988年版。

［57］王韬:《漫游随录》,岳麓书社1985年版。

［58］《商务印书馆九十年》,商务印书馆1987年版。

［59］吴宓:《吴宓日记》(第一册),吴学昭整理,三联书店1998年版。

［60］王晓明主编:《二十世纪中国文学史论》,东方出版中心2003年版。

［61］桑兵:《清末新知识界的社团与活动》,三联书店1995年版。

［62］梁实秋:《梁实秋自传》,江苏文艺出版社1996年版。

［63］徐载平、徐瑞芳:《清末四十年申报史料》,新华出版社1988年版。

［64］马永强:《文化传播与中国现代文学》,安徽大学出版社2003年版。

［65］胡适:《胡适日记》,中华书局1985年版。

［66］马嘶:《百年冷暖:二十世纪中国知识分子生活状况》,北京图书馆出版社2003年。

［67］阿英:《晚清小说史》,人民文学出版社1980年版。

［69］方汉奇:《中国新闻事业编年史》(上),福建人民出版社1998

年版。

[70] 肖东发:《中国新闻出版史》,辽宁教育出版社 1996 年版。

[71] 张宝明、王中江编选:《回眸〈新青年〉》(语言文学卷),河北文艺出版社 1997 年版。

[72] 桑兵:《清末新知识界的社团与活动》,三联书店 1995 年版。

[73] 王本朝:《中国现代文学制度研究》,西南师范大学出版社 2002 年版。

[74] 郭沫若:《学生时代·创造十年续编》,人民文学出版社 1979 年版。

[75] 杨扬:《商务印书馆:民间出版社的兴衰》,上海教育出版社 2000 年版。

[76] 刘禾:《跨语际实践——文学,民族文化与被译介的现代性(中国,1900—1937)》,三联书店 2000 年版。

[77] 阿英:《阿英说小说》,上海古籍出版社 2000 年版。

[78] 朱维铮校注:《梁启超论清学两种》,复旦大学出版社 1985 年版。

[79] 欧阳健:《晚清小说史》,浙江古籍出版社 1997 年版。

[80] 王德威:《想象中国的方法》,三联书店 1998 年版。

[81] 李欧梵:《现代性的追求》,三联书店 2000 年版。

[82] 宋原放主编:《中国出版史料》,山东教育出版社 2001 年版。

[83]《文学运动史料选》第二册,上海教育出版社 1979 年。

[84] 林贤治:《鲁迅的最后十年》,中国社会科学出版社 2003 年版。

[85] 费正清主编:《剑桥中华民国史》(下),中国社会科学出版社 1998 年版。

[86] 钱理群:《1948:天地玄黄》,山东教育出版社 1998 年版。

[87] 汪晖、陈燕谷主编:《文化与公共性》,三联书店 1998 年版。

[88] 石元康:《从中国文化到现代性:典范转移?》,三联书店 2000 年版。

[89] 邓正来编译:《国家与市民社会:一种社会理论的研究路径》,中央编译出版社 1999 年版。

[90] 殷国明:《20 世纪中西文艺理论交流史》,华东师范大学出版社 1999 年版。

[91] 朱自清:《中国新文学大系·诗集·导言》,上海良友图书公司

1935年版。

[93] 张泽贤:《书之五叶:民国版本知见录》,上海远东出版社2005年版。

[94] 李金发:《异国情调》,商务印书馆1942年版。

[95] 王运熙主编:《中国文论选》现代卷中册,江苏文艺出版社1996年版。

[96] 吴晓东:《象征主义与中国现代文学》,安徽教育出版社2000年版。

[97] 梁宗岱:《诗与真二集》,商务印书馆1936年版。

[98] 刘半农:《扬鞭集》,上海北新书局1926年版。

[99] 王晓明:《无法直面的人生——鲁迅传》,上海文艺出版社1993年版。

[100] 鲁迅:《鲁迅全集》,人民文学出版社1973年版。

[101] 鲁迅:《魏晋风度及其他》,上海古籍出版社2000年版。

[102] 潘梓年:《文学概论》,上海北新书局1925年11月版。

[103] 孙俍工:《新文艺评论》,上海民智书局1923年11月版。

[104] 章克标、方光焘:《文学入门》,上海开明书局1930年6月版。

[105] 胡行之:《文学概论》,上海乐华图书公司1933年3月版。

[106] 许钦文:《文学概论》,上海北新书局1936年4月版。

[107] 梁启超:《清代学术概论》,上海古籍出版社1998年版。

[108] 巴人:《文学初步》,新文艺出版社1950年1月版。

[109] 戴燕:《文学史的权力》,北京大学出版社2002年版。

[110] 朱维铮编:《刘师培辛亥前文选》,三联书店1998年版。

[111] 刘经庵:《中国纯文学史纲》(1935),东方出版社1996年版。

[112] 徐嘉瑞:《中古文学概论》,上海亚东图书馆1924年版。

[113] 胡适:《白话文学史》(1928),上海古籍出版社1999年版。

[114] 刘大杰:《中国文学发展史》(1943),百花文艺出版社1999年版。

[115] 刘经庵:《中国纯文学史纲》(1935),东方出版社1996年版。

[116] 谭正璧:《中国文学进化史》,光明书局1929年版。

[117] 郑振铎:《插图本中国文学史》,北京出版社1999年版。

[118] 谭丕模:《中国文学史纲》,上海北新书局1933年版。

[119] 谭丕模:《新兴文学概论》,北平文化学社1932年版。

[120] 陆侃如、冯沅君：《中国文学史简编》，作家出版社 1957 年版。

[121] 谢无量：《中国大文学史》，中华书局 1918 年版。

[122] 顾实：《中国文学史大纲》，商务印书馆 1926 年版。

[123] 穆济波：《中国文学史》上册，上海群乐书店 1930 年版。

[124] 钱基博：《现代中国文学史》(1932)，岳麓出版社 1986 年版。

[125] 胡云翼：《新著中国文学史》，上海北新书局 1932 年版。

[126] 朱希祖：《中国文学史要略》，北京大学国文系讲义，1920 年线装本。

[127] 陈国球：《文学史书写形态与文化政治》，北京大学出版社 2004 年版。

[128] 陈玉堂：《中国文学史书目提要》，黄山书社 1986 年版。

[129] 董乃斌、陈伯海、刘扬忠主编：《中国文学史学史》，河北人民出版社 2003 年版。

[130] 朱晓进：《非文学的世纪:20 世纪中国文学与政治文化关系史论》，南京师范大学出版社 2004 年版。

[131] 钱基博：《现代中国文学史》，中国人民大学出版社 2004 年版。

[132] 刘师培：《刘申叔先生遗书·国学发微》，宁武南氏排印本，1936 年。

[133] 王国维：《王国维论学集·国学丛刊序》，中国社会科学出版社 1997 年版。

[134] 郭绍虞主编：《中国历代文论选》，上海古籍出版社 1979 年版。

[135] 张炯、邓绍基、樊骏主编：《中华文学通史》，华艺出版社 1997 年版。

[136] 张炯主编：《中华文学发展史》，长江文艺出版社 2003 年版。

[137] 章培恒主编：《中国文学史》，复旦大学出版社 1996 年版。

[138] 游国恩主编：《中国文学史》，人民文学出版社 2002 年第 2 版。

[139] 袁行霈主编：《中国文学史》，高等教育出版社 1999 年版。

[140] 钱基博：《明代文学》，商务印书馆 1933 年版。

[141] 乔福生、谢洪杰主编：《二十世纪中国文学》，杭州大学出版社 1992 年版。

[142] 苏光文、胡国强主编：《20 世纪中国文学发展史》，西南师范大学出版社 1996 年版。

［143］王晓明编选:《20 世纪中国文学史论》,东方出版中心 1997 年版。

［144］孔范今主编:《20 世纪中国文学史》,山东文艺出版社 1997 年版。

［145］黄修己主编:《20 世纪中国文学史》,中山大学出版社 1998 年版。

［146］黄悦、宋长宏:《20 世纪中国文学史纲》,北京语言大学出版社 2003 年版。

［147］唐金海、周斌主编:《20 世纪中国文学通史》,东方出版中心 2003 年版。

［148］胡鹏林:《文学现代性》,中国社会科学出版社 2007 年版。

［149］温儒敏等:《中国现当代文学学科概要》,北京大学出版社 2005 年版。

［150］陶东风:《文学史哲学》,河南人民出版社 1994 年版。

［151］夏志清:《中国现代小说史》,复旦大学出版社 2005 年版。

［152］叶嘉莹:《王国维及其文学批评》,河北教育出版社 1997 年版。

［153］梁启超:《梁启超全集》,北京出版社 1999 年版。

［154］杨联芬:《晚清至五四:中国文学现代性的发生》,北京大学出版社 2003 年版。

［155］王瑶主编:《中国文学研究现代化进程》,北京大学出版社 1996 年版。

［156］温儒敏:《中国现代文学批评史教程》,北京大学出版社 1993 年版。

［157］张少康:《中国文学理论批评史教程》,北京大学出版社 1999 年版。

［158］刘宁、程正民:《俄苏文学批评史》,北京师范大学出版社 1992 年版。

［159］《毛泽东选集》第二卷,人民出版社 1991 年版。

［160］王先霈、胡亚敏:《文学批评原理》,华中师范大学出版社 1999 年版。

［161］蒋孔阳、朱立元主编:《西方美学通史》第 7 卷,上海文艺出版社 1999 年版。

[162] 钱理群、温儒敏、吴福辉著:《中国代现文学三十年》,北京大学出版社1998年版。

[163] 黄念然:《中国古文论研究的现代转型》,中国社会科学出版社2006年版。

[164] 陈明远:《文化人的经济生活》,文汇出版社2005年版。

[165] 赵一凡:《从胡塞尔到德里达——西方文论讲稿》,三联书店2007年版。

二、国外主要参考文献

[1](美)韦勒克、沃伦:《文学理论》,英文版1949在纽约出版,中文版由三联书店于1984年版。

[2](美)吉尔伯特·罗兹曼:《中国的现代化》,江苏人民出版社2003年版。

[3](德)黑格尔:《历史哲学》,上海书店出版社1999年版。

[4](法)布迪厄、(美)华康德:《实践与反思》,中央编译出版社1998年版。

[5](德)黑格尔:《法哲学原理》,商务印书馆1979年版。

[6](法)皮埃尔·布迪厄:《艺术的法则——文学场的生成与结构》,中央编译出版社2001年版

[7](美)特里·伊格尔顿:《美学意识形态》,广西师范大学出版社1997年版。

[8](美)韦勒克:《文学思潮与文学运动的观念》,中国社会科学出版社1989年版。

[9](法)波德莱尔:《现代生活的画家·现代性》,郭宏安译《波德莱尔美学论文选》,人民文学出版社1987年版。

[10](法)福柯:《权力的眼睛——福柯访谈录》,上海人民出版社1997年版。

[11](法)福柯:《知识分子与权力》,杜小真编选《福柯集》,上海远东出版社1998年版。

[12](美)华勒斯坦:《学科·知识·权力》,三联书店1999年版。

[13](美)华勒斯坦:《开放社会科学》,三联书店1997年版。

[14]《马克思恩格斯选集》第二卷,人民出版社1995年版。
[15](德)哈贝马斯:《后形而上学思想》,译林出版社2001年版。
[16](瑞士)索绪尔:《普通语言学教程》,商务印书馆1980年版。
[17](美)雷内·韦勒克:《批评的概念》,中国美术学院出版社1999年版。
[18](美)拉尔夫·科恩主编:《文学理论的未来》,中国社会科学出版社1993年版。
[19](英)戴维·洛奇:《二十世纪文学评论选》,上海译文出版社1987年版。
[20]《别林斯基选集》第一卷,上海译文出版社1979年版。
[21](美)乔纳森·卡勒:《当代学术入门:文学理论》(李平译),辽宁教育出版社1998年版。
[22](日)木山英雄:《"文学复古"与"文学革命"》,江苏文艺出版社1996年版。
[23](德)狄尔泰:《人文科学导论》,华夏出版社2004年版。

三、主要参考论文

[1]戴燕:《文学·文学史·中国文学史——论本世纪初"中国文学史"学的发轫》,《文学遗产》1996年第6期。
[2]东海觉我:《丁未年小说界发行书目调查表》,《小说林》第9期,1908年2月。
[3]东海觉我:《余之小说观》,《小说林》第9期,1908年2月。
[4]许纪霖:《中国早期现代化中的公共领域》,《光明日报》2003年1月21日。
[5]陈明远:《胡适的经济生活》,《南方周末》2004年6月3日。
[6]《教育会支部研究会序》,《苏报》1903年5月20日。
[7]张丹斧:《胡老板登台记》,《商报》1921年7月20日。
[8]沈从文《介绍中国新文学大系》,《大公报·文艺周刊》,1935年5月5日。
[9]袁进:《试论晚清小说读者的变化》,《明清小说研究》2001年第1期。

[10] 宋庆森:《从禁书到伪装书》,《中华读书报》2002年1月4日。

[11] 夏衍:《复刊私语》,《野草》复刊号1946年10月。

[12] 辛萍:《毛泽东与延安〈文艺突击〉、〈山脉文学〉》,《人民日报·海外版》2000年12月25日第七版。

[13] 光赤:《现代中国社会与革命文学》,《民国日报》"觉悟"副刊1925年1月1日。

[14] 赵毅衡:《李金发:不会写作,才会写诗》,《作家杂志》2002年第10期。

[15] 李欧梵:《中国现代文学中的现代主义》,台湾《现代文学》第14期,1981年6月。

[16] 田汉:《新罗曼主义及其他》,《少年中国》杂志第1卷第1、2期,1920年。

[17] 刘半农:《相隔一层纸》,《新青年》四卷1号,1918年1月15日。

[18] 刘半农:《学徒苦》,《新青年》四卷4号,1918年4月15日。

[19] 刘半农:《我的文学改良观》,《新青年》三卷3号,1917年5月7日。

[20] 周作人:《三个文学家的纪念》,《晨报副刊》1921年11月14日。

[21] 沈雁冰:《〈小说新潮栏〉宣言》,《小说月报》1920年11卷1期。

[22] 穆木天:《谈诗——寄沫若的一封信》,《创造月刊》1卷1期,1926年3月16日。

[23] 穆木天:《我的文艺生活》,《大众文艺》2卷6期,1930年6月。

[24] 孙作云:《论"现代派"的诗》,《清华周刊》第43卷第1期。

[25] 袁可嘉:《新诗戏剧化》,《诗创造》第12期,1948年。

[26] 梁宗岱:《论诗》,《诗刊》1931年4月第2期。

[27] 陈平原:《"文学"如何"教育"》,《文汇报》2002年2月23日"学林"版。

[28] 胡适:《历史的文学观念》,《新青年》三卷三号,1917年5月1日。

[29] 梅光迪:《评提倡新文化者》,《学衡》第1期,1922年1月。

[30] 朱晓进:《二十世纪中国文学史观的反思》,《中国社会科学》2006年第1期。

[31] 朱晓进:《从政治文化角度研究中国二十世纪文学》,《文学评论》2001年第5期。

［32］梁启超：《学与术》，《国风报》1911年6月第2卷第15期。

［33］周振甫：《对钱子泉师〈中国文学史〉的审读意见》，《中国出版》1987年第1期。

［34］王瑶：《关于中国现代文学研究工作的随想》，《中国现代文学研究丛刊》1980年第4期。

［35］杨义：《换一个角度写文学史》，《人民日报》2006年6月4日。

［36］黄子平、陈平原、钱理群：《论"二十世纪中国文学"》，《文学评论》1985年第5期。

［37］许纪霖、陈思和、蔡翔、郜元宝：《人文精神寻思录之三——道统、学统与政统》，《读书》1994年第5期。

［38］吴炫：《知识分子：批判的立场、对象和方法》，《文艺争鸣》1997年第6期。

［39］杨义：《关于中国文学现代性的世纪反省》，《文艺研究》1998年第1期。

［40］龙泉明：《20世纪中国文学的现代性论析》，《学术月刊》1997年第9期。

［41］易竹贤：《中国现代文学的现代品格》，《学术月刊》1998年第8期。

［42］吴晓东：《中国现代文学中的审美主义与现代性问题》，《文艺理论研究》1999年第1期。

［43］李怡："走向世界""现代性"与"全球化"》，《南京大学学报》2004年第3期。

［44］王晓初：《中国现代文学之"现代性"思考》，《文艺研究》2005年第12期。

［45］吴炫：《一个非文学命题——"20世纪中国文学"观局限分析》，《中国社会科学》2000年第5期。

［46］朱国华：《通向文学史的多元路径》，《中国社会科学》2001年第4期。

［47］杨春时、宋剑华：《论二十世纪中国文学的近代性》，《学术月刊》1996年第12期。

［48］章培恒、陈思和：《主持人的话》，《复旦学报》2002年第5期

后 记

文学现代性是一个有意义的主题，晚清以来的各个历史时期，其内涵不断得到拓展和丰富，还衍生出一些新的学术话语。我关注这个主题已有十余年了，期间出版了《文学现代性》，之后陆续发表了一些论文，慢慢积累了十余万字，经过系统性梳理，发现这些论文都是尝试论述秩序问题，于是以"清季民初中国文学的现代性秩序"申请了国家社会科学基金后期资助项目。

项目立项的时候，我的研究重点已经转向了艺术理论和文化产业，虽然其文化内核是相通的，但是关注点出现了较大变化。文学研究的出发点是文学文本，即便有跨界研究、跨媒介研究、方法论借用等各种外围研究，但始终无法偏离文学文本及其学术研究论著，艺术理论则更关注艺术现象，这些艺术现象往往是非文本的，文化产业更是需要关注实践、与文本相距更远，因此对我而言，重新研究文学现代性，既有难度，也会有新的视角。

批判与构建是我思考得最多的两个方面。批判意识是人文学科的基本素养，尤其在研究文学现代性的时候，文学的内省、批判、革新、想象等贯穿始终，这也是人文学术研究的价值所在。但是与此同时，在文学艺术发展及文化产业实践过程中，这种批判又显得苍白无力，似乎只是在诉说过去和现在的好与不好，有些批判只是在小圈子之内的自说自话，根本无法回答现在如何做、未来方向在哪里等问题，怎么样才能加强构建意识呢，这是在转向艺术及文化产业研究之后的新思考，虽然也并未找到确切答案，至少增强了这种意识，并为之努力。

在项目研究过程中，得到湖南师范大学朱维、湖北师范大学潘亚萍和李国英、华中师范大学博士石中华等同仁支持，并参与撰写部分章节，但是因为结项和出版要求，无法直接署名，只能在此一并表示感谢！国家社会科学基金办公室指定安徽大学出版社出版本项目成果，出版事宜繁琐且费时较长，感谢吴泽宇编辑！本书内容撰写时间跨度大，家人随我从黄石到武汉，再到北京，最后定居深圳，学术方向也从文学到艺术，再到文化产业，最终选定了工作城市和学术方向，没有远大目标，只希望平安健康！